"十三五"国家重点出版物出版规划项目

转型时代的中国财经战略论丛

关系和信任导向下的农产品供应链研究

李季芳　戴安然　冷霄汉　著

中国财经出版传媒集团

经济科学出版社

Economic Science Press

图书在版编目（CIP）数据

关系和信任导向下的农产品供应链研究/李季芳，戴安然，冷霄汉著. —北京：经济科学出版社，2020.9
（转型时代的中国财经战略论丛）
ISBN 978 - 7 - 5218 - 1956 - 4

Ⅰ. ①关…　Ⅱ. ①李…②戴…③冷…　Ⅲ. ①农产品 - 供应链管理 - 研究 - 中国　Ⅳ. ①F724.72

中国版本图书馆 CIP 数据核字（2020）第 193081 号

责任编辑：郎　　晶
责任校对：杨晓莹
责任印制：范　　艳

关系和信任导向下的农产品供应链研究
李季芳　戴安然　冷霄汉　著
经济科学出版社出版、发行　新华书店经销
社址：北京市海淀区阜成路甲 28 号　邮编：100142
总编部电话：010 - 88191217　发行部电话：010 - 88191522
网址：www. esp. com. cn
电子邮箱：esp@ esp. com. cn
天猫网店：经济科学出版社旗舰店
网址：http：//jjkxcbs. tmall. com
北京季蜂印刷有限公司印装
710×1000　16 开　17.75 印张　270000 字
2020 年 12 月第 1 版　2020 年 12 月第 1 次印刷
ISBN 978 - 7 - 5218 - 1956 - 4　定价：68.00 元
（图书出现印装问题，本社负责调换。电话：010 - 88191510）
（版权所有　侵权必究　打击盗版　举报热线：010 - 88191661
QQ：2242791300　营销中心电话：010 - 88191537
电子邮箱：dbts@ esp. com. cn）

总　序

　　山东财经大学《转型时代的中国财经战略论丛》（以下简称《论丛》）系列学术专著是"'十三五'国家重点出版物出版规划项目"，是山东财经大学与经济科学出版社合作推出的系列学术专著。

　　山东财经大学是一所办学历史悠久、办学规模较大、办学特色鲜明，以经济学科和管理学科为主，兼有文学、法学、理学、工学、教育学、艺术学八大学科门类，在国内外具有较高声誉和知名度的财经类大学。学校于 2011 年 7 月 4 日由原山东经济学院和原山东财政学院合并组建而成，2012 年 6 月 9 日正式揭牌。2012 年 8 月 23 日，财政部、教育部、山东省人民政府在济南签署了共同建设山东财经大学的协议。2013 年 7 月，经国务院学位委员会批准，学校获得博士学位授予权。2013 年 12 月，学校入选山东省"省部共建人才培养特色名校立项建设单位"。

　　党的十九大以来，学校科研整体水平得到较大跃升，教师从事科学研究的能动性显著增强，科研体制机制改革更加深入。近三年来，全校共获批国家级项目 103 项，教育部及其他省部级课题 311 项。学校参与了国家级协同创新平台中国财政发展 2011 协同创新中心、中国会计发展 2011 协同创新中心，承担建设各类省部级以上平台 29 个。学校高度重视服务地方经济社会发展，立足山东、面向全国，主动对接"一带一路"、新旧动能转换、乡村振兴等国家及区域重大发展战略，建立和完善科研科技创新体系，通过政产学研用的创新合作，以政府、企业和区域经济发展需求为导向，采取多种形式，充分发挥专业学科和人才优势为政府和地方经济社会建设服务，每年签订横向委托项目 100 余项。学校的发展为教师从事科学研究提供了广阔的平台，创造了良好的学术生态。

习近平总书记在全国教育大会上的重要讲话，从党和国家事业发展全局的战略高度，对新时代教育工作进行了全面、系统、深入的阐述和部署，为我们的科研工作提供了根本遵循和行动指南。习近平总书记在庆祝改革开放40周年大会上的重要讲话，发出了新时代改革开放再出发的宣言书和动员令，更是对高校的发展提出了新的目标要求。在此背景下，《论丛》集中反映了我校学术前沿水平、体现相关领域高水准的创新成果，《论丛》的出版能够更好地服务我校一流学科建设，展现我校"特色名校工程"建设成效和进展。同时，《论丛》的出版也有助于鼓励我校广大教师潜心治学，扎实研究，充分发挥优秀成果和优秀人才的示范引领作用，推进学科体系、学术观点、科研方法创新，推动我校科学研究事业进一步繁荣发展。

伴随着中国经济改革和发展的进程，我们期待着山东财经大学有更多更好的学术成果问世。

2

山东财经大学校长

2018 年 12 月 28 日

前　言

转型时代的中国财经战略论丛

　　随着全球经济一体化、信息技术日新月异、产品的生命周期变得越来越短以及消费者需求更呈个性化，市场竞争方式由传统单个企业竞争转变为供应链竞争。农产品供应链作为一种先进的组织形式和管理方式，可以将具有产权独立和资源互补的上下游节点企业整合起来协同参与竞争，建立起资源利益共享机制。关系和信任作为农产品供应链内部社会资本的源泉，是汇聚农产品供应链各节点企业和维持农产品供应链动态柔性能力的关键要素，能加大供应链节点企业对机会主义行为的自我约束和共同约束能力，形成共同聚力，增加农产品供应链价值和提升供应链绩效和成长性。

　　本书综合运用文献研究、调查研究、数据分析和博弈分析等方法，在解构农产品供应链关系和信任内涵及维度基础上，分析现阶段不同业态下我国农产品供应链关系和信任的现状及关键影响因素，厘清关系和信任对农产品供应链绩效的影响机制，系统提出关系和信任导向下我国农产品供应链优化机制。首先，基于多学科和多方法视角的文献回顾梳理了农产品供应链主体间关系和信任的相关理论。综合经济学和社会学分析范式，基于交易成本经济学理论、社会交换理论、社会网络理论、社会资本理论、关系契约理论、关系营销理论、博弈理论、合作信任理论等剖析了农产品供应链主体间关系和信任的内涵、特征以及政府角色等。其次，通过梳理既有文献以及课题组实地访谈总结：（1）系统刻画了我国农产品供应链关系和信任的现状与特点，指出现阶段我国既有农产品供应链模式运作中的难点。（2）明确了我国农产品供应链节点企业间的关系可分为以商品和物质为载体的经济交换关系和以互动和情感等为载体的社会交换关系，农产品供应链获得的超额收益是经济交换关系和社会交换关系共同作用的结果；核心企业在农产品供应链合作体系中具有决定性作用，战略伙伴企业在农产品供应链中也起着重要作用，农产品供应链战略伙伴企业围绕着核心企业运转；农产品供应链企业为实现资源最优配置起着基础性的作用，政府要为农产品供应链有效和稳定运行营造良好发展环境，并能充实农产品供应链内部柔性和社会资本。（3）厘清了本土情境下我国农产品供应链节点间信任的维度，我国农产品供应链节点间信任沿着"契约信任、能力信任和善意信任"三个维度呈递升关系循环演进并不断得到强化。（4）明晰了我国农产品供应链节点企业间信任的多构面，农产品供应链成员间的人际信任以及成员对政府信任，能共同推动供应链中成员间的组织信任，多构面信任共同推进农产品供应链节点企业间关系的建立和发展。（5）推导明确我国农产品供应链信任关系的建立与核心企业特征机制、战略合作伙伴企业特征机制、核心企业与战略合作伙伴企业交互特征机制和政府行为等关键因素密切相关。再次，通过数据分析法，基于"交换关系→信任→绩效"路径的实证分析，验证了不同关系来源和信任水平对农产品供应链当前绩效和成长性的作用机制以及政府支持和竞争环境在其中的调节作用。为克服截面数据分析不足，借助博弈研究分析了农产品供应链成员间的动态博弈和关系信任的演化机制，表明关系和信任特别是能力信任和善意信任在农产品供应链成长中的关键作用，基于契约的信任并非是基于能力的信任以及基于善意的信任的充分条件，无论是基于能力的信任还是基于善意的信任的形成都需要一定的前提。最后，在厘清了关系和信任对提升我国农产品供应链竞争力的作用机理基础上，系统提出通过强化农产品供应链节点企业间合作信任和提升农产品供应链节点企业间紧密合作关系来塑造具有一般性的供应链成长长效机制；进而针对不同农产品供应链模式和业态，围绕提升核心企业竞争力、基于不同供需特征优化契约信任合作关系、基于积累交往经验和专用资产投资优化能力信任合作关系、基于有效沟通优化善意信任合作关系和完善政府支持体系等，提出了与之相匹配的关系和信任的培育机制和行之有效的发展对策，为优化农产品竞争力提供了具体指导。

本书聚焦关系和信任导向下的农产品供应链成长，创新性地基于多理论基础全面解构农产品供应链关系和信任内涵，借助实地调查和博弈模型等系统厘清关系和信任导向下的农产品供应链成长机制，基于产品需求特点和不同供应链业态视角分析不同关系类型下农产品供应链异质性优化策略。这些内容是作者主持的国家社会科学基金项目"关系和信任导向下农产品供应链研究"（13BGL060）以及多项省级基金项目研究成果的汇集，其为该书撰写奠定了良好的基础。本书在理论上丰富了对农产品供应链竞争力和可持续成长的认知，在实践中则为充实现阶段我国农产品供应链内部社会资本和提升我国农产品竞争力提供了有效借鉴。

目　录

第1章 绪 论

互联网信息技术和经济一体化的快速发展以及消费者需求日渐个性化和多样化，使得构建新型的农产品产业组织以增加农产品市场敏捷力和竞争力变得极为迫切。供应链作为一种较为先进的组织和管理方式，在现代农业发展中的地位凸显。农产品供应链建设有助于拓宽农产品的销售渠道和快速响应用户需求，对农业健康发展和农民增收有极为重要的意义。对农产品供应链而言。关系和信任在其中具有极为重要的作用。关系和信任能够有效确保各主体产生结构性和社会性嵌合并充实供应链内部社会资本，是提升农产品供应链敏捷性和竞争力的核心因素。

1.1 研究的背景与意义

1.1.1 研究的背景

1. 实施农产品供应链是我国农产品产业健康发展的必然选择

农产品是指来源于农业的初级产品，即在农业活动中获得的植物、动物、微生物产品及其直接加工的一切农产品①。我国农民生产的农产品除了极少数用于自己消费外，绝大多数要拿到市场上来满足日益多样化和个性化的城乡居民消费，与此同时换取自身进行再生产必需的种子、化肥、农药、农机等生产资料以及日常生活必需的消费品等。农产

---

① 全国人大常委会法工委：《中华人民共和国农产品质量安全法》，法律出版社 2006 年版。

品是极易受制于地区、季节和气候等自然条件影响的特别产品，自然的灾害与人为的祸患都极大影响着农产品市场的供给，农产品供给市场非常脆弱。近年来，由于我国农产品产量和质量的极大提高和农产品品类的丰富，消费者有了更多的选择。因此，农产品市场不仅关系着农民的收入和再生产，还涉及城乡千家万户的日常生活，是解决好城乡居民"菜篮子工程""米袋子工程""餐桌子工程"问题的关键，农产品供需情况极大影响到农产品出售和消费者需求的满足及后续再生产的发展，农产品问题直接关系到人民生活的繁荣以及国民经济的可持续增长。

自 20 世纪 80 年代以来，基于经济一体化以及互联网、通信和信息技术的飞速发展，产品的生命周期更短，顾客的需求更加多样化，市场竞争变得更加激烈，竞争方式也由单个企业竞争转变为供应链竞争。长期以来，我国农产品主要是以家庭为主进行分散性的小规模生产，应对市场变化反应速度缓慢，这种小生产与大市场之间的矛盾，客观上需要建立新型的农产品产业组织形式，协调农资企业、农产品生产企业、加工企业、流通企业和消费之间的关系，全力保障农产品质量安全，提高农业生产效率。目前，在新一代信息技术已被广泛运用于各个领域，特别是党的十九大提出了实施乡村振兴战略，加快实现我国从农业大国向农业强国转变的时代背景下，除了提高农业生产的专业化和特色化程度以及大力发展相关的生产和加工技术之外，加快农产品供应链的建构和发展也是必不可缺的。供应链作为一种先进的理论和经营管理方式，在现代农业发展中能够发挥不可替代的作用。农产品供应链是由核心企业组织和领导，由农资供应商、农产品生产者、加工企业、经销商和消费者等诸多环节连接起来的垂直形态的网络组织系统。农产品供应链中的核心企业为了提高自身收益，把具有产权独立和资源互补的上下游节点企业整合起来协同参与竞争，由于核心企业掌握更多有关市场需求的信息，并建立了信息、资源和利益共享机制，能促使节点企业生产和提供的产品或服务与市场需求更加契合（Ali and Kumar，2011；Prajogo and Olhager，2012），迅速响应市场需求，从而使农产品供应链上所有合作伙伴的收益得到提高。农产品供应链易形成农产品品牌，能够拓宽农产品的销售渠道，减少农户提供的产品无人购买的悲剧，可以增进农产品生产者与市场的联系，实现小生产与大市场的有效衔接，有力促进整个农业经济效益的提升，因此，实施农产品供应链是我国农产品产业健康发展的必然选择。

2. 关系和信任导向下的农产品供应链优化是实现我国农产品资源最优配置的最有效路径

目前，我国农产品供应链主体间的实力与地位有较大的差距，存在严重的信息不对称现象，节点间的衔接具有较大的随机性和松散性，农产品供应链核心企业的组织和整合能力不强，农产品的供应链极其不稳定且不能有效控制，其运作效率比较低或往往处于断链的状态。一直以来，我国农产品供应链节点企业间的合作主要是基于短期利益而建立在操作层面上，较少构建长期深度的战略合作伙伴关系，因为建立长期的战略伙伴关系不仅要承受投资风险，还要面临很多不确定性问题，特别是随着深度合作的开展，需要进行彻底的组织变革，而组织变革的风险还表现在对未来的收益难以预期。相对于其他产品及其供应链，农产品及农产品供应链本身不确定性因素较多，因此很多企业都不愿意付出相应成本，较少有动力发展深度合作的伙伴关系以拓展发展前景。从更深层次挖掘我国农产品供应链节点企业间的合作关系和合作效益不尽人意的现状，其本质原因在于合作企业间的信任缺失。近年来，诸多学者也认识到，积极主动地管理农产品供应链战略伙伴合作关系是农产品供应链获得竞争优势的最重要来源，但我国学界和实践界对此问题的研究重视得还不够，还有待于进一步深入。

我国农产品供应链各节点企业资源和能力的异质性非常明显，而这些异质分明的节点企业都是产权独立的经济实体，各自为了寻求更多的利益而进入供应链的联盟，彼此之间有经营目标、经营理念、运作方式以及利益分配等方面的纠结与冲突，常常发生对抗行为，所以，农产品供应链和其他供应链一样，最重要的是各节点企业同心协力合作，建立起长期稳定的战略合作伙伴关系。农产品供应链运转的灵魂是节点间进行合作，农产品供应链有效运作的根本是节点间建立长期的合作关系，换言之，农产品供应链的建立和发展与节点间建立和发展长期关系息息相关，农产品供应链节点间建立长期合作关系是农产品供应链各节点企业实现合理分配收益的保证，是实现农产品供应链整体利益最大化的前提。然而在现实中，在农产品供应链伙伴的合作中，参与者均会面临未来不确定性以及应对策略，这使得彼此信任成为农产品供应链节点企业合作存在的基础。因此，农产品供应链整体绩效的提高完全取决于节点企业间合作关系的协调水平和信任水平：提高农产品供应链整体绩效需要农产品供应链各节点企业同心协力进行合作并建立长期稳定的合作关系，而建立和维持长期合作关系的基础是各节点企业间的信任；彼此信任能进一步促进节点企业间进行有效沟通与深入融合，从而使其合作伙伴关系更紧密，而节点企业合作关系水平的提高又能进一步增加节点企业之间的相互信任。如此循环演进能够不断促进农产品供应链节点间合作关系与信任水平的提升并充实农产品供应链的独特的关系资本①。这种独特的关系资本能极大地提高供应链节点企业间的资源共享和合作创新的能力，提升农产品供应链运作的整体效益以及各节点自身收益，增强消费者信心，扩大我国农产品的销售领域，有效整合我国农产品资源。

综上所述，供应链作为一种较为先进的组织和管理方式在现代农业发展中的地位凸显，建设由农资供应商、农产品生产者、加工企业、经销商和消费者构成的农产品供应链，既有利于促进小农户与现代农业发展有效衔接，也有利于提升农产品质量安全水平、增加农民收入和提高农产品市场竞争力。农产品供应链拥有广阔发展前景，然而目前我国农产品供应链参与主体庞杂多元且主体间利益关系错综复杂难以理顺、节点间衔接具有较大的随机性和松散性、主体间的实力与地位差距较大且彼此间缺乏信任以及供应链协同创新能力较差等问题，使得我国农产品供应链运作效率低、合作效益不尽人意，所以构建农产品供应链主体间基于彼此信任的长期稳定合作伙伴关系是我国农产品供应链建设与管理的关键。对于存在诸多原子式农户的我国农产品供应链而言，关系和信任综合刻画了农产品供应链参与主体间交互过程中的社会资本，其中，关系对应结构性社会资本，信任对应认知性社会资本。关系和信任是聚合农产品供应链各主体和保持农产品供应链动态柔性能力的重要因素，是提升农产品供应链敏捷性和竞争力的核心因素，是农产品各参与主体实现合理分配收益的保障，是实现农产品供应链整体效益最大化的先决因素，厘清关系和信任在农产品供应链中的生效机理，是保障农产品供

---

① 关系资本（relationship capital）是制度经济学的基本概念，是企业与利益相关者为实现其目标而建立、维持和发展关系并对此进行投资而形成的资本，是建立在个人层次上的供应链企业之间的相互信任、友好、尊敬和相互谅解的关系。

应链有效实施的根本前提。虽然作为复杂多主体集合的农产品供应链的内涵极为丰富，但是鉴于关系和信任在农产品供应链建设中的关键性作用，本书将从关系和信任角度对我国农产品供应链进行研究，结合多理论基础并运用多种研究方法，全面解构我国农产品供应链关系和信任的现状、特点、内涵、维度以及影响因素，揭示关系和信任对农产品供应链绩效的影响机制，探讨基于关系和信任的我国农产品供应链的优化机制和策略，寻求实现我国农产品资源最优配置的有效路径，有力推进我国农业供给侧结构性的改革、促进农业经济乃至国民经济的稳步前行。

1.1.2 研究的意义

本研究旨在对基于关系和信任导向下的我国农产品供应链进行探究，分析我国农产品供应链关系和信任的内涵，厘清关系和信任对提升我国农产品供应链竞争力的作用机理，探讨我国农产品供应链关系和信任的构造机制，进而结合不同核心企业主导的我国农产品供应链模式，提出与之相匹配的关系和信任的培育机制和相应的对策建议。

1. 本研究在理论层面拓展我国农产品供应链研究的视野和思路，深化对农产品供应链竞争力和可持续成长的认知

目前专家学者们对信任或关系在供应链的形成和管理中进行了诸多研究，但是专门研究关系和信任在农产品供应链中所扮演的角色和发挥的作用的研究相对较少。相比其他行业供应链以及供应链流程的研究，关系和信任导向下的农产品供应链理论研究和实际操作的难度都更大更复杂。因此，"揭示内涵、弄清现状、厘清机理、构造机制、明确路径"是保证关系和信任导向下的农产品供应链这样庞杂开放的系统有序有效运作的根本。本研究基于多学科和多方法视角的文献回顾梳理农产品供应链主体间关系和信任的相关理论，通过对国内外专家学者的文献研究以及深度访谈总结，厘清了本土情境下我国农产品供应链关系和信任的内涵，明晰了我国农产品供应链节点间关系和信任现状以及农产品供应链合作主体关系特征，明确了我国农产品供应链关系信任的维度和构面，推导出了我国农产品供应链信任关系形成的关键影响因素。本研究借助数据和博弈分析方法，基于"交换关系→信任→绩效"框架进行实证分析，验证了关系和信任对农产品供应链当前绩效和成长性的作用机制以及政府支持和竞争环境在其中的作用；构建了关系和信任导向下的农产品供应链成长演化博弈模型，揭示了农产品供应链成员间始终处于动态博弈中以及关系和信任在供应链不同发展阶段的演进规律，证实了关系和信任特别是能力信任和善意信任在农产品供应链成长中的关键作用。本研究在弄清农产品供应链节点间关系和信任与合作绩效相互作用机理的基础上，通过建立以强化农产品供应链节点间信任和提升农产品供应链节点间紧密合作关系为分析框架，系统提出了关系和信任导向下我国农产品供应链优化机制，并针对不同核心企业主导的我国农产品供应链模式提出了关系和信任导向下的农产品供应链异质性优化策略。这些为实现基于关系和信任导向下的我国农产品供应链优化提供现实依据、理论支撑和实现路径。本研究在一定程度上充实了现有理论并提升了理论层次，实现了从实践到理论再深入到实践的升华过程。

2. 本研究在实践层面上能够为我国农产品供应链优化实施和提升农产品市场竞争力提供有效借鉴

本研究从基于关系和信任导向下的农产品供应链优化来提高农产品供应链合作效益的角度出发，在分析我国农产品供应链关系和信任的现状与特点及厘清关系和信任对农产品供应链当前绩效和成长性的作用机制的基础上，系统提出了关系和信任导向下我国农产品供应链优化机制与优化策略。首先，提议基于防御和创新双重视角构建系统化的农产品供应链多主体间的信任培育机制。一方面，从防御的角度，主要通过道德压力、名誉压力、制度压力和防护压力等群体社会压力限制寄生个体的机会主义行为，促进供应链成员企业遵守群体规则，以此达成合作信任；另一方面，从进取和创新的角度，主要通过提高农产品供应链整体竞争能力，加强成员企业间的资源、信息、知识、情感和整合创新等共享，以强化节点企业合作信任。其次，提议基于确立核心企业的领导地位和科学分类选择与伙伴企业合作关系形式及策略的双重视角构建农产品供应链节点间紧密合作关系的系统化培育机制。一方面，通过构建基于不同核心企业主导的农产品供应链合作模式，提高农产品供应链的整合能力和凝聚力；另一方面，基于关系和信任视角对农产品供应链进行科学分类，明确不同类型的农产品供应链选择适合的合作关系形式及相匹配的应对策略，最大限度地提升农产品供应链合作效益。最后，提出结合六种不同核心企业主导的农产品供应链模式选择与之相匹配的关系信任的培育机制及应对策略。研究提出的优化机理和政策建议具有科学性、针对性和可操作性，对推进我国农产品供应链节点间有效衔接和提高农产品供应链的运作效率有重要的现实意义，也有助于为相关政府部门制定保障农产品供应链有效实施的政策提供启示。此外，鉴于现阶段农产品供应链在整合农业生产销售资源和价值增值中具有的重大作用，本研究也能够为提升我国农产品整体竞争力和改善农业生产资源投入产出效率提供有效借鉴。

1.2 研究的主要方法和思路

1.2.1 研究的主要方法

1. 文献研究法

围绕研究目标和核心内容，本研究对农产品供应链相关理论基础、农产品供应链关系和信任内涵构成和影响因素、农产品供应链多主体互动机制等方面的既有文献进行了系统梳理，明确了本研究在相关研究中的坐标位置，也为本研究深入探究关系和信任导向下的农产品供应链提供裨益。

2. 调查研究法

针对我国农产品供应链关系和信任的内涵和构造机制，本研究对农产品供应链企业和农户进行了大规模的深度访谈，收集了大量翔实的一手资料，总结归纳了我国农产品供应链关系和信任管理存在的问题及影响因素，为本研究关系和信任导向下农产品供应链优化模式和方法提供了具体素材。

3. 数据分析法

本研究通过大规模的问卷调查和数据回收，分析了基于关系和信任下的农产品供应链成长机制，分析了竞争环境和政府支持在其中的作用，厘清了农产品供应链成长过程中的关键因素和作用方式，为提出我国农产品供应链优化策略提供了直接支撑。

4. 博弈分析法

本研究使用演化博弈的方法构建了农产品供应链成长演化模型，分析了关系和信任导向下不同阶段农产品供应链各主体的博弈关系和收益格局，为明确关系和信任导向下农产品供应链的动态演进规律提供了依据。

1.2.2　研究的思路

本书研究思路如图 1－1 所示。

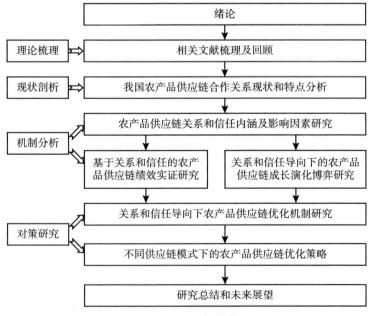

图 1－1　研究思路

1.3 研究的主要内容及创新点

1.3.1 研究的主要内容

本文共分 9 章：

第 1 章为绪论。介绍了研究的背景和意义，阐明了研究的主要方法及思路，阐述了研究的内容和创新点。

第 2 章为农产品供应链关系和信任的相关理论梳理及文献回顾。基于多学科和多方法视角的文献回顾揭示了农产品供应链内涵，梳理了农产品供应链节点企业间的合作关系、农产品供应链与政府之间的关系，明晰了农产品供应链关系和信任的内涵、维度以及影响因素等，为后续研究奠定了理论分析基础。

第 3 章为我国农产品供应链合作关系现状和特点分析。通过对我国农产品供应链运作流程中的农资供应以及农产品生产、加工、流通和消费五个环节的剖析，了解了我国农产品供应链节点间关系和信任的现状与特点以及现行农产品供应链运作模式运行中的难点问题，为构造关系和信任导向下的农产品供应链优化机制与实施路径提供了现实依据。

第 4 章为基于实地调查的我国农产品供应链关系和信任内涵及影响因素研究。通过对既有文献的梳理和实地访谈总结，厘清了我国农产品供应链关系和信任内涵和维度，明确了我国农产品供应链信任构面，推导确定了我国农产品供应链节点企业之间信任关系形成的影响因素，为后续研究提供了直接理论和策略依据。

第 5 章为基于关系和信任的农产品供应链绩效实证研究。基于"交换关系→信任→绩效"的路径进行实证研究，厘清了不同关系来源和信任水平对农产品供应链当前绩效和成长性的作用机制，验证了政府支持和竞争环境在其中的调节作用。

第 6 章为关系和信任导向下的农产品供应链成长演化博弈研究。通过构建关系和信任对农产品供应链影响的基本模型与农产品供应链成长演化博弈模型，将关系和信任引入到核心企业和节点企业的收益函数中，分析了核心企业对节点合作对象的选择和合作方式的倾向，揭示了农产品供应链核心企业与节点合作伙伴间的动态博弈及信任和关系在供应链不同发展阶段的演进规律，证实了关系和信任特别是能力信任和善意信任在农产品供应链成长中的关键作用，探析了实现基于契约信任、能力的信任与善意的信任的因素及条件。

第7章为关系和信任导向下我国农产品供应链优化机制研究。在揭示农产品供应链节点间关系和信任与合作绩效相互作用机理的基础上，提出通过建立强化农产品供应链节点企业间合作信任和提升农产品供应链节点企业间紧密合作关系的分析框架来塑造具有一般性的供应链成长长效机制，并构建出基于关系和信任导向下的农产品供应链优化分析模型，为关系和信任导向下的农产品供应链优化提供了理论支撑。

第8章为基于不同供应链模式视角的关系和信任导向下的我国农产品供应链优化策略。基于加工企业主导、批发市场主导、连锁超市主导、第三方物流企业主导、农民专业合作社主导和电商企业主导6种不同核心企业主导的农产品供应链模式，提出了与之相匹配的关系和信任的培育机制和行之有效的发展对策，为关系和信任导向下的我国农产品供应链优化实施提供了理论借鉴。

第9章为研究总结和未来研究方向。总结归纳本课题的主要研究结论、研究的局限性以及对未来研究拓展的思考。

1.3.2 研究的创新点

1. 通过多学科和多方法视角，探究了关系和信任导向下的农产品供应链优化的基本理论框架

本研究聚焦关系和信任导向下的农产品供应链成长，创新性地综合运用文献研究、调查研究、数据分析和博弈分析等方法，全面解构了我国农产品供应链关系和信任内涵与影响因素，厘清了关系和信任对提升我国农产品供应链竞争力的作用机理，探索了通过培育关系和信任塑造农产品供应链成长长效机制以及异质性优化策略。本研究建立了关系和信任导向下的农产品供应链优化理论框架，研究思路清晰，内在逻辑性强，研究数据翔实可靠，研究方法科学，研究成果具有系统性和先进性，深化了对农产品供应链竞争力和可持续成长的认知，拓展了农产品供应链内部社会资本和农产品竞争力相关研究，对完善农业多主体利益联结机制和推动农民增收的相关研究也具有借鉴意义。

2. 借助实地访谈、数据分析和博弈模型系统厘清关系和信任导向下的农产品供应链成长机制

本研究通过对利益相关者的实地访谈全面剖析了我国农产品供应链关系和信任的内涵和影响因素，在此基础上借助大规模问卷调查和数据分析探索关系和信任维度及其对我国农产品供应链绩效的影响机制。结果表明，经济/社会交换关系以及契约/能力/善意信任对供应链当前/未来绩效具有差异化的影响机制和影响强度，利益主体在构建农产品供应链中存在相机抉择机制，竞争环境和政府支持对关系和信任导向下的我国农产品供应链成长机制具有调节作用。为克服截面数据分析不足，本研究借助博弈研究分析了农产品供应链成员间的动态博弈和关系信任的演化机制，证实了关系信任特别是能力和善意信任在农产品供应链成长中的关键作用，表明基于契约的信任不一定总能达到基于能力的信任以及基于善意的信任，无论是基于能力的信任还是基于善意的信任的形成都需要一定的条件，为对策研究提供了直接依据。

3. 基于产品需求特点等分析了不同关系类型下农产品供应链异质性优化策略

本研究认为农产品供应链绩效提高的关键是：了解农产品供应链的复杂性，对农产品供应链类型进行划分，并应有针对性地、科学合理地选择其合作关系形式和采取相对应的策略手段。本研究在国内外学者研究的基础上，从关系和信任的角度，以产品需求特点、消费方式、经济关系和社会关系相关要素，将农产品供应链划分为供应稳定功能型加工农产品供应链、供应不稳定功能型生鲜产品供应链、供应稳定创新型加工农产品供应链和供应不稳定创新型生鲜农产品供应链四种类型，并提出相对应的四种不同合作关系形式及应对策略，这是解决目前我国农产品供应链节点企业之间难以正常衔接问题、提高供应链节点企业间的合作绩效、实现资源最优配置的关键所在。

4. 基于不同供应链模式视角提出关系和信任导向下的农产品供应链优化策略

本研究基于对既有农产品供应链发展业态现状诊断和实际调查结果，围绕提升核心企业竞争力、基于不同供需特征的供应链优化、基于积累交往和专用资产投资的合作关系建设、基于有效沟通的内部社会资本充实和完善政府支持体系等，分别给出了加工企业主导、批发市场主导、连锁超市主导、第三方物流企业主导、农民专业合作社主导和电商企业主导的农产品供应链优化策略，对现阶段不同业态下的农产品供应链关系和信任构建机制进行了有针对性的探索，为优化农产品竞争力提供了具体指导。

1.4　本章小结

本章为绪论章，介绍了研究背景和意义，明确了研究切入点，阐述了研究的基本内容、主要方法、研究思路和创新点。

第 2 章 农产品供应链关系和信任的相关理论梳理及文献回顾

作为开放系统的农产品供应链要有序有效地运作，不仅需要厘清其运行流程，还需要明确其中的复杂关系。本章将基于多种理论和多种方法的视角进行文献梳理，回顾总结农产品供应链的内涵以及主体关系的特征，农产品供应链主体间的关系，农产品供应链与政府的关系，农产品供应链关系和信任的内涵、维度以及影响的关键因素等既有研究，明确本研究在既有研究中的坐标位置，为后文的研究奠定理论分析基础。

2.1 农产品供应链内涵及主体间关系特征研究

2.1.1 农产品供应链内涵研究

供应链理论是波特（Porter）在 1985 年首先提出的。西方学者早期关注的重点是如何合理利用企业自身资源，把供应链看作是制造企业从原材料的采购、产品的生产、产后的销售以及送达消费者的一个内部的物流过程。

随着市场竞争的进一步加剧，企业的投资风险越来越大，学者们开始关注通过利用企业外部资源对自身业务流程的重新整合，对供应链概念的界定逐渐进行拓展，其中史蒂文斯（Stevens，1998）的定义具有代表性。他认为供应链始于原材料供应商而终于末端的消费者，通过供应链节点企业之间的合作能够实现供应链增值。

随着信息技术和互联网的产生与发展，供应链研究更加关注围绕核心企业建构供应链网络关系（马士华等，2000）。学者们将供应链核心思想归纳为核心企业把节点企业连接起来建立的一个动态合作系统（Chandra and Kumar，2001），制定统一运行的准则和共享机制，追求供应链帕累托最优目标（王凤彬，2004）。

随着大数据、云计算、物联网等新一代信息技术的发展，供应链研究开始注重面向消费者，认为面向消费者的供应链是一种敏捷供应链（Claycomb and Frankwick，2010），消费者变成影响敏捷供应链的最重要因素（肖静华等，2015），敏捷供应链注重以消费者为中心，通过节点间的高度整合协同提升供应链创新能力（Kibbeling et al.，2013），最大化提高消费者满意度。我们可以看出，供应链的产生与发展是一个从简单至复杂、从内部至外部、从关注成本转变为关注客户直至全面面向消费者的过程，这也使得供应链中的主导权逐步向下游转移，如图 2-1 所示。

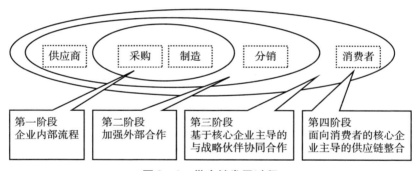

图 2-1　供应链发展过程

农产品供应链研究始于 20 世纪 90 年代。国外学者多从结构和关系等视角对其概念加以界定。唐尼（Downey，1996）从结构视角阐释农产品供应链就是把所有参与主体相连接而成的垂直网络结构，是农产品沿着生产、加工、流通和分销等各个环节进行活动的一个网状链条。阿胡玛达和维拉洛博斯（Ahumada and Villalobos，2009）认为农产品供应链是由核心企业组织链上的各节点参与者共同进行农产品的生产、加工、销售至最终消费等一系列的活动组成。卡本（Carbone，2017）认为供应链是混合机构（hybrid institutions）中的一种，"混合"表示机构是由复杂的形式组织起来的，让各个成员共同完成一些单个公司或者市场都无法完成的任务。农产品供应链是个复杂的实体，通常由许多公司和各种各样的经济体组成，它们共同努力将最终农产品传递给消费者。我国学者对农产品供应链概念的界定通常是在供应链的一般性概念基础上进行的拓展。夏英和宋伯生（2001）基于农产品供应链的环节组成与组织载体构成的视角研究，认为农产品供应链由产前生产资料供应环节、产中生产环节和产后加工配送以及销售等不同环节组成，包括农资供应商、农户或生产企业、农民专业合作社、加工企业、批发商、零售商、消费者等不同组织载体。他们形象地将供应链比喻为"田间—餐桌"（国外比喻为"种子—食品"）。谭涛和朱毅华（2004）基于链上要素流动的视角把农产品供应链看成是一个农产品循着农产品生产者、加工者、批发者、零售者、物流配送者和消费者活动的网状链条。赵晓飞（2012）从系统和整合的角度出发，认为农产品供应链是核心企业以市场需求为导向，通过建立现代化农产品供应链信息平台，重构农产品供应链的组织、渠道、服务以及安全监管等新体系，与农产品生产者、加工企业、销售商和消费者进行无缝对接，从而实现农产品价值增值、农民增收和消费者满意的目标和过程。张蓓和杨学儒（2015）认为最完整的农产品供应链主要是由农资供应商提供生产资料的供应环节、农户和农村合作组织等参与的农产品生产环节、加工企业参与的农产品加工环节、配送商和销售商参与的分销环节以及消费者参与的消费环节等组成的，同时也离不开政府的支持与监管，核心企业在农产品供应链中承担组织与协调作用，从农产品供应链的源头到生产、加工、流通直至终端消费始终全程控制，从而实现农产品供应链安全质量的保障、消费者满意度的提升以及合作效益的提高。石岿然和孙玉玲（2017）基于农产品供应链结构的角度解释农产品供应链是由农户和农村中间组织等组成的农产品生产者、加工企业、批发商、配送商以及终端的零售商和消费者等主体构成的垂直网络结构，强调农产品供应链中的各个环节始终处于因环境不断改变的动态变化中。

　　综上，国内外专家学者的相关描述多基于供应链原理结合农产品特征或研究边界给定农产品供应链的本质内涵。由此，就特征而言，本研究认为农产品供应链可以理解为"从种子到食品"或"从田间到餐桌"的过程，从选购种子等生产资料环节开始，到生产成初级农产品以及包装加工后的最终产品，再通过销售网络配送至消费者手中，是由农资供应商、农产品生产者、加工企业、分销商以及消费者等构成的垂直网络结构。就内涵而言，农产品供应链以农产品价值实现为流程，以消费者为中心，基于核心企业主导，通过塑造战略合作伙伴关系实现价值共创和协同发展，从而实现合作者整体利益最大化的目标。农产品供应链覆盖农产品价值实现过程相关主体的全部关系，政府在农产品供应链运作中起重要作用。

2.1.2 农产品供应链主体间关系特征研究

从 20 世纪 30 年代开始，国内外专家学者就对经济活动领域中关系的概念从不同的角度进行了界定。这些研究角度包括关系结果、关系活动内容、关系形式、关系功能和关系行为等，从关系研究对象看包括宏观、中观和微观三层面：宏观层面主要有关系文化、关系资本以及基于关系的制度体系等研究；中观层面主要有网络联盟企业和集群效应等探讨；微观层面主要有组织内部关系以及个体之间的关系等研究。不仅如此，关系研究还表现出多学科交叉特征，其中经济学研究认为关系是改进和完善资源配置与交易制度的一种方法和手段；管理学研究认为关系影响企业的战略和企业竞争力，对组织绩效和组织行为有很大的影响；社会学研究认为关系网络影响人们的社会心理和社会行为。

在针对农产品供应链战略合作伙伴关系内涵与特征的研究中，国内外许多学者从不同的角度赋予其广泛的内涵。弗兰克（Frank，1992）基于纵向协调的角度强调农产品供应链主要考虑生产销售垂直体系中所涉及的所有主体的联结，通过纵向一体化来实现链条信息的连续性。斯泊勒德（Sporleder，2006）基于社会经济学角度解释农产品供应链节点合作与社会资本两者之间相互作用的机理，认为农产品供应链日趋嵌入社会关系网络中，指出社会资本能帮助农产品供应链节点企业在社会网络中树立信誉、提高供应链节点企业间信任水平，使农产品供应链合作伙伴之间形成有弹性的自我约束机制，从而为供应链带来更大的发展空间。佩雷斯和马丁内斯（Perez and Martinez，2007）认为农产品供应链是由产权独立的各节点企业为追求优势互补、合作共赢而结成的一种网络结构组织。他们以核心企业的地位、横向一体化和纵向一体化的程度来判断农产品供应链网络结构特征，以专用性资产投入、信息分享以及共同行动能力三个维度建构了关系治理的框架，指出供应链合作伙伴关系专用性资产投入越高、信息分享程度越高以及其共同行动能力越强，农产品供应链效益就越高。卡本（2017）基于不同核心企业引导的将农产品供应链分为六类，分别是由大型零售公司主导的供应链、由国际生产加工公司主导的供应链、由合作社引导的供应链、由联合财团或联合企业引导地理标志的供应链、由农户引导的短供应链以及由专业化高质量零售商主导的供应链，不同类型的供应链有不同的核心企业，各主体间的关系也不同。由大型零售公司主导的供应链的核心企业是大型零售公司，各主体间呈垂直关系（vertical）；由国际生产加工公司主导的供应链的核心企业是生产加工公司，各主体呈垂直关系；由合作社引导的供应链的核心企业是合作社，各主体呈水平关系（horizontal）；由联合财团或联合企业引导的地理标志的供应链的核心企业是将各个成员集合在一起的财团、联合企业，各主体间呈水平关系；由农户引导的短供应链的核心企业是农户，各主体间呈互惠关系；由专业化高质量零售商主导的供应链的核心企业是零售公司，各主体间呈直线和互惠关系。彭建仿和白志礼（2007）基于农产品供应链成员主体间的共生关系，阐释农产品供应链的本质是各成员主体在共生协同的前提下和谐发展，谋求实现资源共享与供应链增值和合作共赢的境界。肖为群和魏国辰（2010）认为农产品供应链是节点企业围绕着核心企业建立的相互依赖和信任的合作关系，是以共同确立并遵守相同的规则和协议而结成的共担风险以及信息资源共享和共同获利的战略合作关系。陆杉（2012）基于博弈论的分析方法研究，认为农产品供应链核心企业与节点企业之间通过竞争合作关系来实现供应链整体利益和个体利益最优化，信任是农产品供应链核心企业与节点企业间经过长期博弈的结果，提出基于核心企业主导的农产品供应链合作企业间是通过不断的沟通、协调、激励和约束来完善农产品供应链企业间信任机制。罗峦、李崇光和谭果（2014）指出，我国农产品供应链组织要向较高的合作关系水平发展，还需要在核心企业实力提高、关系性专用资产投入、政府的支持力度、合作模式紧密性、共享机制的构建与完善、有效沟通交流、彼此信任与承诺以及共同行动改进等方面做更大的努力。熊峰等（2015）认为生鲜农产品供应链节点企业都有意向在正式契约合同的基础上追求更能稳定合作的关系契约形式。庞燕（2016）基于共生理论和供需分析方法研究，强调需求与供给的匹配是保证农产品供应链中的企业和农户共生关系进化的关键。隋博文（2017）基于系统理论研究提出农产品供应链主体间关系稳定性、合作绩效与供应链优化之间的关联机理。

依据国内外研究文献，本研究认为农产品供应链主体间关系特征主要包含以下几个方面的含义：

首先，农产品供应链主体间是资源禀赋的互补性关系，各节点企业都期望在彼此合作交换中获得更多的利益。农产品供应链上各节点企业有资源禀赋上的差异，这种差异使节点企业各自有不同的比较优势，节点企业间存在的这种比较优势使得农产品供应链合作伙伴之间进行交换具有可行性和合理性，其中核心企业的比较优势可能表现为拥有特别的技术以及市场或在行业中有较大的影响力，也可能体现为核心企业经过多年积累形成品牌优势以及拥有较大的市场占有率。农产品供应链各节点企业的资源禀赋比较优势使供应链系统能够产生价值增值。

其次，农产品供应链主体间关系的本质是一种自组性的关系式交易。农产品供应链是核心企业与各节点企业以显性经济合同和隐性社会信任相衔接的一种虚实结合的自组性组织。它是由核心企业和与其相辅相成、相互作用的各节点的子系统自发组成的一个有机整体，特别强调核心企业与各节点间发展长期和彼此高度信任的互动合作关系，以使农产品供应链系统自组地进行有序和有效的运作与发展。关系式交易要求核心企业与节点企业在供应链范围内建立互相信任、资源信息共享、共同行动以及持续不断强化业务交易关系下的深度合作关系。它是在历史依赖和路径依赖的过程中建立起来的，这种关系式交易既包含具有正式契约的经济关系，也包含情感、互动、信任等社会关系。社会关系是农产品供应链的核心企业与节点企业间的资源和共同拥有的社会资本，能极大地推动农产品供应链节点间经济交换关系的提升。

最后，农产品供应链主体间关系的最基本特征是嵌入性。包括农产品供应链核心企业与节点企业间通过交换形成的关系性嵌入以及农产品供应链上参与主体与外部经济社会环境因素相关联形成的结构性嵌入。嵌入性意味着农产品供应链核心企业与节点主体间除了两者之间的关系外还存在着第三方关系，它们之间互相联系形成一个庞大的社会关系网络。嵌入性不仅能促进农产品供应链主体间的关系协调，还能发挥社会声誉机制，保障农产品供应链主体间的关系的有序有效运行。农产品供应链节点企业间关系网络需要进行不断调整和充实，即伴随着农产品供应链的成长及其承受的外部竞争压力不断增加，供应链要加大提升整体竞争力度，当某些合作伙伴不符合农产品供应链的要求或有更合适的其他合作企业出现时，必须对农产品供应链关系网络进行及时有效的调整和优化。

总而言之，农产品供应链主体间关系特征主要体现在基于核心企业主导的与上下游节点企业间合作的一种垂直关系网络当中，是核心企业与产权独立的各节点企业通过建立优势互补和彼此信任的共享机制进行跨越组织的合作途径，以期通过实现帕累托最优而获取超额利润。农产品供应链主体间的关系既包括非人格化的经济交换关系，也包括建立在了解、信任以及共享创新的人格化基础上的社会交换关系，农产品供应链获得的超额报酬是经济交换关系和社会交换关系共同作用形成的成果。

2.2 农产品供应链主体间交换关系研究

营销学者斯泰尔斯和安布勒（Styles and Ambler，2003）指出作为营销核心的交换体现出交易和关系两个方面的特性：一是交易是指双方通过货币、有形产品和无形服务作为媒介而开展的价值交换；二是关系可以界定为一种信任，也可以表述为付出时间同他人建立联系，这种联系是在相互信任、相互履行义务和共享经验的基础之上建立起来的。换言之，企业不仅要满足消费者对产品及服务的需求，还要顾及消费者在实现产品及服务需求满足的过程中对信息、情感、知识、态度、观念、承诺等要素的互动与共享的诉求，企业通过与消费者进行信息与情感等交流形成的信任关系，能更好地提升合作共享水平，进一步促进商品交换的发展。

2.2.1 农产品供应链主体间经济交换关系研究

交易是人类社会从事经济活动的最基本单位，商品只有通过交易后才能实现其价值。在农产品供应链理论与实践研究中，交易成本经济学理论学说是其最核心的理论依据。

交易费用理论的代表人物科斯（Coase，1937）在其发表的《企业的性质》一文中阐释了市场和企业是相互可以替代的安排资源配置的两种组织形式，市场基于价格机制自发性地调节安排资源配置，企业基于等级制度来调整安排资源配置。市场交易成本主要是指搜索有关产品价格信息的有关成本，企业内部的交易成本主要包括企业监督管理所需要的成本，选择不同的资源配置方式的目的是节约交易成本。

威廉森（Williamson，1971）为了凸显这一理论的可操作性，以有限理性与机会主义倾向这两个行为作为假设，基于资产专用性、交易频率和不确定性三个交易维度，建立了纵向一体化的理论框架，并指出当资产专用性、不确定性以及交易频率这三个维度都处于最高水平从而导致市场失灵现象（市场不能或难以有效率地配置经济资源）出现时，可以选择把由市场来安排资源配置方式转化为由企业来安排资源配置方式，通过企业内部监管来避免和限制机会主义行为的发生，从而不仅扩展了企业边界，也达到了降低交易成本与交易风险的目的。威廉森（1979）提出中间性组织是介入完全竞争的市场组织与一体化的企业组织之间的又一种安排配置资源的方式。相对于市场组织形式来看，中间性组织能降低搜寻交易伙伴与交易价格的信息成本和谈判成本；相对于企业组织形式来看，中间性组织能节约监督管理成本、具有相对的独立性并且具备了较高的激励机制优势。威廉森（1987）提出当资产专用性、交易频率和不确定性三个维度的指标处于较低水平的时候，实现资源配置效率最高的方式是市场配置方式，最有效率的交易方式是市场交易方式；如果资产专用性、交易频率和不确定性三个维度的指标都处于比较高的水平时，实现资源配置效率最高的方式是企业配置方式，最有效率的交易方式是纵向一体化方式；如果资产专用性、交易频率和不确定性三个维度的指标水平处于两者之间时，实现资源配置效率最高的方式是中间性组织配置方式，最有效率的交易方式是契约交易方式，并强调在选择中间性组织配置时，这三个指标越高就越需要签订更长期限的契约，长期契约治理效应明显高于短期契约治理效应。

基于对交易成本经济学理论学说的理解可以看出：农产品可以通过市场组织、中间性组织和企业组织这三种组织形式进行交易和交换，农产品供应链企业间的经济交换关系包括市场交易关系、契约交易关系以及纵向一体化关系。

1. 市场交易关系

市场交易关系是全凭市场来主导的一次性交易关系，交易双方仅仅限于约定产品成交价格，是我国农产品交易中最常用的、最简便易行的一种交易形式，也是农产品供应链初始阶段最广泛运用一种交易形式。

2. 契约性交易关系

契约性交易关系相对于市场交易关系来说强化了交易双方协作的紧密程度，依据交易的一方对交易的另一方的控制强度和风险分担差异程度可将其分为以下三种。

（1）市场契约（销售合同）关系。签约人仅仅为交易对方提供产品销售市场，基本不干涉交易对方的任何决策，交易双方达成的约定比较随意，难以形成紧密利益关系，关系的稳定性很弱，市场风险几乎都转移给了签约人，农产品生产者只承担生产风险。

（2）生产契约（生产合同）关系。农产品生产者将农产品生产（包括生产资料投入）和销售过程的决策权力与控制权力以及风险的承担几乎全部交给签约人，交易双方容易形成利益共同体，能建立并维持稳定的交互关系。

（3）横向一体化（准一体化）关系。横向一体化关系是围绕着具有强大品牌效应的核心企业来塑造的，核心企业以自身发展战略为核心，利用契约订单或承诺形式把农资供应、农产品生产、加工和分销等环节的诸多个体和企业联系起来，通过组织协调实现整条链子的一体化整合凝聚，建立长期而稳定的合作关系，农产品供应链的特色和竞争力完全取决于核心企业的品牌特色与实力。横向一体化交易形式能强化农产品供应链组织的激励机制以及降低监管成本和交易的不确定性，减少合作各方的机会主义行为。

3. 纵向一体化关系

纵向一体化（垂直一体化）关系。纵向一体化是指核心企业通过产权形式把上下游节点联系起来，将农产品的生产、加工、销售等环节的诸多个体和企业一体化为同一产权组织，以控制程度最高的企业内部交易方式替代市场交易方式或契约交易方式，建立最紧密的利益关系。纵向一体化能有效规避合作各方的机会主义行为，但与此同时也会提高企业内部的监督管理成本。这种形式通常在风险最大的时候选择，如核心企业在供应商提供的资源稀缺或紧缺时有必要将其纳入自己的企业中。

2.2.2　农产品供应链主体间社会交换关系研究

根据交易成本经济学理论学说的阐释，农产品供应链节点企业间是经济交换关系，但它只是基于有限理性、机会主义两种人性行为假设以及资产专用性、交易频率和不确定性三个交易维度的视角，解决怎样理性的选择有效安排配置资源的方式、规避和防止机会主义行为、降低交易风险等问题，却难以解释农产品供应链节点间的互动和情感认同、依赖和信任、合作共享和创新等因素在农产品供应链成长中的角色与影响，而社会交换理论、社会网络理论、关系契约和关系营销理论等能进行相应解释。

1. 基于社会交换理论的解释

社会交换理论发展于 20 世纪 60 年代，霍曼斯（Homans）和布劳（Blau）等是主要代表人物。

霍曼斯（1961）的行为主义交换理论是以个人主义假设为条件，从经济学理性的角度解释人际交往，将心理因素归入社会交往中。他主张人类一切行为都是以获得自身最大报酬为目的与动机的交换活动来引导和控制的，以个体需要和人的理性作为出发点，把人类的社会交往都看作是为获取奖励或规避惩戒责罚的理性交换行为，这种奖惩可以是有形物质的金钱商品等形式，也可以是无形非物质的情感态度等形式，这种交换具有主体性、经济性、社会性和目的性，不仅能产生经济交换关系，还能产生社会交换关系。他认为，任何人际关系实质上都是交换关系，人际关系只有在个体与个体之间的物质与情感交换过程中实现互利平衡的前提下才得以和谐和维持，人们在互动交换活动中对其交换的成本、报酬、投资、利润、剥夺和满足的具体需求比例都会有理性的价值判断与行动选择，其理价值性判断与行动选择的依据主要来自个体行动者过去的经验性标准以及个体行动者认同的与自己背景相同或相似的人的比较性标准。霍曼斯行为主义交换理论主要解释个体间的交换行为，试图以个体行为的动机来阐释社会生活，是基于一种静态描述角度从个体层面推导群体行为的理论研究，然而在现实中却难以对社会群体以及复杂社会结构与社会机制等宏观层面进行合理阐释。

布劳（1964）的社会结构交换论是基于霍曼斯的行为主义交换理论提出的，但其研究的重点不再是个体之间交换行为的主观阐释，而是个体之间交往及其交往结构；其探究的不再是心理因素如何影响个体间交换行为，而是基本交换过程如何作用于社会交往结构的形成与演变以及现已存在的社会关系网络和社会规范如何制约社会交换行为。他认为人类行为不全部都是交换行为，把社会交换看成是一种基于彼此信任的以互惠性、自愿性为前提的回报行为。他认为社会交换只有在别人有报答性行为反馈时才会产生，当别人不再有报答性行为反馈时就会停止。布劳把交换分为内部交换（社会交换）与外部交换（经济交换）以及其相对应的两种交换中获得的内部报酬和外部报酬。内部报酬是指从社会交往关系当中获得的酬报，注重在交往过程中获得的如爱、快乐、感激和社会赞同等非功利的互动与情感；外在报酬是指在社会交往关系之外获得的酬报，注重交换的结果，把交往过程看作是实现远大目标的手段，从而获得如金钱、商品、服务、服从等功利性物质利益。实际上两者相互关联也难以割裂。布劳把社会结构区分为微观结构和宏观结构。他认为社会微观结构由互动的个体组成，个体与个体之间的社会交换源于社会吸引。社会吸引是指行动者都有与人交往的倾向性，由于个体交往是希望从与他人的相互交往中得到报酬，与此同时也愿意为交往对象提供相应的回报。如果交往双方相互间都能提供报酬，并且都能遵守共同约定的行为规范，将会维持彼此间的相互吸引并能继续进行交往，此时就形成了互动的群体，并建立起一种社会关系，社会结构交换的过程也即形成。他认为宏观结构是由相互关联的群体组成的。他通过对宏观社会结构中社会交换的研究发现群体间的交往和微观结构中的个体间的交往有很多相似之处，同样也以追求报酬意图支配群体间的交往行为，其基本交换过程大体也要经过吸引、竞争、分化以及整合与冲突的过程，但相比于微观结构的个体之间的交换还是有一定的差异。他指出不是所有的社会交往都是在对等交换的前提下进行的，人际关系不一定都是交互的，不对等的交换会引起社会的权力差异与分层现象。他阐释社会交换是通过竞争的形式进行的优胜劣汰使得群体成员间的社会地位产生分化，经过反复交往互动分出高低，从而形成一种社会分层系统并确立了权力结构，这种权力关系将对社会交往产生更直接的影响，当权力向权威转化时将有助于群体的整合。事实上在合法权威的形成过程中同时也产生了群体内部抵制力量，这两个关键要素互相作用影响，就会出现平衡与不平衡的社会交往关系，平衡的关系会使群体间产生依赖关系，不平衡的关系将使群体的社会结构和权力结构继续分化与整合，如此不断的交互替代，当某个群体拥有权威地位并能有效控制对其产生依赖的其他群体时，就意味着形成了更大的具有分层的社会结构的整体组织。布劳认为宏观结构是一种复杂分层的社会结构，大多数成员在这样复杂的结构中是以间接的形式进行交往的，需要某种中间媒介或机制来替代微观结构中的人际吸引来维持个体与群体以及群体之间的社会交换。他认为共享的价值观念可以充当宏观结构中社会交换的中间媒介或机制，共享价值观念能为复杂分层的宏观结构交换提供一组共同的情景定义，使所有参与交换的行动主体都能以同样的情景定义投入交换关系中。假如把个人能提供报酬作为在微观结构中产生社会吸引的根本，那共享价值观念在宏观结构中则被看作是一种超越各种利益群体之上的并在其中起调节支配作用的基本机制，这使得宏观结构的间接交换取代了个体与个体之间的直接交换变为可能。布劳指出要使宏观层面的社会交换关系结构化还需要制度化过程，制度化的关键是对所有参与主体在共享价值观念的基础上引导制定显性的具有普遍性、相对持久性和强制力的关系交换规范，由此将参入的个体以及各类群体都纳入制度的轨道而形成权力单位，把社会交换归到受制于社会结构以及社会规范的约束与指引，从而实现打通微观领域与宏观领域之间沟通的通道。

2. 基于社会网络理论的解释

"网络"这一概念是由德国的西梅尔（Simmel）最早提出的，他认为社会网络是基于诸多社会行动者及他们之间产生的关联构成的集合。从 20 世纪 80 年代以来，社会网络理论成为欧洲以及北美学者关注的热点，美国的格兰诺维特（Granovetter）是社会关系网络理论的主要创建者。

格兰诺维特（1973）提出弱连接理论。他所谓的连接也可以说是社会关系，是指个人之间或组织之间由于交往而形成的一种联系。他基于行动者的沟通与互动频率，认为通常情况下人们经常反复接触的往往是亲友、乡邻、同学和同事等，社会认知是比较稳定的，但其传播范围比较小，这是一种"强连接"现象；另外一种交往相对来说社会关系比较广泛，其传播范围也比较大，但社会认知比较肤浅，这是一种"弱连接"现象。强连接是指行动者之间经常见面、互动频率较高，而且生活在差不多甚至完全重合的圈子里，圈子里的人态度高度相似，获得的信息和知识往往是重复的，在交往中只会强化已知观点而难以接受或融合其他观点，难以为行动者提供创新机会，很容易造成自我封闭。弱连接是指行动者之间不常见面甚至是陌生的。弱连接使行动者可以从那些来自不同地方和不同领域又不常见面的人那里获取自己不太了解的信息，并且还能让这种新信息在自己的圈子中迅速广泛流传。弱连接扮演着行动者与外界信息传递与沟通桥梁的角色，在行动者与外界接触交流中发挥连接性的关键性作用，能扩展行动者的视野和社会交往圈子，从而使其获得更多的发展和创新机会。格兰诺维特还首次将关系分为强关系和弱关系。他认为强关系中得到的信息大多是重复性的，主要通过传递信任感和影响力等获得感情的支持，但能保证行动者之间有效地交换知识和信息，以此来维系群体内部或组织内部的关系；弱关系承担起社会微观和宏观结构中间的连接作用，在群体或组织之间建立联系，充当信息交流的纽带，相对于强关系来说它能获得更多跨越其社会领域的信息和资源。

林南（1985）在格兰诺维特（1973）"弱关系强度假设"基础上提出了社会资本理论学说。他认为社会资本是个体行动者期待从嵌入性资源中得到回馈而在社会网络中所做的投资，是行动者在社会关系体系和社会结构中所处的位置带给他的资源。他指出个人行动者不能直接占有其嵌入在个人社会关系网络当中的权势、财富及名望等社会资源，只能从其个人直接或间接的社会关系网络中获取。他认为处于复杂分层社会结构的行动者在选取工具性行动①的时候，若行动者拥有的弱关系对象的社会地位比行动者本身的社会地位更高时，行动者拥有的弱关系相对比于强关系来说能给他带来更多社会资源和创新发展机会。弱关系连接着居于不同阶层以及占有不同资源的人，它不只扮演信息桥的角色，而且相对于连接的社会阶层以及资源都差不多的强关系来说更能有效获取社会资源和发展机会，行动者多基于弱关系达成其资源的交换与获取。

格兰诺维特（1985）在弱连接理论的基础上提出了"社会嵌入性"理论。他认为行动者经济行为"嵌入"具体的当下运行的社会关系中，行动者在其所处的社会关系网络内的人际互动过程中做出合乎自己主观目的的行为选择。他从关系的历史性嵌入和结构性嵌入这两个维度来揭示行动者经济行为与社会关系以及社会结构的关系，认为行动者经济行为既不是低度社会化中的理性经济人，仅仅为了谋求个体利益最优而完全脱离以往和当下的社会关系而孤立地行动，也不是过度社会化中的完全受制于其所处当下社会关系而毫无主观能动性地行动，而是在可以兼顾社会秩序和个体利益的具体动态的社会网络结构中有目的地追求其个体目标实现的行动。他根据嵌入的方式将嵌入性分为关系性嵌入与结构性嵌入两类：关系性嵌入（关系凝聚力）是指个体经济行动者嵌入在自己与其他人进行有来有往的经济行为而产生的个人社会关系网络中，其经济行为要受到所处的社会关系网络中各种社会因素的影响。结构性嵌入是指经济行动者与其他诸多相关联的经济行动者通过关系嵌入到更广阔的社会关系和社会结构当中，而且其所处的具体的社会关系和社会结构中特有的文化及社会特征等因素将影响或决定着经济行动者的经济决策与经济行为，也会使经济行动者的经济决策与经济行为表现出特定社会网络结构特征。社会网络密度和规模以及经济行动者在社会网络中所处的位置等要素都会影响经济行动者对稀有资源占有与配置的数量与质量。他认为行动者经济行为嵌入社会关系网络的机制是信任，而信任又来自社会关系网络并嵌入在社会关系网络之中，由此，行动者经济行为亦嵌入在社会关系网络的信任结构当中。他指出嵌入性可以产生和提高信任，而且不同的嵌入性会产生不同的信任。他根据双方的互动频次、情感强度、亲近密切程度和互惠互助程度四个维度界定出强连接、

---

① 林南将社会行动分为两类：工具性行动是行动者为获取自身不占有的资源而采取的行动；表达性行动是行动者要继续保持自身已占有的资源采取的行动。

弱连接和自由交易三种嵌入程度不同的信任关系，以后许多学者认为除了这四个维度外，还可以加上行动者之间的交往时间量、共享程度以及共同行动等要素。嵌入性让经济行动者之间产生了不同程度的信任与互动，交易双方经过长期反复的接触交流，直到在价值理念和社会关系行为规范方面达成共识，不仅能使行动者们的合作关系更紧密并提高合作效益，也可避免和抑制机会主义行为发生。

3. 基于关系契约理论与关系营销理论的解释

美国法学家麦克尼尔（Macneil，1978）在其创建的关系契约理论中把交换分为两类：一类是离散型交易，是指不具备太多关系性的单项交易，主要以实物交易为主，前后两次的交易活动是互不关联、间断性的交易，且有明显的开始与结束，其参与者是陌生匿名的，并因交流有限而存在信息不对称，可以轻易测量其交易物品；另一类是关系型交换，是指复杂性和延续性很强的关系性交易，交易是以无形的情谊和信任等因素作为交换的主要内容，先前的双方交换活动是具有关联性且可以追溯的，是一个持续性反复交易的过程，其参与者之间有人际交往，不易准确测量其交易物品，参与者难以完全预知其未来交易过程中可能发生的事情。他认为个体与个体之间的交易行为都处于完全的离散型交易到关系型交换之间的连续区域中，在实际中从来就没有纯粹的单次交易，即使最纯粹的离散交易也包含了关系性的因素，而且随着互联网经济社会的发展，契约的复杂性及延续性不断增强，越来越多的交换更加接近关系型交换这一端，契约法也必须随着交易性质的改变而改变。他认为每个交易都是嵌入繁杂的社会关系网络当中的，对任何一个交易进行分析时都必须要认识和理解其交易所包含的复杂关系中的任何因素都可能甚至显著性地制约着交易的有效进行。他指出随着越来越多的交换具有更强的关系性质，交易治理也更依赖于关系契约。事实上，由于缔结条约方决策时都存在的有限理性以及信息不完全的局限性，使得处于交易合作伙伴关系中的缔约当事人往往会将暂时无法确定的诸多契约条款不做细致周详的规定，而仅是尝试建立一种交易双方在未来能够确定交易条款的方案，待到以后依据双方交易的具体需要再做应变调整，这就形成了依据将来长期关系价值上的一种不完全的非正式关系契约。关系营销学者在麦克尼尔的关系契约学说的基础上对企业间交换关系做了大量的分类研究，将短时间进行的离散型交易和长时间进行关系型交换区别开来，建立了交易和关系交换的关系图谱，提出了以个别交易和垂直整合为两端，关系交换位于两者之间，包括反复交易、长期连续交易等绵延分布的许多交换关系类型，如图2-2所示。

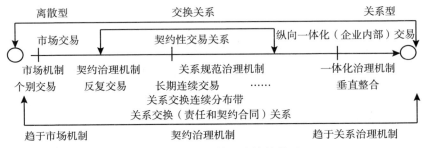

图2-2 交易和关系交换的关系

本研究基于上述的社会交换理论、社会网络理论、关系契约理论和关系营销理论等理论对农产品供应链进行如下分析：

首先，农产品供应链节点间关系不仅表现为经济交换关系还表现为社会交换关系。基于社会交换理论，农产品供应链节点企业间的交换不仅包括为追求金钱、商品等物质而进行经济交换，还包括基于互动沟通而产生的情感、态度、依赖、信任、承诺等无形非物质的社会交换，而且经济交换和社会交换融于一体。农产品供应链是由链上相互关联的群体构成的，链上各节点企业都是为谋求利益报酬而加入农产品供应链中的，经过吸引、竞争、分化以及整合与冲突的基本交换过程，最终会形成以核心企业为主导地位与处于从属地位的其他节点企业彼此依赖的合作关系，这样的农产品供应链组织是一种具有复杂分层的社会结构，核心企业与节点企业间是基于共享价值观进行交换的，且在共同遵守一定的关系规范内实现有序有效的运转。

其次，农产品供应链核心企业与节点企业之间是基于弱连接建立起联系的，农产品供应链组织以及各主体的经济行为嵌入当下具体的社会关系网络中。基于弱连接理论和社会资源理论学说的阐释，农产品供应链上的各个节点企业特别是农户与核心企业之间往往是陌生的且地位差异很大，弱连接为各节点企业与核心企业架起沟通交流的桥梁，使各节点企业通过核心企业在更广泛的范围内获取社会资源和信息，拥有更广泛的社会关系，而且核心企业与各节点企业通过不断进行沟通与共同行动所产生的默契，能够在供应链组织内部与各节点建立起强关系，以维持和稳定长期合作。基于"社会嵌入性"理论，农产品供应链上各个行为主体的经济行为都嵌入其与节点企业交换互动所形成的个体社会关系网络中，农产品供应链上的每个经济行动者所处的网络又与其他许多的经济行动者的网络相关联组成更广泛的社会关系网络，农产品供应链组织以及农产品供应链上的各行为主体的经济行为都会受到来自其所处社会关系和社会结构的影响，而且农产品供应链主体经济行为嵌入其所处的社会网络的信任结构中，农产品供应链节点企业间基于不同程度的信任建立合作，并且在合作的过程中通过共享以及共同行动等关系行为提升信任，并进一步推动其长期合作，提高农产品供应链合作效益。

最后，农产品供应链节点企业间信任的提升会进一步促进节点企业间经济交换关系的持续和发展。基于关系契约理论和关系营销理论，农产品供应链节点企业之间的交换关系归属关系型交换的范围，农产品供应链合作伙伴在执行合同前提下反复持续进行的经济交换中，通过不断地进行信息、知识、资源和经验交流与共享，产生相应的情感交流和态度体验。作为因情感和态度体验形成的信任是连接农产品供应链节点之间的纽带，不仅支配着供应链主体之间的商品交换行为，还会进一步促进节点企业间经济交换关系的发展，如图 2 - 3 所示。

图 2 - 3 农产品供应链主体间的信息交流关系、情感交流关系与信任关系

总之，农产品供应链节点间就是通过特定的经济交换关系、社会交换关系以及关系各方专属资源的相互结合，获得经济主体单独运作无法产生的关系租金①。

---

① 关系租金是指必须通过合作方的共同努力创造的超过企业独立单干所得之和的超额利润，是通过具有专属性的关系投资产生的，以组织间价值创造的要素和机制为基础，是经济租金的一种类型。

2.3 农产品供应链主体间协同竞争博弈关系研究

农产品供应链的运作过程也可以说是拥有独立产权的各节点基于自身更好发展而进入核心企业主导的垂直联盟体系中来谋取长期利益的过程。但是由于参与者都有各自不尽相同的背景、条件以及追求目标，因此它们合作时会在协同整合、经营方式以及利益分配等诸多方面发生冲突。一方面，各参与者千方百计谋求个体利益最优，甚至可能会不惜牺牲其合作伙伴的利益；另一方面，各参与者也愿意听从农产品供应链协同整合管理，努力探寻农产品供应链参与各方的利益均衡点，最终达成合作共赢的结果。因此，农产品供应链核心企业与战略伙伴之间是合作博弈关系，它们围绕着参与者的个体利益与供应链整体利益之间的博弈不是一次性的，而是一直处于一种动态的不断选择的过程中，农产品供应链的核心企业与战略伙伴之间始终处在合作和不合作的两种状态。

农产品供应链战略合作伙伴都是核心企业精心、严谨地挑选出来的，通常核心企业与战略合作伙伴之间都相互知晓彼此的收益函数，所以，农产品供应链核心企业与战略伙伴处于完全信息的动态博弈中，即进行重复博弈，它们之间是一种协同竞争博弈关系。

农产品供应链中的核心企业与各节点都能将前一次的博弈结果当作已知知识带入后一次博弈中，并会以此作为自己在新的博弈中行动决策的依据。假设企业在前一次博弈中选择的合作行动有利于自己，那么其在后一次博弈中会坚持选择和对方继续进行合作的行动；假设企业在前一次博弈中选择的合作行动不利于自己，则其在后一次博弈中会选取不合作的行动。

重复博弈最大的难点是可信的威胁以及对其往后行为所要兑现的承诺会作用到现阶段的行为。各博弈方皆要思量目前阶段的博弈会不会导致其他博弈方在后一阶段的对抗或者恶性报复，即重复博弈要留意和重视其他博弈方的利益，要懂得博弈的一方在目前阶段有合作行为将会引发其他博弈方在后一阶段中也可能选择合作的行为，从而达成农产品供应链参与各方长期合作利益的实现。所以，各博弈方必须要好好考量短时间表现的农产品供应链中的两个阶段因徒困境博弈和长时间呈现的供应链中的无限重复囚徒困境博弈。

根据表2-1给出的囚徒困境标准式，假设农产品供应链中的甲乙两个节点企业要重复做出两次如此的同时行动博弈，还可以在后一阶段博弈前观测到前一阶段的博弈结果，并且假定忽略不计贴现因素，那前面和后面两阶段重复博弈的收益就等于前面和后面两个阶段各自收益的和。

表2-1　　"囚徒困境"中甲和乙节点企业收益博弈矩阵

		企业乙	
		不合作	合作
企业甲	不合作	2，2	7，1
	合作	1，7	6，6

注：每组数中的第一个数为企业甲的收益，第二个数为企业乙的收益。

在如此的前后两阶段博弈中，因为后一阶段博弈的仅此唯一结果是该阶段剩下部分博弈的纳什均衡，即（不合作，不合作），所以，不管前一阶段的结果如何，甲和乙的收益都是（2，2）。在如此先决条件下的前后两阶段囚徒困境博弈中，参与者在前一阶段的局势能够归总为表2-2中的一次性博弈，后一阶段的均衡收益（2，2）分别加在了甲和乙两个节点企业的前一阶段的每一收益组合上。表2-2中的博弈亦是同样有仅此唯一的纳什均衡（不合作，不合作）。所以，前面和后面两阶段囚徒困境仅此唯一的子博弈精炼解是前一阶段的（不合作，不合作）与后一阶段的（不合作，不合作）。在子博弈精炼解中，无论哪一个阶段都不可能有彼此合作的结果。

表2-2　　两阶段"囚徒困境"中甲和乙节点企业收益矩阵

		企业乙	
		不合作	合作
企业甲	不合作	4，4	9，3
	合作	3，9	8，8

注：每组数中的第一个数为企业甲的收益，第二个数为企业乙的收益。

假定无限次数地重复出现表 2 - 1 中的囚徒困境，且所有的 t 在第 t 阶段开始之前，对之前的 t - 1 次阶段博弈结果都能够被窥察。而且假如在第 t - 1 阶段展开博弈时，参与者都择定彼此合作，那在第 t 阶段它们都可能选取高收益均衡结果；相反在第 t 阶段它们将可能选取低收益均衡结果。这里所讲的后一阶段将会选取的高收益均衡表达的是在后一阶段乃至还包含着以后的合作，而不是人为故意添加在阶段博弈上的另一个均衡结果。根据以上的假设，如果参与者在无限次重复博弈初始的时候选取的是彼此合作，当且仅当之前它们在各个阶段博弈中都选择了（合作，合作）的时候，它们在这以后的阶段博弈中也将会选取（合作，合作）。也就是某个参与者的实际策略是：假如该参与者初始的时候选择了合作，且假定该参与者与另外一个参与者在之前的 t - 1 阶段博弈中一直选取（合作，合作）策略，那么该参与者在第 t 阶段博弈时也会继续选择合作策略；相反该参与者就将选择不合作战略，即触发战略。触发战略证明在贪图利益的商业运作中的参与者要建立彼此信任是非常困难的，并且万一被其战略合作伙伴欺诈就可能永久选择不合作。

在囚徒困境的无限重复博弈中，必须要考虑贴现因子 $\delta = 1/(1 + r)$，也就是一个时期后的单位收益在今日的现值，其中 r 为每一阶段的利率。那么，给定 δ 后，无限的收益序列 π_1，π_2，π_3，…的现值即为 $\sum_{t=1}^{\infty} \delta^{t-1}\pi_t$。

如若参与者 1 已经选取了触发战略，那么因为万一某阶段的结果不是（合作，合作），参与者 1 可能以后将永久选择不合作行为，以此类推，如果某阶段的结果不是（合作，合作），参与者 2 的最优反应也是在以后将永久选择不合作行为。因此，要计算参与者 2 在前一阶段的最优反应和前面的结果都是（合作，合作）时的后一阶段的最优反应。选取不合作虽然能够在此阶段博弈中获得收益 7，然而可能会引起触发参与者 1 永久选择不合作（还会造成参与者 2 可能永久选择不合作），因此，今后每一阶段的收益皆是 2。因为 $\sum_{t=1}^{\infty} \delta^{t-1} = 1/(1 - \delta)$，上述一系列收益的现值为：

$$7 + \sum_{t=1}^{\infty} 2\delta^t = 7 + 2\delta/(1 - \delta) \qquad (2 - 1)$$

选取信任的战略，选择合作在本期的收益为 6，并且在后一阶段将可以获得同样的抉择机会。令 V 表示参与者 2 在无限次的抉择中始终都是选择最优战略时收益的现值，假若选择合作是最优时，则：

$$V = 6 + \delta V，即 V = 6/(1 - \delta) \qquad (2-2)$$

因为选择合作时，后一阶段还可以有机会做出同样的选择；假若选择不合作为最优，则：

$$V = 7 + 2\delta/(1 - \delta) \qquad (2-3)$$

因此，当且仅当：

$$6/(1 - \delta) \geqslant 7 + 2\delta/(1 - \delta)，即 \delta \geqslant 1/5$$

时选取合作为最优的。因此，当且仅当 $\delta \geqslant 1/5$ 时，在前一阶段并且在前面的结果皆是（合作，合作）的后一阶段，参与者2的最优反应（参与者1已经假定选取了不合作战略）为合作。

另外，前面也表明，如果某一阶段的结果脱离了（合作，合作）轨道，参与者2的最优反应该是永久选取不合作，因此，当且仅当 $\delta \geqslant 1/5$ 时，参与双方都会选取触发战略是无限重复博弈的纳什均衡。

2.4　农产品供应链与政府间信号博弈关系研究

通常来说，每个行业的发展都离不开政府的政策和资金支持。假如社会上亟须某农产品的供应，政府就可以采取优先发展该农产品的一些举措，引导和促进该行业快速发展，人们的需求就会得到满足，这样不仅让该农产品企业和行业获益，同时也可以让政府在社会上获得更高的认同度；相反，假如某农产品利润非常稀薄，又缺乏政府的政策和资金的支持，那么该农产品不管是在数量还是在质量方面都难以保证为社会提供足够的供应，从而使得该行业或企业甚至政府都难以从中受益。所以，农产品供应链和政府间的博弈关系是政府发出某种信号，而农产品供应链企业则会在获取该信号后做出应有的反应，从而投入到该农产品的生产中或者放弃该农产品的生产。

信号博弈是两个参与者（信号发送者 S 和信号接收者 R）之间的非完全信息动态博弈，博弈的事件顺序如下：

（1）自然依据特定的概率分布 $p(t_i)$，从可行的类型集 $T = \{t_1, \cdots, t_K\}$ 中赋予发送者某种类型 t_i，这里对所有的 i，$p(t_i) > 0$，并且 $p(t_i) +$

$p(t_i) + \cdots + p(t_i) = 1$；

（2）发送者观测到 t_i，然后从可行的信号集 $M = \{m_1, \cdots, m_L\}$ 中选择一个发送信号 m_j；

（3）接收者观测到 m_j（但不能观测到 t_i），然后从可行的行动集 $A = \{a_1, \cdots, a_H\}$ 中选择一个行动 a_k；

（4）双方收益分别由 $u_s(t_i, m_j, a_k)$ 和 $u_r(t_i, m_j, a_k)$ 给出。

由此得知，农产品供应链中的企业和政府间的博弈可视为一种信号博弈。为把该问题转化为一个信号博弈，假定政府是否扶植农产品企业可以获得高低两个层次的社会认同：$\pi = L$ 或 H，这里 $H > L > 0$。假定进入该农产品行业需要投资为 I，农产品企业将获得的收益为 R，潜在的农产品企业用 I 做其他方式投资能获取的回报率为 r，为显现出投入该农产品行业是有吸引力的，假定 $R > (1 + r)I$。则博弈的时间顺序和收益情况如下：

（1）自然决定政府要赢得的社会认同水平 $\pi = L$ 的概率为 p。

（2）政府了解到 π，随后向潜在的农产品企业承诺一定的补贴率 s，这里 $0 \leqslant s \leqslant 1$。

（3）农产品供应链中的企业观测到 s（但不能观测到 π），然后决定是接收还是拒绝这一信号。

（4）如果农产品企业拒绝这一信号，则农产品企业能获取的收益为 $I(1 + r)$，政府获取的收益为 π；倘若农产品企业接受这一信号，则农产品企业能获取的收益为 $s(\pi + R)$，政府获取的收益为 $(1 - s)(\pi + R)$。

假定潜在的农产品企业在收到要约 s 之后，推断 $\pi = L$ 的概率为 q，则该农产品企业将接受这一信号，当且仅当：

$$s[qL + (1 - q)H + R] \geqslant I(1 + r) \qquad (2 - 4)$$

对政府而言，假设现在的社会认同度为 π，当且仅当：

$$s \leqslant R / (\pi + R) \qquad (2 - 5)$$

成立时，会甘愿基于对农产品企业的补贴 s 来赢得更高的认同度。

在混同精炼贝叶斯均衡中，农产品企业在接收到均衡要约之后的推测决断必须为 $q = p$。由于立项约束式（2 - 5）在 $\pi = H$ 时比 $\pi = L$ 时更难以满足，将式（2 - 4）和式（2 - 5）联合起来表明混同均衡只有下式成立时才存在：

$$I(1 + r)/[pL + (1 - p)H + R] \leq R/(H + R) \qquad (2 - 6)$$

如果 p 非常接近小，式（2-6）成立。但是，倘若 p 接近 1 的话，要使式（2-6）成立，只有：

$$I(1 + r)H/R - L \leq R - I(1 + r) \qquad (2 - 7)$$

混同均衡的艰难之处在于，高认同类型必须补贴低认同类型：在式（2-4）中令 p = q，可得 $s \geq I(1 + r)/[pL + (1 - p)H + R]$，而如果企业确信 π = H（即 q = 0），那么将接受更小的补贴率 $s \geq I(1 + r)/[H + R]$。混同均衡中所要求的更大的补贴率对高认同的政府来说是很昂贵的，即此时对于高认同的政府来说没有必要再去刺激农产品领域的发展。

基于以上分析得知，只有当 p 足够接近 0 时才存在混同均衡，这时可以减少补贴成本；或者如果式（2-7）成立，这个刺激农产品发展的计划产生的收益才足以超出补贴成本。

倘若式（2-6）不成立，那么就不存在混同均衡，但总是存在分离均衡。低认同类型的要约为 $s = I(1 + r)/(L + R)$，农产品企业可以接受；高认同类型的要约为 $s < I(1 + r)/(H + R)$，被农产品企业拒绝。在这样的均衡中，这种博弈将能够带来收益，然而高认同的政府放弃了刺激农产品企业的发展。这一均衡也阐明了发送者的可行信号集无效率的情况。

2.5　农产品供应链信任理论研究回顾

2.5.1　农产品供应链信任内涵相关研究

社会学领域的学者最早关注信任的研究，后来心理学、经济学和管理学等多学科领域的学者做了大量研究，并将其应用于人与人之间、经济实体与经济实体之间的关系研究。

多伊奇（Deutsch，1958）认为信任是在存在不确定性风险的条件下一方预期对方采取合作行为的心里期待，并由此做出相应行动。卢曼（Luhmann，1979）基于新功能主义的视角认为信任是基于减少社会环境和社会系统不确定性和复杂性的一套有效社会简化机制。甘尼桑

（Ganesan，1994）认为信任是信任一方依赖于被信任一方的意愿。梅耶等（Mayer et al.，1995）认为信任是依赖于对合作方信任的意愿，并自愿放弃对对方监视控制的能力以及接受对方有可能损害自身利益的一种态度。萨科和赫尔普（Sako and Helper，1998）认为信任是对交易伙伴的一种期望，是基于个性弱点以及彼此信赖的前提下，相信对方不会为了眼前的利益去损害不惜暴露自己的弱点的一方。麦克奈特等（McKnight et al.，1998）认为信任就是信任的一方对被信任的一方的能力、真诚和善意等的信心。哈丁（Hardin，2012）着眼于人际间信任的角度，认为信任是一种甄别他人敢不敢侵害自己利益的一种判断。夏普里罗（Shapriro，2013）把直接的信任称为人际信任，把不那么直接的信任称为非人际信任，指出当人们不熟悉或不了解某人的详细情况并且不清楚其动机的时候，人们要预期其未来行动，往往相信他会选择遵循被大多数人认同的规则和方式去做事，否则他要付出巨大的代价。陈介玄等（1991）基于对台湾企业合作关系的研究认为，信任是基于人际交往的紧密度和熟知度而衍生出的人际信任，人际信任既包括人情感性的特质部分，也包含其理性规则的盘算部分。彭泗清（2000）认为信任的研究必须置于特定的历史、社会和文化框架下，放在具体的社会关系中。他指出信任不仅是个人的心理与行为，也是一种历史现象，还是一种同社会文化环境紧密关联的社会现象。郑也夫（2001）认为信任是信赖他人或周边秩序合乎自己期望的一种认识观点和评价，主要表现为对自然秩序与社会秩序、合作者赋予的义务以及某些技术能力的期望。他指出持续的关系可以产生信任，而信任能引起合作。高杰英（2013）认为信任不仅是一种心理活动，更是一种实践行为，也是个人和组织成长的重要机制。张鹤达和云鹤（2017）从进化博弈学说的视角阐释信任是赋予共享经济成长的信心和调和剂，是关系共享经济成败的根本要素。

巴尼和汉森（Barney and Hansen，1994）认为信任是值得相信的交易合作伙伴间的一种关系属性，供应链中的每个节点企业只有在不企图利用合作伙伴的弱点来获取自身利益时才值得被信任。斯普林杰（Spreneger，2004）认为信任是战略伙伴合作中的一方相信自己已预见到了另一方具有执行相关协议的能力并具有良好的品质和意图。梅纳德（Menard，2004）认为信任是一种在非正式关系和弱治理框架下的正式的协调和结盟形式的主要替代品。那拉山（Narasimhan，2010）认为信任是农产品供应链各节点企业相信与之合作的战略伙伴能够履行承诺和义务以及具有利益共同分享和风险共同分担的稳定合作关系的信心。卡纳瓦里等（Canavari et al.，2010）阐明信任是经济交换的润滑剂，是农产品价值链形成和提升的基石。卡本（Carbone，2017）说明了缺乏信任在很大程度上会阻碍合作，而信任和互惠可以减少农产品供应链中竞争合作态度的模糊性，加强各方的合作能力。许淑君和马士华等（2000）从供应链信任的实质和过程两方面归纳出信任的含义，认为信任是供应链节点企业间真诚可靠、公平开放的合作品质和履行契约的承诺。覃汉松和欧阳梓祥（2002）认为一般的信任是一方对合作的对方的可靠和诚实守信的信心，真正的信任是合作双方都关心对方的利益，都会在自己行动之前考虑对方利益是否会受到损害。李辉等（2008）基于信赖的角度理解供应链伙伴企业信任表现为愿意依赖其合作企业的意愿。陆杉（2012）从博弈角度阐释农产品供应链的信任是伙伴企业彼此信赖承诺的信心，而这种信心源自相互合作的长期博弈。李达和罗玮（2013）认为信任的本质是在不确定的情况下对他人未来行为的主动推测，不确定性越大就越需要彼此间的相互信任，真正的信任则是交易双方都会关心对方的利益，每一方在行动之前都会顾忌自己的行为可能会给对方带来怎样的影响，相信对方能够遵守社会群体的行为规范。张学龙和王军进（2015）从供应链节点企业信任演化的角度，提出只有在约束机制完善的前提下，信任才能成为供应链合作企业最终策略选择。马胡杰和石岩然（2016）认为信任是用以协调供应链节点企业间合作关系的润滑油，是一种确保供应链有效运转的关系资本。

　　本研究根据上述国内外学者对信任内涵研究的文献可以得出以下认识：

　　首先，信任是多维且相对的。心理学家基于个人心理层面认为信任是在面对风险时对可依赖对象的一种非理性的预期行为。他们没有考虑到社会环境因素的影响，将信任与个体的心理预期糅合起来研究人际信任问题。社会学家把信任解释为社会制度以及道德规范的产物，认为人们之所以守信和讲信是因为社会法律制度和诚信价值规范已内化于其自觉行为当中，并且其行为始终受到社会法律制度和社会文化道德规范的制约。他们把信任看成是社会关系的重要维度，认为信任诚然与个人心理反应或形成的心理特质有关，但是个人所处的社会关系网络能直接影响甚至决定其信任的状态，信任是行动主体之间在社会互动中形成一种人际态度和评价。管理学家研究的对象是与组织有关的，他们认为信任是一种能减少交易双方在交换中的机会主义行为以及促进交易双方建立长期发展合作关系的治理机制。经济学家认为信任是一种能够减少交易成本以及提升交易效率的基于盘算的理性行为，信任产生的前提是能充分掌握对方的动机和能力的信息且其预期利益大于预期损失，信任是一种理性相信或预期。本研究综合各学科领域学者们对信任阐释的理解：一方面，人具有损人利己的机会主义动机，但也具有诚实和信守诺言的品性，由此，在交易双方都具备诚实守信品格、责任感、互惠性和约束性等条件下的信任也可以内化为一种天性；另一方面，人有一有机会就会损人利己的动机，安排正式的防范机制来保证当事人诚实履约比起背叛违约更加能获得利益，然而，尽管防范控制能够抑制机会主义行为，但也可能导致激起为了对付防范控制以及选择机会主义行为而采用更加高级别的防范机制，这种不断加码的防范举措是需要大量资源投入的，最终必然会扭曲资源配置。所以，虽然信任不能只从纯经济学完全理性经济人的角度去解释，但也应该明确，如果超越自身利益算计，信任将是无原则且盲目的。这种盲目无条件的信任会导致交易主体很难在市场中寻求到生存的空间，因而我们可以把信任理解为一种人际交往的情感判断与评价，是由人际交往关系的理性盘算与非理性情感互动共同作用形成的。总而言之，本研究理解的信任是一种预期，也是一种对利益的盘算，信任产生于对未来事件的不确定性的风险以及相互依赖这两者同时存在的必要条件下，笃信对方有履约能力和善意且不会利用自己的短处去谋取利益。信任与不确定性、脆弱性以及互信依赖等特点相关联，具有可预见性与可依赖性。信任是交往双方在动态互动合作中形成的人际态度。

其次，农产品供应链节点企业间的信任是核心企业与战略合作伙伴企业在面向将来的不确定性风险时所表现出的相互之间都相信对方具有履行契约和承诺的能力、可依赖性以及善意，而且任何一方都不可能利用对方的弱点来进行机会主义行为以谋取自身短期利益最优化。在现实的农产品供应链节点企业间信任行为中，既存在经济学中的理性信任，也会有社会心理学中的非理性信任。在农产品供应链中，核心企业对节点企业的信任主要来自一种真诚善意的信任，相信它们能守信履约，不会脱离当前农产品供应链合作轨迹或损害农产品供应链的整体利益，节点合作企业对核心企业的信任主要来自核心企业契约条款的制定以及其履约能力，相信在不确定的运营环境中核心企业有能力构筑和领导当前的农产品供应链获得超常收益。

2.5.2　农产品供应链信任维度相关研究

多尼和马伦（Doney and Mullen，1998）通过实证分析提炼出形成信任的计算、预测、能力、动机和转移五个途径。计算途径是一方通过对对方合作或背叛的成本与收益的理性计算来确定能否信任对方。预测途径是一方依据对对方以前行为的一致性预测确定对方能否值得信任。能力途径是一方通过判断对方是否具有履约能力来确定能否与对方建立信任关系。动机途径是一方理解并尽力依照对方的意图来行事，这种信任来自双方的共同价值观或善意的利他动机。转移途径是一方间接通过第三方的信任来确定己方能否信任对方。供应链企业间信任建立的五个途径只是说明供应链企业间形成信任的普遍形式，然而由于国内外学者基于信任的对象、信任的来源、信任的产生原因、信任的程度、信任的发展阶段等多种不同的角度对企业间信任关系形成的机制有不同的理解，不同的学者对供应链企业间信任维度有不同的解释和说法，如表 2 - 3 所示。

表 2 - 3　　　　国内外学者关于信任维度划分的主要观点一览表

提出者及研究角度	信任的类型	说明
祖克（Zucker，1986）：信任层次递进关系	规范信任	基于建立一种能提高收益和增加欺骗成本的制度规范
	过程信任	基于合作伙伴之间过去、现在和将来行为连续性形成的信任
	特征信任	基于具有相似性使其行动有较强可预测性形成的信任
萨科（Sako，1992）：信任产生的依据和发展的演进	契约型信任	基于双方签订契约信任，契约越详细就越容易形成的信任
	能力型信任	基于一方对另一方具有预期履约能力而形成的信任
	意愿型信任	基于共同的价值观、友谊等善意而形成的信任

续表

提出者及研究角度	信任的类型	说明
列维奇和邦克（Lewci-ki and Bunker, 1995）：信任不同层面	计算型信任	基于理性人假设来预测对方可信任或不可信任
	了解型信任	基于长期合作经验和预测对方未来行为产生的信任
	认同型信任	基于交易双方价值理念渗透融合而形成认同共识的信任
诺特博姆（Nooteboom, 1996）：动机	非自利型信任	基于社会伦理道德和亲情友谊相信对方的一种信任
	动机型信任	基于利他动机而产生信任，认为自利动机难以形成的信任
卢曼（Luhmanm, 1979）：信任扩展性	人际信任	基于人们的熟悉度和人们感情联系上形成的人际态度
	制度信任	基于外在法律法规的惩治或设置预防机制而形成的信任
多斯和滕（Dos and Teng, 2001）：信任发展	能力型信任	基于一方对另一方技术能力的期望而产生的信任
	善意信任	基于一方对另一方利他动机和行为的善意期望形成的信任
巴尼和汉森（Barney and Hansen, 1994）：基于信任强度	弱信任	基于交易双方机会主义的有限性，失信的可能很小而产生的信任
	半强信任	基于双方交易中均存在显著弱点，通过治理机制形成信任
	强信任	基于双方交易中均有巨大弱点，通过共享价值等形成信任
叶初升等（2005）：信任的对象	个人信任	个人与人之间在互动中产生的人际态度
	组织信任	社会组织之间以及员工对组织持有的信心和情感
	政府信任	个人或组织对政府信心
金玉芳等（2004）：信任的前因性和机制性研究相结合	受信方特征	基于受信方的特征和心理过程机制
	施信方特征	基于施信方特征和对受信方的判断过程机制
	双方关系特征	基于受信方和施信方双方互动的关系特征和过程机制
	其他	基于政策和法律等其他外部机制
张康之（2005）：信任历史的演变	习俗型信任	基于熟人的关系链条建立并维系的习俗型信任
	契约型信任	人际关系被成文规则格式化了的理性契约型信任
	合作型信任	产生于网络式陌生人社会理性和情感相结合的合作型信任

提出者及研究角度	信任的类型	说明
张贵磊等（2008）：信任层面	人际信任	基于个体的认知、情感和行为而形成的人际态度
	组织信任	基于关系和人情基础上的发展组织制度规范而形成的信任
杨静（2008）：信任发展阶段	计算型信任	基于对方的动机和实现合作目标的能力而产生的信任
	关系型信任	基于了解和认同而产生的信任
李洪涛和孙元欣（2014）：基于信任的内涵	能力型信任	基于合作伙伴拥有专业知识、技术和市场能力带来的信任
	善意型信任	基于合作伙伴在合作过程能考虑到本企业利益产生的信任
	诚实信任	基于合作伙伴遵守约定，不进行机会主义行为产生的信任
马胡杰和石岿然（2016）：基于信任的发展阶段	能力型信任	基于对合作伙伴履行承诺能力而产生的信任
	合同信任	基于运用合同来规制合作伙伴履约意愿而产生的信任
	善意型信任	基于合作伙伴致力双赢，不进行机会主义行为产生的信任

祖克（1986）基于层次递进关系将信任分为三种类型，并指出这三种信任形成机制在供应链建立与发展的过程中发挥着不同程度的作用。规范信任能使供应链合作伙伴行为理性化，从而经得起各种利益的诱惑。过程信任表明供应链合作伙伴的信任关系可以通过供应链构建、发展、成熟而得到稳定。特征信任阐释具有相似特征的供应链节点企业主体在合作中磨合时间短且适应得比较快，从而降低机会主义成本和合作的不确定性。萨科（1992）基于递升排列模型把信任分为契约信任、能力信任和意愿信任三个阶段，指出企业间的信任关系的持续发展正循着"契约信任、能力信任和意愿信任"呈递升关系循环演进并不断强化，如图2-4所示。列维奇和邦克（1995）基于信任从低级到高级的递进发展的不同层面顺序把信任划分三类。计算型信任关注的焦点是交易双方契约更完善、详细和履约能力。了解型信任更多注重的是双方的人格而不是契约，更强调长远利益和关系的持久化。认同型信任是信任

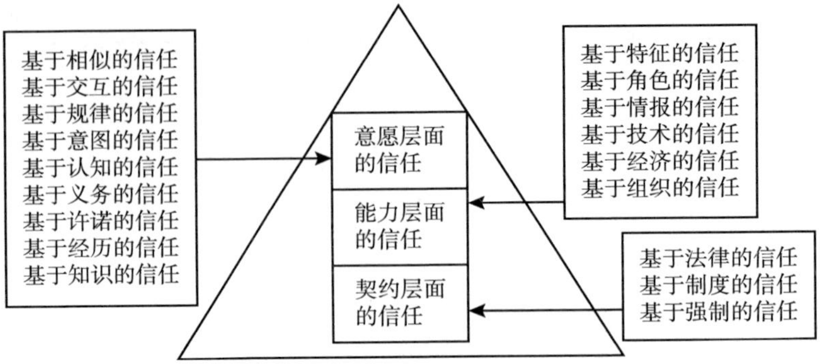

图 2 - 4　金字塔状的信任程度度量指标体系

资料来源：李辉：《供应链伙伴信任关系诊断方法研究》，中国社会科学出版社 2014 年版。

的最高形式，强调交易双方步调一致，让自己能有效地为对方而行动，从而实现合作利益最大化。巴尼和汉森（1994）基于不同交换中的信任强度将信任分为弱信任、半强信任和强信任三类。弱信任一般产生于高度竞争的产品市场，交易双方无任何专项投资，都相信自己没有明显的弱点，机会主义行为有限，几乎没有失信的可能。半强信任又称治理信任，交易双方都相信自己有明显的弱点，需要治理机制来规范双方的行为：一种是基于市场治理机制（Willimaosn，1979），交易双方可以通过制定完备的合同来降低机会主义行为；另一种是基于社会的治理机制（Granovette，1985），通过供应链关系网络让失信合作企业失去声誉来增加其违约成本，阻止和降低机会主义行为发生（Dimaggio and Powell，1983）。强信任是交易双方都相信自己有巨大的弱点，任何的机会主义行为都会摧毁合作交易关系。交易双方只有建立基于价值观念以及行为准则和方式高度认同的前提下才可以实现最深层次的强信任，此阶段交易成本最低，合作效益最大。张康之（2005）从历史发展的视域看到三种不同的信任关系：一是属于不可计算性的习俗型信任，其会极大影响人们的社会交往行为。二是人际关系被成文规则格式化了的理性契约型信任。它依附于利益谋划以及作为工具被利用的人的行为选择谋略。既然是一种谋略就有可能转化成不信任的因素，甚至陷入信任危机状态。三是产生于网络模式下的陌生人社会的理性和感性相结合的合作型信任。基于网络结构中的每个人都会与其他众多的人进行全方位的交往并建立关系，合作型信任成为陌生人作为选择合作伙伴的行为依据的参数，合作与信任是不可分割的，合作型信任既受制于社会关系网络结构，同时也不能违背人的情感意愿。张贵磊等（2008）阐释供应链节点伙伴间的信任关系是一种组织之间的信任关系，指出在这种关系中还包括合作企业中工作人员的人际信任关系，组织和人际这两个信任构面相互作用协同促进供应链节点企业间信任关系的建立与发展。杨静（2008）借鉴西方学者对供应链信任维度划分研究文献，依据我国文化的特点进行修正，提出了计算型信任和关系型信任的划分。李洪涛和孙元欣（2014）采用梅耶（Mayer，1995）和麦克奈特等（McKnight et al.，2002）的观点把企业合作信任分为能力、善意和诚实三个信任维度。马胡杰和石岿然（2016）借鉴列维奇和邦克（1995）的信任的发展阶段把供应链信任分为能力、合同和善意三个信任维度。

　　基于上述国内外学者对供应链信任关系形成的途径以及对供应链信任关系形成的机制的不同理解分析可以看出，信任作为一种复杂的心理行为，具有多元性的特点，尽管专家学者对信任的维度的划分是多角度的，但是从各种角度的维度划分涉及的元素基本上类似，这些元素的分析为研究农产品供应链节点企业间信任维度和层面以及信任关系的形成的影响因素提供了启示。

　　首先，从国外学者的文献研究总结中可以看出，国外学者基本上都是基于信任的层次递进关系和循环演进构成并不断强化的规律对信任进行划分，其维度的划分基本相似，基本是按供应链产生发展和成熟的演进阶段来表述其节点企业间信任的发展与变化，正如萨科（1992）对供应链信任维度划分的表述一样，信任沿着"契约信任、能力信任和善意信任"维度呈递升演进。在农产品供应链节点企业间交易的初期，由于彼此间了解不够，各方可能更关注对成本利益的计算以及合作方履约能力等理性信任部分，核心企业与节点企业间的信任基本是依赖于契约信任和能力信任；随着双方了解的不断加深，对合作对方行为预测的准确性不断提高，彼此间释放出更多的善意，对合作对方的未来行为给予美好的预期，使得核心企业与节点企业间形成非理性的善意信任，这种善意信任可以避免机会主义行为产生，简化交易程序，降低交易成本，使合作效益最大化。其次，从国内学者的文献研究总结中可以看出，我国学者对信任维度的划分更多的是基于现实问题的解决，从信任的对象、来源、层面、产生原因、程度以及发展阶段等多角度来探索，并借鉴国外学者的分类标准进行修正。

本研究中对农产品供应链信任维度的划分将借鉴前人的研究，结合在农耕经济基础上形成的中国乡土社会文化以及我国农产品供应链的发展过程的实际情况，试图找出我国农产品供应链合作企业间信任的决定性因素或驱动力，进一步明确我国农产品供应链节点企业间的信任的维度。

2.5.3 农产品供应链信任影响因素相关研究

国内外许多学者对战略合作伙伴和供应链合作企业间的信任影响因素做了大量的研究，提出了很多的观点和看法，但是专门研究农产品供应链节点企业间合作信任关系影响因素的文献还不多。巴特勒（Butler，1991）指出有用性、能力、一致、慎重、公开、公平、诚挚、忠诚、笃信、履约和宽容是影响信任产生的 11 要素。摩根和亨特（Morgan and Hunt，1994）在其构建的信任—承诺模型中，提出交易合作伙伴间共享价值观、有效沟通以及机会主义行为是影响信任的最重要因素。麦卡利斯特（McAllister，1995）认为交易双方的能力、使命感、可依赖性等是影响信任关系形成的关键因素。尼尔森（Nielsen，2001）通过实证研究认为制约国际战略联盟之间信任关系的根本要素主要包括战略联盟合作伙伴的核心竞争能力、履约践诺、合作伙伴间的合作经验、合作伙伴的声誉、信息透明度等要素。陆亚东（Yadong Luo，2002）认为供应链企业间信任关系的建立取决于战略联盟的生命周期、合作伙伴间的地理位置和文化差异、市场不确定性、合作伙伴间互相依赖承诺以及合作共赢的担当五个关键要素。坎迪斯和托马斯（Candace and Thomas，2009）基于社会交换视角认为沟通、共享价值、关系平等是影响战略合作伙伴合作信任的主要因素。卡本（Carbone，2017）认为核心企业特征、核心企业所处的位置、合作伙伴的竞争优势、共同行动和有效沟通是影响农产品供应链合作效益的关键因素。金玉芳和董大海（2004）基于信任的前因性实证研究和机制性的理论研究相结合的方法，首先，对专家学者的研究文献进行总结，把信任的具体前因性归纳为三方面：一是基于受信方能力、诚实品质以及善意等要素构成受信方的特征；二是基于施信方观念、人际态度以及对受信方的信任程度等要素组成的施信方特征；三是基于交易的经历、交往经验、交流沟通以及其共同价值理念等要素构成的受信方同施信方互动的关系特征。其次，将信任产生的过程机制分为四类：一是基于施信方理性计算、对受信方行为和关系发展的推测以及施信方个性特征等要素作用形成的施信方本身的心理过程的机制；二是基于受信方能力、受信方动机和善意等要素作用形成的施信方对受信方的判定过程机制；三是基于双方交往的经历、沟通与交流以及对关系专用性资产的投入等要素作用形成的受信方与施信方交往过程机制；四是基于法制和安全保障等形成的其他外部机制。张钢和张东芳（2004）认为信任是经过漫长的演化过程建立起来的，信任深深地受制于施信方特征、受信方特征以及信任的制度环境因素，这三个方面因素形成的相辅相成又相互影响的复杂互动关系，成为信任的基本来源或决定因素。杨静（2006）在借鉴祖克（1986）和金玉芳等（2004）的观点的基础上，将影响信任产生的因素进行归类，基于供应商视角提出供应链节点信任的产生机制分为受信方特征、施信方同受信方的关系特征和施信方特征。李永锋和司春林（2007）认为合作伙伴间的关系性专用性资产投入、企业能力、企业的声誉、有效沟通、共享价值观、信息共享等是影响合作创新战略联盟企业间信任的主要因素。戴淑芬等（2008）通过实证分析得出合作伙伴的沟通程度、专用资产的投入程度、相互依赖程度等因素对战略联盟合作伙伴间的信任有特别明显的正向影响。赵阳（2009）认为合作伙伴专用资产的投入以及企业的商誉是影响农产品供应链合作伙伴间信任的最重要因素。曹玉玲和李随成（2011）通过构建信任影响因素模型验证了企业特质、关系和环境是影响我国合作企业间信任的最重要三个因素。王利等（2013）依据生命周期理论，从制造商角度出发，构建了供应商信誉、信息共享、彼此信赖、交往历史四要素影响信任的假设模型，应用结构方程模型证实了这四个因素在供应链发展的不同阶段对企业间信任表现出不同程度的影响作用，明确了企业信誉是供应链产生时期的关键影响因素，信息共享是供应链发展阶段最主要的影响因素，交往历史是供应链成熟阶段主要影响因素。

　　本研究基于上述国内外专家学者关于战略合作伙伴间、供应链节点企业间以及农产品供应链节点企业间合作信任的维度和影响因素观点和思路的启示，根据系统论的原理，即系统的输出是系统要素、要素之间联系以及外部环境要素协同作用的结果，另外还依据国内外专家学者对农产品供应链内涵及关系特征研究的观点想法，认为我国农产品供应链信任关系的形成取决于四大关键要素：受信方核心企业特征机制、施信方战略合作伙伴特征机制、受信方核心企业与施信方战略合作伙伴企业间合作交互关系特征机制以及农产品运作外部支持者政府的特征机制。基于受信方核心企业特征机制的信任源包括核心企业核心能力、信誉、对核心企业人员的人际信任和农产品市场供需特点；基于受信方核心企业与施信方战略合作伙伴企业间合作交互关系特征机制的信任源包括契约完整、长期的合作经验、专用性资产投资以及有效沟通等；基于施信方战略合作伙伴特征机制的信任源包括合作伙伴自身能力以及文化和地缘差异等；基于农产品运作外部支持者政府的特征机制的信任源与政策引导和政府支持密切相关。其中受信方核心企业特征机制和农产品运作外部支持者政府的特征机制是本研究根据我国农产品供应链的特殊性而增加的。

2.6　国内外研究的简要评价

通过梳理国内外农产品供应链及其中的关系和信任等相关问题能够看出，积极管控农产品供应链节点合作关系是供应链竞争优势的一个重要来源已经成为研究者的共识。既有研究以多学科和多方法视角对供应链关系信任的内涵、维度和影响因素等以及政府角色进行了大量的分析和总结。但以下方面仍需展开：首先，进一步厘清本土情境下农产品供应链关系信任内涵和特征。作为嵌入社会文化特征的多主体互动，本土文化背景下农产品供应链关系和信任的内涵仍需进一步发掘，特别是随着农产品供应链作为集群竞争方式在整合农业产销资源等方面价值的日益彰显，如何理解并充实本土农产品供应链内部社会资本，提升农产品供应链整体价值，成为亟待解决的问题。其次，明确不同模式下基于关系和信任的农产品供应链的成长机制。农产品供应链作为一种农业多主体结合的中间性组织，具有多种模式，如核心加工企业主导、批发市场主导、连锁超市主导、第三方物流企业主导、农村专业合作组织主导、电商平台主导等，关系和信任视角下不同模式的农产品供应链成长既有其一般规律，又有其差异化的特征，厘清这种一般和特殊对指导不同模式下农产品供应链的成长具有重要价值。再次，进一步厘清本体情境下农产品供应链关系和信任的影响因素及形成机制。农产品供应链关系和信任培育是多因素综合作用的结果，既与主体能力和行为意向有关，又与供应链整体环境密不可分，明确本土情境下农产品供应链关系和信任的影响因素和形成机制是有效推动农产品供应链价值增值的基本前提，也是对既有农产品供应链研究的丰富和拓展。最后，明确区域政府在农产品供应链信任塑造和成长中的作用。如前所述，不同于其他产品供应链的是，农产品供应链的特殊性使政府在其中发挥重要作用，农产品供应链各主体与政府之间的关系也是农产品供应链整体竞争力的组成部分。如何发挥政府在农产品供应链中的作用也是未来研究需要深入探讨的问题。

2.7　本 章 小 结

本章为农产品供应链主体间关系和信任的相关理论梳理及文献回顾。本章综合经济学和社会学分析范式，基于交易成本经济学理论、社会交换理论、社会网络理论、社会资本理论、关系契约理论、关系营销理论、博弈理论、合作信任理论等明确农产品供应链关系和信任的内涵特征以及政府角色等，分析了目前研究的不足，为后文的研究奠定理论基础。

第3章 我国农产品供应链合作关系现状和特点分析

通过对我国农产品产业发展的现实紧迫性和既有文献的梳理分析得出，构建和实施农产品供应链是我国农产品产业健康发展的必然选择，农产品供应链有效运作的根本是节点企业间建立长期稳定的彼此信任的合作关系。本章将对我国现有农产品供应链节点企业间合作关系现状以及我国农产品供应链实施中的难点问题进行细致的剖析，为关系和信任导向下的农产品供应链的优化机制和实现路径提供现实依据。

3.1 我国农产品供应链运作流程中节点合作关系现状

供应链以产业链为物质基础，更注重该产业的整体利益观，强调这个链条上的所有上下游企业与核心企业之间的合作伙伴关系。所以，农产品供应链的运作成功与否与该链条上所有企业之间能否建立稳固的合作关系息息相关。如果农产品供应链上的所有上下游企业各自行事、互不合作，那么从整个供应链系统整体的利益来看，即使某一个节点上的企业运作较好也很难达到整体利益最大。供应链自身的特殊性决定了其所有的收入都来自消费者购买产品的费用，因此管理好农产品供应链上节点合作关系是实现合作共赢的关键所在。

农产品供应链主要包括农产品生产资料（农资）供应以及农产品生产、加工、流通和消费五个环节：其中农产品产前生产资料供应环节是农产品生产的准备环节，产中生产环节是提供初级农产品的环节，产后加工环节是初级农产品创造附加价值的环节，流通环节是通过仓储和物流运输等创造时间价值和空间价值、提供增值服务的环节；消费环节中农产品实现了从实物转化为货币，它是农产品价值实现的环节。农产品供应链的这五个环节之间既紧密联系又相互独立，在空间上呈现依次继起分布，共同实现了农产品的空间转移、权属变更，正是这五个环节的相辅相成，使得具有即时性、地域性的农产品实现了跨时生产与异地消费，既方便了消费者又提高了各节点企业的利润，如图 3-1 所示。

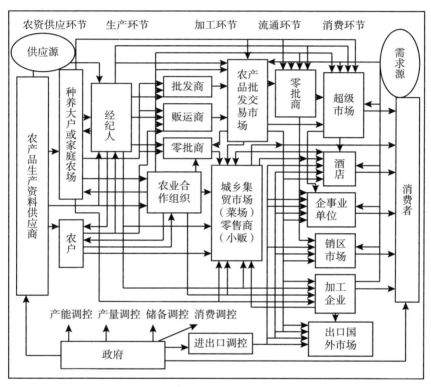

图 3-1　我国农产品供应链结构

3.1.1　农产品生产资料供应环节

作为专门服务于农产品生产的生产资料主要包括种苗、饲料、农（渔）机、农（兽）药、化肥等。产前农产品生产资料供应环节是农产品生产的准备环节，是农产品供应链运作的源头，在很大程度上影响或决定着农产品的生产产量、质量和效益。

我国农产品生产资料市场经历了 1998 年以前的计划经济专营模式、1998～2008 年的计划经济和市场经济两种模式并存和 2008 年以后的完全进入市场经济模式三个发展阶段，国务院相应出台了一系列政策和扶植措施推进我国农资市场体系建设。近年来，随着农资零售商群体的逐渐成熟以及信息透明度的提高，农资零售商不仅能够快速便捷地与农产品生产者建立联系，而且也可以直接与农资生产企业连接，而作为传统的农资产品流通主力军的代理商和批发商的地位被撼动。尤其是自 2016 年"互联网＋农资"的模式的出现以后，互联网与农资行业进行深度融合，许多农资生产企业已不仅仅是生产商，同时还扮演销售商和服务商的角色，农资生产企业基于互联网交易平台可以直接与农产品生产者交易和交流。现阶段，我国农资市场已发展为多种经营主体、多种渠道、多种经营方式以及多种经济成分构成的格局，行业集中度比较低，竞争非常激烈。

长期以来，由于我国农资生产主体和流通主体的规模小，虽然也形成了经营覆盖全国范围的中农、邮政、中化、中国供销集团等大公司，但能够承担起农产品供应链核心企业重任的农资企业几乎是寥寥无几，农资产品流通渠道层次多，渠道上的主体各自为政、关系松散，假劣农资流入市场坑害农民的事件时有发生，农资产品流通效率较低。另外，农资产品的使用者，即作为初级农产品生产主体的广大分散的农户因为文化水平较低且缺乏环保意识，对农产品生产资料成分性能方面的认知低，常常根据传统习惯，按老一辈和近邻乡亲的口口相传或自身积累的经验进行生产，认为只要能增加产量的生产资料就错不了，不会花费额外时间去了解更多的相关信息，参与保障农产品质量安全的意愿及能力不足，国家也没有明确的法令规定且缺乏有效的处罚措施，农民明知农作物上使用的农药不符合规定还是会使用，而只有签订了订单合同的农户可能会按订单规定的标准进行生产和管理，作为理性人的农户由于从自身利益考虑会优先选择能给自身带来较大利益的生产技术和生产方式，而不会选择在增加成本的基础上又不能增加收益的新生产方式。

总之，在农产品生产资料的供应环节中，我国农资产品已全面进入开放的市场，农资运营方式的变化使农资行业开始进入竞争激烈的微利时代。由于农资生产企业、农资流通商以及农资产品的使用者农户综合素质不高，能够承担起农产品供应链核心企业重任的农资企业很少，渠道上的主体关系松散，政府对农资市场的宏观调控力度以及监管力度还不够，缺乏给予农产品核心企业以足够的政策支持，没能充分发挥调控和引导激发企业和农户参与绿色供应链的积极性，没能在源头杜绝劣质农资产品的使用，所以难以在源头上全力保障农产品供应链的有效实施。

3.1.2　农产品供应链生产环节

农产品供应链是围绕着农产品产供销一体化建立起来的，生产环节是生产初级农产品，为整个农产品供应链价值升值提供物质材料基础，它决定着农产品的产量和质量，影响农民收入水平以及城乡居民消费需求水平的提高，是关系到整个农产品供应链运作的关键环节。

我国农产品供应链生产环节分为两个层次：第一个基本生产层是初级农产品的生产者，它是由进行初级农产品种养殖的拥有独立经营决策权的农户构成的。农户是我国农业最基本的生产单位，我国农户总数超过 2.2 亿，平均每户经营的耕地面积不到 0.6 公顷①。我国土地分散，规模化和集约化程度不高。通常来说，农户参与生产的目的是图个好收成和卖个好价钱，他们最在意的是农产品的价格。而在现实中，农产品供应链各节点企业在供应链上所处的位置和地位不同且掌握的信息不对称，预期农产品市场价格的能力有差异。另外，农产品供应链下游价格的微小变化在向上游传递时将呈现出不断放大的"波动"效应。由于农户位于农产品供应链的最上游，相对于链上的其他节点企业其掌握的有效信息量又最少，农产品价格的"牛鞭效应"对农户生产决策的影响最大，而且农户对农产品市场价格的预期常常是依据以前的经验以及当下供应链下游价格的风吹草动而做出的主观判断，农户预期的价格会远远高于实际市场价格，其生产决策具有极大的盲目性，导致农产品供给与需求脱节，这不仅会带来农产品供给波动，还会引起农产品价格的波动，对此农户却表现出无能为力。农户对市场价格预期能力差、与农产品收购者谈判的能力差、抵御市场风险的能力低，在农产品供应链中

---

① 韩俊：《农业改革须以家庭经营为基础》，载于《经济日报》2014 年 8 月 7 日。

处于弱势地位。由于生产前端土地分散、农户小规模生产、掌握市场有效信息量少以及对农户缺乏有效组织和质量安全监控，致使我国农产品生产效率低且农产品质量安全问题不绝如缕，严重损害了消费者的消费信心，极大地影响了农产品供应链运作质量和效益。总而言之，农户小规模经营只限于解放生产力，而难以发展生产力，特别是难以适应大市场的需求，提高基本生产层农户的组织化程度成为现代农业发展的根本所在，也是提高农产品供应链效率的基础。第二个集中和协调层是农产品中介组织，主要包括农村经纪人、农民专业合作社和农业协会等。农产品中介组织主要负责组织管理农户生产、集中收购农户生产的农产品以及整理或初加工后进行销售。因此，通过农民专业合作社、专业协会等中介组织实现农户组织化是农户经营组织化提高的另一重要途径。当前我国农产品中介组织成立得也不少，农户有合作愿望，但农户缺乏合作的知识和能力，对农民专业合作社和专业协会等组织的运作机制不清楚，盲目参与。有的地方政府借机提高政绩，纷纷成立各种农产品中介组织，并给予政策和资金的支持，政府的这种行为使得一部分人更多地把它视为一种收入的支持来套取政策实惠，而不是将其作为对产业的支持。因此，全国各地的"翻牌"合作社不断出现，真正代表农户利益的合作社并不多，绝大多数农民专业合作社规模小、信息不透明、民主管理流于形式、内部管理封闭、外部监管难以介入、运营不规范且运行效率微弱。

　　提高农户经营组织化主要通过直接提高农户组织化或通过中间组织提高农户组织化两种途径来实现，实际上这两种形式是一个问题的两方面，相互之间具有天然的交融性。近年来国家对农户经营组织化非常重视，采取了一系列措施。自 2013 年以来，国家通过中央一号文件①的形式提出鼓励和支持承包土地向专业大户、家庭农场和农民合作社流转。目前全国承包耕地流转超出承包耕地总面积的 1/3，全国农民合作社数量已达 179.4 万家，加入合作社的农户大约占据全国农户总数的 44.4%，

---

① "中央一号文件"原指中共中央每年发的第一份文件。现在已经成为中共中央重视农村问题的专有名词。中共中央在 1982～1986 年连续五年发布以农业、农村和农民为主题的中央一号文件，对农村改革和农业发展做出具体部署。2004～2018 年又连续十四年发布以"三农"（农业、农村、农民）为主题的中央一号文件，强调了"三农"问题在中国的社会主义现代化时期"重中之重"的地位。

全国经营耕地面积在 50 亩以上的规模经营农户超过 350 万户[①]。农户经营组织化程度得到极大提高，这样既提高了农产品质量安全的可追溯性，又增强了家庭农场、专业大户以及合作社等相关组织的实力，为构建基于生产企业主导的农产品供应链模式奠定基础。从目前来看，农村专业合作社组织发展势头不错，农民专业合作社承载着小农户和大市场的联结，对农村经济发展发挥着至关重要的作用，已涌现出诸如山东荣成荣金牡蛎合作社、青岛绿村农产品专业合作社、北京老宋瓜果专业合作社、苏州阳澄湖莲花岛大闸蟹合作社、绩溪县上庄茶叶专业合作社等，它们已初步具备了在一定的运作半径范围内以突出地域特色品牌来规划协调农产品供应链的能力，如图 3 - 2 所示。

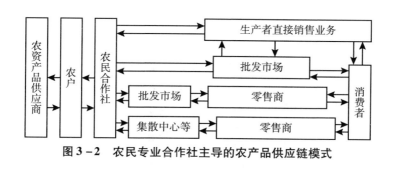

图 3 - 2　农民专业合作社主导的农产品供应链模式

　　农民专业合作社是以大户牵头或龙头企业带动或农户自愿组合等形式，基于农村家庭承包经营和保持农户各自财产所有权不变的条件，主要由成员出资进行经营活动，通过提供农资的购买、农产品生产加工、销售配送以及相关信息技术服务等，使成员之间实现互助互利为目标的自愿、自治和民治管理的独特经济组织。农民专业合作社主导的农产品供应链是由农民专业合作社负责组织农产品生产、初加工、包装、运销，形成"市场 + 专业合作社 + 农户"契约合作关系形式，实现了农产品产供销一体化供应链运作模式，将分散的农民整合起来与市场连接，降低了交易成本，扩大了农业生产规模，提高了农民的经济实力。但是目前我国的农民专业合作社品牌意识还不够，综合素质还不强，政府支持还不够，信息、物流以及资金等流动不畅通，交易

---

　　①　林晖、于文静：《目前全国 1/3 的土地已经流转》，载于《恩施晚报》2016 年 5 月 23 日。

不稳定，供应链运作半径也比较小，农产品供应链中的各主体利益难以有效保障。

总之，在农产品生产环节中，农产品生产者的生产资料投入、生产管理水平与提供的农产品数量和质量直接关系到农产品供应链为消费者提供最终产品的品质和数量，也是影响农产品供应链效率的根本。但是由于我国农户规模小、生产和交易能力差、风险承受力非常弱以及农民专业合作社的品牌实力不够，农产品质量安全问题难以保证，难以吸引其节点企业的合作，也影响了政府政策和资金支持的力度，直接制约了整个农产品供应链的发展空间，生产环节已成为目前我国农产品供应链中最薄弱的环节。

3.1.3 农产品供应链加工环节

农产品加工主要是指利用科学技术对初级农产品进行简单加工或深加工，提高农产品的技术含量，实现农产品价值增值。农产品加工是农产品生产的延续，做好做活加工环节对提高农产品供应链整体效益以及促进工业和农业生产与发展具有极其重要的意义。

国外对农产品的加工保鲜工作早在 20 世纪 70 年代就已经出现，经过几十年的发展，发达国家的农产品加工业发展已较为成熟，加工程度一般可达 90% 以上，农产品加工产值至少是农业产值的 3 倍。中国农业科学院农产品加工所所长戴小枫表示，国际上统计一个国家进入现代农业的标准之一是农产品加工业与农业产值比值要在 1：5 以上，发达国家甚至达到 1：8 或 1：9①。相比之下，我国还有一定的差距，农产品的加工保鲜产业出现较晚，农产品加工产值在农业产值中的比例较低，农产品加工转化率相对差距较大，尤其是精深加工转化率差距更大，大多农产品成熟后以初级加工品形式甚至未经任何加工处理直接以原产品形式进入市场，这样的农产品不仅难储存易腐烂、难运输易损耗，而且基本没有增值空间，降低了农户的利润。随着经济全球化的发展以及我国国民生活水平的提高和膳食结构的优化，我国的农产品不仅要满足不断变化的国内市场的需求，更要积极开拓国际市场，不仅要满足消费者

---

① 张志龙：《我国农产品加工业产值将突破 20 万亿元》，载于《抚顺日报》2015 年 12 月 4 日。

对量的要求,更要积极适应消费者对产品多样化、安全化、便捷化和优质化的需求,这对农产品加工企业提出了更高层次的要求。近年来,我国政府部门特别重视农产品加工业发展,出台了一系列政策和扶植方式,2013～2016 年我国的农产品加工业取得极大的发展,快速崛起了一些骨干龙头农产品加工企业,2016 年,全国实现了规模以上的农产品加工企业有 8.1 万家,主营业务收入突破 20 万亿元人民币,利润总额达到 1.3 万亿元,农业部部长韩长赋表示,农产品加工业正在发展为我国农村经济的主导产业,并成为承担我国农业现代化的主要力量[①]。由于国家对农产品加工的高度重视以及在全球分工背景下我国农产品加工企业积极利用资源和市场等区域优势承接了许多生产加工环节的订单,我国已成为“世界农产品加工厂”,农产品加工产值排在世界第一位。这就造就了如伊利、龙大、蒙牛、华龙等一批有规模、有实力的名牌生产加工企业,其基本具备了规划组织农产品供应链发展的实力,以核心企业的角色协调各节点企业建立一定合作关系,带动了同类或相关企业的发展,增强了行业竞争力。加工企业主导的农产品供应链流通模式,主要以加工企业的规模优势、技术优势及市场力量把分散的农户和市场联结起来,实现“订单农业”,使农户不再盲目生产,而是根据市场需求有计划、有目的地为加工企业提供初级农产品,加工企业通过对农产品的分类、包装及深层加工,提高了农产品的附加价值,再通过流通渠道使产品到达消费者的手中,使整条供应链的参与者共同受益,如图 3 - 3 所示。

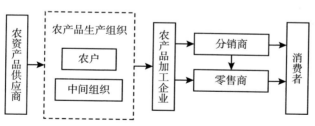

图 3 - 3 加工企业主导的农产品供应链模式

---

① 韩长赋:《2020 年农产品加工转化率将达到 68%》,载于《农村金融研究》2017 年第 5 期。

虽然我国农产品加工业发展势头良好，但是该模式还存在一些问题：第一，我国农产品加工企业同质化严重、企业规模普遍较小或大而不强、自主创新能力相对较弱、品牌培育和质量控制能力不够、产地初加工落后以及农产品加工转化率较低、行业自律机制的缺失与抗风险能力不够等在一定程度上限制了农产品供应链的价值增值，也影响了供应链节点企业之间信任和合作关系的稳定。第二，由于我国农村信息设备落后、农民受教育程度较低，使得农户对市场和加工企业传达的信息的接受能力以及处理能力较差，致使合作伙伴之间信息不对称的情况严重，市场中的逆向选择以及败德现象增加了签订合约和实现订单的风险，不仅损害了参与一方的利益，而且打击了加工企业与农户之间合作的积极性，影响双方之间的信任关系。

总之，在农产品加工环节中，我国农产品加工产值位列世界第一，我国农产品加工业发展势头良好，成长起了一批实力较强的品牌生产加工企业，在一定的范围内建立了农产品供应链系统。但是目前农产品加工企业不仅要负责初级产品的采购以及承担农产品加工过程中所有物资的运输和仓储管理，而且往往还要兼顾加工后成品的运输和销售，而农产品加工企业在理念、规模、技术、设备、管理等方面仍有欠缺，将有限的企业资源分摊在众多经营环节中，容易出现顾此失彼的现象，也不利于加工企业对整个供应链条进行规划调节，再加上目前相对落后的农产品加工转化率，加工后的农产品增值空间较小，却需要付出成本对易腐易损的农产品采取保护措施，影响了加工企业在供应链中的核心地位，进而影响了该模式下农产品供应链合作关系的稳定和运作效益。

3.1.4　农产品供应链流通环节

农产品流通是连接农产品生产与消费的纽带，是农产品从田园到市场或餐桌的过程。农产品流通的目的是让生产者生产的农产品以较低的成本及时送达终极消费者手中，并由此实现农产品价值增值。农产品流通贯穿于整条农产品供应链，是由许多层次的流通渠道以及许多种服务型组织组成的，它包含了物流、资金流、商流、信息流的转移，其市场参与程度非常高且运行过程非常复杂。农产品流通渠道是否畅通、物流模式是否可靠，关乎农产品价值的实现。对于即时性农产品来说，流通决定生产，流通环节不仅影响节点企业的利益的实现，而且直接影响农产品供应链的运营效益以及整个供应链价值增值。

农产品流通的整个过程中涉及农产品生产者、加工企业，各级经销商以及终端消费者等一系列利益相关者的利益。我国农产品流通中主要涉及的参与主体有：第一，专业运销户（包括收购商、商贩）和经纪人。他们充当农户与市场的连接者，常年活跃于在农村的田间地头，直接收购农产品，集中后售卖给加工商或者产地批发市场。第二，批发市场。一是产地批发市场，往往设在农产品生产集中的地区，成为该区域农产品的集散地，完成农产品的一级集散；二是销地批发市场，往往设于农产品消费集中的地区，成为该区域农产品的集散地，完成农产品的二级集散。第三，配送中心。配送中心通常是指为饭堂、酒馆及超市等订单采购提供专业配送服务的供货商，配送中心除了从采购商处购货外，也从批发市场直接采集购买农产品。第四，农贸市场。农贸市场通常位于交通方便的城乡接合部以及城区内的居民区附近，是目前我国农产品销售最主要的场所。第五，超市。超市是指通过顾客自行选购的方式经营生鲜产品和日用品的大型零售商店。第六，电子商务平台。电子商务平台是企业或个人在网上进行洽谈交易的平台。

农产品在进入流通环节后，由于其易腐烂、易损耗、难储存、难运输等特点以及涉及不同参与主体和满足不同市场需求，会产生较高的费用，特别是我国农产品物流业虽然发展较快，但我国农产品流通成本和流通损耗都远远高于美日等发达国家。另外，当前我国农产品供应与消费的格局也发生了很大的变化，由于城市化速度加快、城市人口数量增加以及居民生活水平提高，城市对农产品的需求呈现出扩张和升级的趋势，与此同时，各具特色的地方农产品生产基地大量涌现，农产品生产也形成了集聚趋势，需要长距离和跨区域的农产品流通体系。针对我国农产品供应与消费的格局的新变化特征以及农产品流通低效率和高成本的形势，国务院、国家发展改革委、农业部和商务部等部门不断制定和出台了一系列政策。例如，2015 年商务部制定的《全国农产品市场体系发展规划》[①]；2015 年国务院办公厅颁布的《关于促进农村电子商务加快发展的指导意见》[②]；2016 年商务部等 12 部门制定的《关于加强公

---

① 全国城市农贸中心联合会：《中国农产品批发市场年鉴》，中国言实出版社 2017 年版。
② 《关于促进农村电子商务加快发展的指导意见》，载于《新农村》2016 年第 1 期。

益性农产品市场体系建设的指导意见》①；2017 年为贯彻落实国家"十三五"规划纲要和《中共中央国务院关于深入推进农业供给侧结构性改革加快培育农业农村发展新动能的若干意见》等文件精神，商务部与中国农业发展银行出台的《中国农业发展银行关于共同推进农产品和农村市场体系建设的通知》②；等等。随着政府政策的颁布和深入落实，我国农产品市场体系得到进一步的发展和完善，也使得农产品流通领域的专业运销户、批发市场、配送中心、终端连锁超市、第三方电商平台等逐渐成长起来，具备了承担农产品供应链核心企业的实力，并以核心企业的角色组织协调上下游节点企业建立合作关系，力保我国主要农产品的供应与需求的平衡，保障居民的生活质量，保证农产品流通产业迅速稳步的发展。

1. 专业运销户主导的农产品产业链模式

以运销户作为桥梁把农户和市场连接起来的农产品流通模式形成于 20 世纪 80 年代，这算不上供应链下的流通模式，确切地说是一种产业链下的流通模式，但是一直以来特别是在消费者需求无差异的粮油和生鲜等功能性农产品的流通方面发挥了非常重要的作用。以专业运销户主导的农产品流通模式的参与者主要包括农户、专业运销户（收购商、商贩）、加工企业、销售商和消费者等，运销户作为核心企业把农户和零售市场连接起来，使农产品产业链两端都受益，如图 3 - 4 所示。

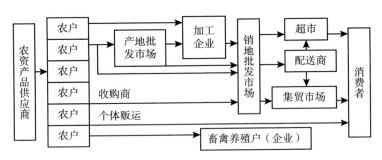

图 3 - 4　专业运销户连接起来的农产品产业链模式

---

① 《关于加强公益性农产品市场体系建设的指导意见》，载于《国际融资》2016 年第 6 期。
② 全国城市农贸中心联合会：《中国农产品批发市场年鉴》，中国言实出版社 2017 年版。

　　在供应紧缺时代，农产品流通关系主要是小农户与运销户的关系。供不应求使专业运销户对农户具有很强的依赖性，小农户为了把农产品及时销售出去，对运销户的依赖性也很强，双方利益分配较为合理。随着买方市场的形成，供需关系的新变化使农户销售渠道变得很不稳定，甚至产生滞销等现象。课题组在潍坊、威海、烟台、青岛、菏泽、泰安、济南等地区广泛跟踪商贩、农村经纪人、农户等进行深度访谈调查了解到，我国农户生产的农产品基本都是各自销售的，而绝大多数农户是无法直接卖给消费者的。目前我国农户生产的农产品销售渠道主要有三种：第一种是农户把种植的农产品送到附近的农贸集市上直接销售给消费者或到本地或附近县市的批发市场销售；第二种是农户由熟人介绍或直接与畜禽养殖户以及加工企业通过口头承诺或协议把种植的农产品直接销售；第三种是大多数农户采用的一种比较方便快捷的被动销售方式，即农户把所生产的农产品以现金现货交易的形式出售给上门收购的商贩或经纪人，而上门收购的小商贩或经纪人再把收购的货物直接或集中到大商贩处后卖给加工企业、粮库或销售商。由于农产品的收购商基本是个体小贩运户，其垫资能力有限，所以农产品的收购需要很多的收购商，一般来说，这些商贩或经纪人都没和农户建立长久稳定的合作关系。而对于农户来说，他们也很难通过自己来开拓另外的销售渠道，特别是在农产品收获的季节，当大量农产品集中上市或产品质量达不到相应标准时，农户几乎都是坐等收购商上门收购，这种不合理的利益联结机制导致了严重的农户卖难以及增产不增收的问题。

　　专业运销户连接起来的从农户田头到消费者餐桌的整个农产品流通要经历许多的渠道环节，而且每个渠道环节都涉及现金和现货交易，如果运销户的规模不大且垫资的能力比较差，那么将需要更多的层次渠道且每级层次渠道需要更多数量的中间商。因此，流通中的渠道层级和环节的多少受制于市场机制，人为设计减少或增加流通中的渠道层级或中间商数量，可能导致无法完成流通任务或降低流通效率。在专业运销户主导的农产品供应链流通模式中，由于农产品生产者和运销户的过于分散和弱小，其难以把控农产品质量标准和质量安全，政府部门也难以对他们监管到位，因此，运销户连接起来的农产品流通的每一个交易环节基本都是一次性的市场交易，其流通链条基本是完全松散的合作关系，供应链运作效率很低。

2. 批发市场主导的农产品供应链模式

20世纪90年代后农产品市场进入买方市场，大量商人开始做农产品批发，农产品批发市场应运而生。由于农产品批发市场具有网点覆盖面大、进入门槛低、交易形式灵活等特点，其逐渐成为我国农产品流通中最重要的环节且占据最主导的地位。在我国渐进形成了诸如北京新发地农批市场、上海市江桥批发市场经营管理有限公司、广州江南果蔬批发市场、长沙红星农副产品大市场、山东寿光蔬菜批发市场等大型批发市场，其基本具备了作为农产品核心企业的能力，以批发市场带动的农产品供应链流通模式也相应出现，在这种模式下，农产品批发市场扮演主导者的角色，把农资企业、农户、经纪人、运销商、合作组织、加工企业、分销商和消费者等整合起来，共同完成供应链的价值实现，如图 3-5 所示。

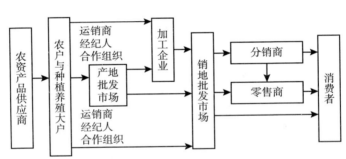

图 3-5 批发市场整合产销主体的农产品供应链模式

课题组跟踪潍坊、威海、烟台、青岛、济南等多家批发市场中的批发商、合作社负责人、农村经纪人、农户等进行深度访谈得知，批发市场带动的农产品供应链模式中，农户生产的农产品一般通过农产品经纪人、运销商以及农民专业合作社进入产地批发市场进行交易，然后产地批发商再与次级批发商或零售商进行交易，供应链关系比较复杂。经纪人是一个独立的经营主体，主要为小农户和批发商提供相关的农产品供销信息或流通服务来赚取报酬，由于信息的不对称以及责任与权力的不对等，往往会导致经纪人出现投机行为，让农户利益受损。自2007年《中华人民共和国农民专业合作社法》颁布实施以来，我国农民专业合作社逐渐成为批发商与小农户之间的主要桥梁纽带。农民专业合作社能够代表农户利益,提高小农户在批发市场主导的农产品供应链关系中的地位与权力,降低道德风险和逆向选择行为发生的概率。随着市场流通体系不断完善、农业经营规模不断扩大,特别是电商平台的出现,农户也可以直接进入产地批发市场交易,基于信息不对称性,批发商可以借机炒作农产品价格,而农户只是价格的被动接受者和风险的承担者。

虽然批发市场带动的供应链能够有效地将分散的农户和其他销售者整合到大市场的体系当中,实现了农产品广域化流通,但这一供应链整合形式还存在许多缺陷。第一,无论是产地批发市场还是销地批发市场,其规模和实力都有较大差距,市场辐射范围不够,大多只是满足了当地农产品的物流需求。第二,批发市场涉及的商户众多,但却各自为政,造成了供应链关系的集成度低,抗风险能力差,不利于供应链关系的建立与稳定。第三,批发市场组织程度低、硬件设施落后、交易方式落后、信息不对称以及信息化程度低等缺陷,使批发市场对农产品供应链上下游企业组织的协调控制能力较弱,难以发挥核心企业的关键作用,供应链纵向合作程度不高(是一种关系比较松散型的农产品供应链)、效益相对较低。

3. 第三方物流企业主导的农产品供应链模式

近年来,随着经济的发展和社会分工的明确,一些以农产品配送中心为代表的第三方物流企业逐渐成长起来,如郑州望家欢蔬菜农产品配送公司、上海伍源农副产品配送有限公司、重庆绿鑫源蔬菜配送公司以及烟台市爱斯欧地富硒农产品配送中心等基本具备了供应链核心企业的实力,凭借其专业化的技术设备有效地联结起上游农产品生产加工企业和下游经销商,并且在控制物流的同时协调资金流、信息流的流动,使上下游之间的合作更为密切,提高了农产品配送效率,切实发挥了供应链的协同效应,实现了供应链价值增值,如图 3-6 所示。

目前该模式发展得还不是很成熟。第三方物流企业的实力不够强大且经营品种不齐全,因此难以满足一站购全的消费者需求,其在物流信息管理系统、支付系统、冷链技术和设备、增值服务等方面的发展还有很大的差距,难以及时有效地满足消费者的保鲜和质量安全的需求。配

61

送中心在上下游资源的整合、各节点企业之间的沟通协调以及农产品供应链整体竞争力的提高等方面还需加强。

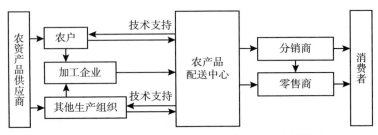

图 3-6　第三方物流企业主导的农产品供应链模式

4. 连锁超市主导的农产品供应链模式

随着我国消费者生活品质的提升和需求差异的加大，超市以其安全和便捷的特点日益成为城市中重要的农产品特别是生鲜零售场所，"农超对接"在国内外都已经成为一种较为流行的农产品供应链模式。2008年商务部、农业部印发了《关于开展农超对接试点工作的通知》，初步开展"农超对接"试点工作，此之后迅速成长了一批如永辉超市、山东家家悦超市、华联超市、大润发超市、华润万家超市等大型连锁超市，其具备了承担农产品供应链核心企业的实力，大型连锁超市与供应链上游农户通过订单的方式直接建立供销关系，使分散农户有效对接现代化大型连锁零售企业，减少中间环节，降低流通成本，直接对农产品质量安全进行监测，增加了农产品的质量安全指数，稳定了农产品供应链节点合作关系，如图3-7所示。

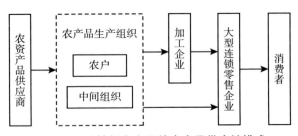

图 3-7　连锁超市主导的农产品供应链模式

　　课题组跟踪潍坊、威海、烟台、青岛、济南等家家悦、华联、大润发等多家超市经理、生鲜部负责人及与他们合作的合作社负责人和农户等进行深度访谈了解到，目前连锁超市主导的农产品供应链在实施操作中存在的主要难点为：第一，农户与超市之间的关系存在矛盾点。一方面，农户生产规模小、经济能力较差，而连锁超市的需求种类多、数量大，这种供需的不平衡性让农户在谈判、合作过程中处于劣势，在解决纠纷的过程中，农户也难以维护自己的利益；另一方面，超市对农产品的质量安全等要求严格，而农户仍存在重视数量而轻视质量的观念，所提供的农产品一旦达不到超市的要求，容易造成双方的损失，这种低组织化、低规模化的农业生产在一定程度上限制了"农超对接"模式的发展。第二，农户与超市之间的物流运输问题。现在大多数超市的模式是农户负责把农产品配送到超市，这对于农户来说无论是在经济上还是在技术上都是很大的负担，然而如果由超市负责运输，则会增加采购成本，进而压低农产品采购价格，物流问题影响了双方的合作关系。

5. 基于电子商务平台主导的农产品供应链模式

　　2015 年中央一号文件《关于加大改革创新力度加快农业现代化建设的若干意见》提出了促进农产品流通方式变革与创新，倡导扶持电子商务企业、物流企业、零售企业以及金融企业等介入三农电商平台建设等内容。在国家政策的支持以及"互联网 +"潮流的推进下，京东、阿里巴巴等大型电商积极拓展农村产品领域，中农易迅、中粮我买网、中国惠农网以及其他一些中小型农产品电子商务平台也在不断探索、不断发展，农村电商行业迅速成长，农产品电商的市场容量逐年快速扩展，根据《2014～2015 中国农产品电子商务发展报告》的统计，2010年阿里平台农产品销售总额为 37 亿元，2015 年这一数据则达 695.5 亿元[①]。由此，基于电子商务平台的农产品供应链模式应运而生，电子商务企业通过搭建农产品网上交易平台，组织和协调上下游的节点企业，把农产品生产者、加工企业、经销商和消费者整合在一起，实现整个供应链资源最优，如图 3 - 8 所示。

---

　　① 洪涛：《2014～2015 中国农产品电子商务发展报告》，载于《中国果菜》2016 年第 35 期。

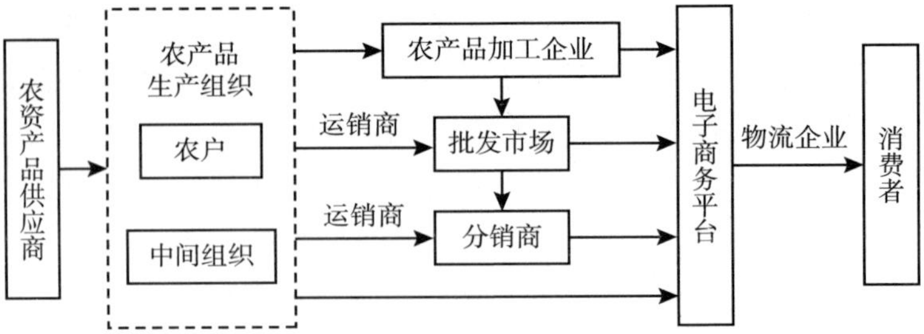

图3-8　基于电子商务平台主导的农产品供应链模式

　　虽然现阶段我国农产品电商主导的农产品供应链模式处于蓝海格局,但毕竟是处于起步阶段,仍面临着资源整合难度大、监管不完善、物流成本高、人才短缺等一系列问题。第一,农村电商方面的发展存在阻碍。一方面,农民的思想观念较为保守、风险承受能力低,相比于网络销售、网上支付这类新型线上交易方式,更倾向于面对面线下交易,认为在交货的同时拿到货款,不会出现财货两空的情况;另一方面,农村网络体系和物流体系都不健全,农民的网络知识也较为匮乏,这无疑增加了农村电商发展的难度。第二,农产品电商对物流要求极高。对于农产品来说,时效性是重中之重,电商物流容易因配送时间过长或冷链机制不完善而导致农产品不新鲜,影响购物体验,然而,冷链物流的投资成本很大,而分散的农产品消费更是加大了物流的建设成本,对于市场规模小、物流网络覆盖不全的城市来说,难以形成规模效益,阻碍了农产品电商的发展。第三,政府监管力度需大大加强。农产品的安全与否直接关系到人们的生命健康,目前电商平台上的农产品同质化的现象严重,安全生产检测监督缺失或力度不够,难以追溯来源,致使消费者对网络购买农产品持怀疑态度,大大削弱了消费者的购买力度。这些因素都在一定程度上制约着农产品电子商务的发展,若想把农户与市场通过电子商务平台良好地联结起来,电子商务企业需要在供应链电子商务平台交易能力以及与之相配套的物流、信息流、资金流等服务流程的动态整合与重组能力等方面全力提高,政府在引导、扶持和监管等多方面也要进行完善。

　　总之,在农产品流通环节中,我国农产品流通体系已得到很好的发展和完善,基本形成大流通的格局,在农产品流通的不同环节中也成长起了一些流通主体,能够承担起农产品供应链的核心企业的责任，组织协调上下游节点企业建立不同活动范围的供应链系统。但是农产品流通环节的投入还明显不足，农产品流通中参与的主体小而多、不规范、组织化程度低，核心企业在运营理念、硬件设施、交易方式、信息化程度、管控等方面还很不成熟，流通渠道层次多且环节多，农产品流通过程中的损耗和成本很高、增值率较低，难以形成基于核心企业主导的与节点间彼此信任的紧密的供应链合作关系，限制了我国农业产业化的发展。

3.1.5　农产品供应链消费环节

农产品供应链的末端是消费者。消费环节是指消费者从销售终端购买农产品并进行消费。消费环节是整个农产品流通过程的终点，也是农产品供应链各个环节的末端驱动。消费者的需求偏好可以引导农产品生产加工、促进流通销售，农产品只有销售到消费者手中才算是完成了由实物到货币的转化，消费者对农产品的消费关系到农产品价值的实现。现代供应链理论完全以消费者为核心，最终目的是提升消费者价值，从而提高整个农产品供应链的价值增值。消费者的需求偏好是农产品供应链关注的重点，也是农产品供应链的拉动的原动力，而影响消费者需求偏好的因素既有主观情感的因素，也有理性利益方面的因素，如质量、价格、渠道、沟通、技术、信息、品牌、信誉、体验、共享等都会对消费者需求偏好产生影响，进而还将影响农产品供应链的发展方向。

目前我国满足消费者购买农产品的销售终端主要包括农贸市场、超市、临街零售商铺、餐馆、酒店、电商等，其中消费者接触最多的是农贸市场。进入 21 世纪以来，人们的消费水平有了极大的提高，网络信息技术、交通工具和交通网络日渐完善，高科技产业、高科技企业以及高技术产品等飞速发展、不断创新，商家和消费者一对一的直接沟通和交易成为现实。自 2009 年以来我国零售商开始建立信息化的渠道管理体系和终端化的渠道运作体系，实现了信息的转移和反馈，实现了经营连锁化和销售超市化，不仅为农产品供应链上游企业提供了信息反馈，也为消费者提供了共享的信息和食品安全保证。特别是 2012 年以来，随着以大数据、移动通信工具和社交媒体为代表的新信息技术时代的到来，甚至出现了终端零售商与消费者进行全渠道对接，能够满足消费者全天候、多空间、个性化购物和社交娱乐等综合体验需求，促进了农产品供应链的健康运作，也最大化地实现了农产品供应链和消费者的价值增值。但是目前超市和电商与传统的农贸市场相比，销量所占比例还比较低，难以满足消费者对农产品质量安全品质的需求，极大地影响了农产品价值以及农产品供应链价值的实现和增值。

总之，在农产品供应链消费环节中，消费环节决定农产品供应链价值的实现，虽然基于电商和连锁超市建立的现代化物流信息管理系统使商家和消费者进行一对一的直接沟通和交易成为现实，但是目前我国满足消费者购买农产品的销售终端主要是农贸市场，农贸市场的组织化、专业化、信息化程度低且物流设备落后，产品缺乏可追溯性，制约了农产品供应链价值的实现。

3.2 我国农产品供应链节点合作关系特点与运作难点

66

上文通过对我国农产品供应链运作流程中的农资供应以及农产品生产、加工、流通和消费五个环节的剖析，阐述了目前我国加工企业、农民专业合作社、批发市场、连锁超市、第三方物流企业和电商企业六种类型核心企业主导的农产品供应链关系和信任的现状与问题。我们综合分析总结出了农产品供应链节点合作关系共同特点与运作中难点问题。

3.2.1 农产品供应链系统庞杂使得节点合作关系极其复杂

1. 农产品供应链涉及多个行业

农产品供应链的运作体现在产前包括种子、化肥、农药、农业机械等农资供应；在产中有初级农产品的生产；在产后主要有对初级农产品的储输、加工以及加工后的产成品经过批发、零售最终销售到消费者的各个流通环节。由此，农产品供应链不仅要通过投入生产资料工业品进行农产品生产增加农产品生产效益，而且还需要通过对初级农产品的工业加工来创造农产品增值，另外还要通过流通环节把农产品从生产者最终转移到消费者来提供增值服务和实现农产品价值。所以，农产品供应链涉及农业、工业、物流、交通运输等多个行业，行业之间发展的不平衡性及独具特色的行业特性，造成了农产品供应链系统合作运营关系极其复杂。

2. 农产品供应链类型呈现多样化

由于我国地大物博且地理位置和气候条件存在巨大差异，所以我国农产品种类繁多、数量庞大，而且各品种之间的品质特性也有很大的差别。另外，由于农产品供应链各参与者的组织形式和选择的渠道方式等要素也都作用于农产品供应链，使得我国农产品供应链类型多种多样且差异很大。这种差异不仅表现在不同农产品的供应链之间有非常大的差异，而且相同农产品在不同类型的供应链之间也有很大差异，农产品和农产品供应链类型的千差万别使我国农产品供应链关系系统变得更加复杂。

3. 农产品供应链环节太多且参与者庞杂多元

农产品供应链对时间和空间的要求较高，往往是季节性生产、全年消费，地域性生产、普遍性和广泛性消费。农产品供应链从种子到食品要经过很多的环节，在各环节上的参与者众多、分散且日趋多元化。农产品供应链呈现出的结构态势是生产和消费两端分散而中间加工和流通环节相对集中。除了直接参与农产品供应链运作的组织或个人之外，农产品供应链还包括对农产品供应链运作有相当影响作用的各级政府部门以及不同层次的竞争对手等。因此，复杂的结构、立体化多层面的渠道状态以及众多多元的参与主体间的相互作用使农产品供应链系统关系极其复杂。

3.2.2　农产品供应链企业实力不够使得节点合作关系不稳定

1. 农产品供应链核心企业实力偏弱

农产品供应链的核心企业负责整个供应链组织资源优化配置。核心企业在农产品供应链运营过程中往往通过自身的规模、技术、市场影响力等组织和协调节点企业建立合作关系，提高供应链的竞争能力。虽然目前我国已成长起了一批具有一定影响力的农产品龙头企业，但无论是加工企业、批发市场、连锁超市、第三方物流企业，还是农产品中间组织，其在理念上、规模上、技术上以及市场竞争优势上仍存在不足。因此，我国农产品供应链上的核心企业实力普遍较弱，对农产品供应链进行有效组织规划和整合的能力还不够，致使我国农产品供应链的集成化程度低，节点合作关系松散且连接有较大的随机性。

2. 农产品供应链参与主体组织化和专业化程度低

我国农产品经营主体的小规模、分散化和多元化，使得农产品生产与流通呈现出混乱无序的状态，影响着农产品供应链合作伙伴关系的建立与发展。首先，由于农户的分散性和小规模以及农产品中介组织程度低和不成熟，导致农产品生产者往往只是被动地根据龙头企业的订单来生产，其所获得的市场信息往往是零乱失真的，"牛鞭效应"最前端的农户的订货量往往比市场需求量大得多，农产品供需的不平衡会造成农产品的损耗与价格的波动性大；其次，调研发现，在被调查的从事农产品运销的中间商中，有超过90%的都是实力弱和规范化程度低的小规模个体组织，即使是批发市场和超市也因为实力不够、缺少先进的物流设备以及信息不畅通，影响供应链上下游企业之间的合作，从而影响了农产品流通效率；另外，农产品加工企业规模小或大而不强，同质化严重，技术设备落后，创新能力不强，在一定程度上阻碍了农业产业化的发展。总之，目前我国农产品供应链参与主体这种"小规模、大群体"的模式导致我国农业发展组织化程度低，难以形成标准化和规模化发展，同时也难以形成农产品供应链内部稳定的合作伙伴关系。

3. 农产品供应链物流和信息水平不高

首先，农产品物流贯穿于农产品供应链的始终，覆盖了从生产到消费的所有环节，经过初级农产品生产者、加工企业以及各级经销商等多个环节，最终才能到达消费者的手中，物流不畅会影响供应链中各节点企业之间的连接。目前我国大多数农产品供应链各节点企业在农产品物流过程中是分散进行物流运作的，致使农产品供应链物流成本居高不下。另外，大多数农产品供应链对物流重视不够，落后的物流设备和物流技术严重影响了农产品在流通过程中的价值保值，缺乏统一的农产品物流信息管理系统，影响了供应链节点企业间的稳定合作关系的建立与发展。其次，农产品信息流也覆盖了从生产到消费的所有环节，信息沟通机制不完善，会造成各节点企业沟通不顺畅、互相不信任、各自为政，影响供应链合作关系的建立和整体效益的提高。农产品从最初的生产到最终的消费跨越了多个行业和多个地域，农产品供应链中的信息数量大、来源广，使得信息的获取和整合具有很大的难度。目前我国大多数农产品供应链并没有相对应地建立起高效便捷的信息沟通渠道，信息技术无法匹配供应链的需求，不利于农产品供应链信任关系的建立与稳定。

3.2.3　农产品供应链关系运作投入较大使得节点合作关系风险大

1. 农产品供应链节点企业合作成本较高

农产品供应链节点间建立合作关系要经历谈判、承诺、执行三个阶段。谈判是指双方进行需求分析，明确合作动机，并对潜在的风险和不确定性进行探讨，是决定能否建立合作关系的阶段；承诺与执行是指双方正式建立合作伙伴关系后，根据业绩判定是否能进一步发展和加强战略合作伙伴关系。如若谈判成本和承诺与执行成本过高，企业合作无法实现"1＋1＞2"的协同效应，必会影响合作关系的建立与稳定。从谈判成本来看，我国农产品供应链环节多、参与主体众多且多元，农产品一般都易损耗、易腐烂，而且品种繁多、规格不一、质量参差不齐，难以标准化，各方建立合作关系时不得不经过多环节和多次数谈判，以达成共同意见，谈判成本高。此外，农产品的产量和价格受客观因素影响波动频繁，不确定性因素众多，合作方不得不随时应对客观条件的变化，从而增加了谈判成本。就承诺与执行成本而言，农产品供应链环节多、组织化程度低、信息沟通不畅、物流水平落后，农产品的生产具有地域性与产销分离特征，并且从生产到销售需经过多层次流通，从时间上来看，农产品容易发生腐烂变质，从空间上来看，长时间多层次的流转以及物流信息流不畅通使农产品容易发生损耗，执行成本高。再加上农产品在质量安全上要求严格，但责任追溯较为困难，质量监管不健全，更是增加了合作的执行成本。这些都使得节点企业之间难以建立稳定的合作伙伴关系，供应链运作投入较大。

2. 农产品供应链节点企业合作风险大

首先，农产品供应链上的节点间存在地位不平等的现象，尤其是在广大农户与中下游企业之间，这种不平等现象尤为突出。作为农产品生产者的农户位于整个农产品供应链的最上游，其掌握的市场信息最少、谈判能力差、维权意识差，在整个供应链中处于弱势地位，中下游企业的机会主义行为可能对农户的利益带来损害，农户要承担生产和市场双重风险。其次，农产品从生产到消费经历了众多环节，跨越多个产业，由于信息系统的不完善致使整个链条上的信息难以记录和把握，责任难以追溯，加大了节点企业间机会主义行为的概率，也加大了农产品供应链节点合作的风险性。最后，农产品供应链的资产专用性很强，特别是核心企业要有较大专用性资产投入，一方面，农产品供应链上的核心企业多数处于当地的中心地带，地理位置和交通区位具有很大优势；另一方面，农产品的冷链物流仓储设备和信息交流平台构建等具有极高的资产专用性。这些也加大了核心企业被"要挟"的机会主义行为的可能性，核心企业要承担很大投资和市场风险。另外，农产品受制于季候、地理环境以及天气等自然因素，其产品的生产周期和生产投资回收期相对来说都比较长，农产品生产者进入或离开都不容易，加大了农产品供应链节点企业之间的合作风险。

3.2.4 农产品供应链机制不完善使得节点合作关系缺乏信任

1. 农产品供应链节点间利益联结机制尚不完善

农产品供应链核心企业与其他节点企业间建立起完善的利益联结机制，特别是供应链中的核心企业和农户间建立合理的利益联结机制，是提高农业产业化发展水平和农产品供应链运作效率的关键。现阶段我国企业与农户之间的利益联结主要通过买断式、契约式、合作式、股权式等利益联结机制形式，其中，契约式利益联结机制是目前农产品供应链中核心企业与农产品生产者之间最主要的形式。这种形式是通过核心企业与农户或合作社之间签订产购销合同来运行的，合同中规定了农户和企业各自的权利义务，农户负责生产，并在规定时间内将一定数量的合格农产品销售给核心企业，核心企业按照合同规定的价格收购农产品并向农户交付货款，然后对农产品进行加工、销售及其他服务。这种形式使农户有了相对固定、可靠的销售渠道，核心企业有了相对稳定的原材料来源，并且在一定程度上解决了"小农户"与"大市场"的问题，但是在这种形式下的广大分散的小农户虽然拥有订单合同，却仍处于弱势地位。由于农产品供应链的信息沟通机制还不完善，交易过程缺乏有效的监督，信息的不确定性和不对称性使得双方的合作成了一个博弈的过程，具有反复性和不稳定性，其结果必然导致较高的合作成本和较高的违约率，难以保证利益的公平分配。因此，由于核心企业与农户之间的利益联结是比较松散的，使得农产品供应链核心企业与其他节点企业间的合作难以稳定和长久，其彼此信任度不高、合作关系不够紧密。

2. 农产品供应链监管机制尚不完善

首先，我国在农产品供应链的运营中还缺乏严格、全面具体、可衡量、贯穿于整个链条的质量安全管理机制。其次，农产品供应链缺乏有效管理机制。虽然政府有关部门在各镇村布局农产品种植质量安全监督员，但是由于农业技术和服务水平不高、监督体系不完善，致使一些农户缺乏现代化的农产品生产知识、技术和经验，滥用化肥、激素和农药等，降低了农产品的生产质量。最后，农产品供应链上的诸多主体把产量作为竞争的重要指标，把利润作为竞争的最终目的，在供应链的各环节监管不到位。我国农产品供应链上的一些节点企业或个体只关心眼前利益，甚至为增大产量、获得自身利益最大化不惜大量使用化肥、激素和农药等，降低食品质量。乡间经纪人和合作社组织收购时难以对农产品安全性进行检查，加之农产品供应链上的信息难以被有效地记录传递，工商部门事前难以预防事故发生，事后难以追溯事故责任，使得食品安全质量问题频频发生、愈演愈烈。另外，现阶段我国政府对农产品供应链发展的支持体系不完善，限制了农产品市场的发展。一是对农产品运输的物流设备、仓储设备、信息平台建设等方面投入不足，影响了农产品供应链运作；二是缺乏对人才资源的培养、对核心企业的有力扶持、对农村中介组织和农户的有力支持以及支持没有深入到各个领域和资金支持的不稳定性等限制了农产品供应链的发展；三是农产品市场立法滞后、法律法规体系不完善，农产品市场秩序混乱，不利于农产品供应链的运作。政府支持的力度与强度关系到农产品供应链上的参与企业和个体对政府的信任度，关系到农产品供应链能否稳定运作，而农产品供应链的有效健康运作不仅有利于政府对市场秩序的维护，还会提高政府的税收收入，有利于政府工作的正常进行。总之，农产品供应链缺乏有效的管理与监督机制，无法形成有效的质量安全管理体系，影响参与者之间的信任，从而使得节点企业之间关系不紧密。

3.3 本 章 小 结

本章为我国农产品供应链合作关系现状和特点分析。通过对我国农产品供应链运作流程中的农资供应以及农产品生产、加工、流通和消费五个环节的剖析，揭示了我国农产品供应链节点间合作信任关系的现状与特点以及现行的加工企业主导、批发市场主导、连锁超市主导、第三方物流企业主导、农民专业合作社主导和电商企业主导的六种农产品供应链关系模式运行中的难点问题，包括合作关系复杂、核心企业实力不够、节点关联不稳定、利益机制不完善、信任缺失、合作关系风险大和政府支持和监管有待于提高等，为构造关系和信任导向下的农产品供应链优化机制与实施路径提供了现实依据。

第4章 我国农产品供应链关系和信任内涵及影响因素研究：基于实地调查的分析

通过对既有文献的梳理以及对我国农产品供应链关系和信任的现状和特点的剖析能够看出，关系和信任对我国农产品供应链成长和竞争力提升具有极为重要的意义，是决定农产品供应链效能能否释放的关键因素。农产品供应链关系和信任包含复杂内涵，而明确其维度和构面是基于关系和信任的农产品供应链竞争力培育的基本前提，本章将基于实地调查方式进一步明确农产品供应链关系和信任的内涵以及影响因素，为后续研究提供直接依据。需要说明的是，调查环节多为"食用农产品"，我们认为，农产品旨在满足人们衣食基本生活需求，其实无论何种农产品，其供应链都有相似的基本逻辑和特征，如供应链具有单个主体累加所有不具有的价值增值能力、"原子式"农户和核心企业之间的供应链权力分布不均衡等。我们有理由相信，基于"食用农产品"的实证调查研究结论能够较好揭示农产品供应链关系和信任的内涵及其影响因素，对非食用农产品供应链具有适用性。

4.1 调查方案设计

本部分研究将在国内外专家学者相关文献研究的基础上，借鉴专家学者观点，通过深入农产品供应链关键环节的成员企业以及相关人物进行深度访谈的方式，进一步明晰农产品供应链关系和信任的内涵，推导明确农产品供应链信任的构面、维度以及影响因素。课题组定点山东威海、济南、青岛、烟台、潍坊、德州、泰安、菏泽等地区，选择农产品供应链中的超市、批发市场、加工企业、第三方物流企业、合作社、商贩和农户等主要节点主体以及相关主体的关键人物，最终选定 32 个超市的生鲜部经理、10 个批发市场负责人、7 个农产品加工企业负责人、3 个第三方物流企业负责人、24 个合作社的负责人、300 个农户和小商贩以及 11 个相关部门的政府工作人员作为访谈对象，深入了解他们的真实感受与想法。本书选择山东这几个地区访谈对象的主要依据是：第一，山东是农业大省，农业增加值一直稳居全国各省前列，其中粮食产量约占全国总产量的 1/10，而花生、果蔬、禽畜、蛋类和水产品等种类多、产量大、品质高，农产品出口连续多年蝉联全国第一。第二，课题组基于山东地理位置的分布、经济发展的不同程度、农产品种类与种养殖基地特色、农产品供应链实施的程度和范围等要素综合考虑，选择了具有代表性和典型性的地区。第三，课题组在访谈对象的选择上，寻找农产品供应链中的核心企业以及农产品生产的种养植大户、小农户、商贩和合作社等关键节点和这些关键节点上的重要人物，通过对这些关键节点和关键节点上的重要人物的访谈，能更好地理解和把握专家学者的相关文献研究以及全面真实地把握本研究的问题。访谈对象分布如表 4-1 所示。

表 4-1　　　　　　　　　　访谈对象一览表　　　　　　　　单位：人

访谈对象	济南	烟台	威海	菏泽	德州	潍坊	泰安	青岛	总数
超市负责人	5	5	10	2	1	2	2	5	32
批发市场负责人	1		3			3	1	2	10
加工企业负责人	1	1	2			1	1	1	7
第三方物流企业负责人		1	1					1	3
合作社负责人	2	6	6	2		4		4	24
农户 + 商贩	20	80	80	30	10	20	10	50	300
政府人员	5			4	2				11

课题组从 2014 年 7 月到 2017 年 9 月进行访谈，主要利用访谈者的闲暇时间，跨度 3 年。访谈方法主要采用面谈，电话访谈，微博、微信语音视频访谈等。

课题组依据调查研究的问题确定访谈对象，坚持走到农户和商贩的生活中，在他们经常集聚的村活动室、合作医疗处、镇村集市、农产品批发市场、农贸市场、超市等地方与他们聊天，以访谈人或消费者的身份到合作社、批发市场、加工企业、第三方物流企业、超市等与中高层管理者进行开放式深度访谈，在访谈中尊重访谈对象，尽量在其处于自然轻松的状态下获得一手资料，始终把握在最初的研究目标的前提下，全面详尽地收集更多更准确的信息。在访谈中，多数资料是在得到访谈对象允许的情况下通过记忆、笔记和录音的形式获得的。资料收集后需要大量的时间来整理，并定期组织课题组成员或专家学者以及企业专业人员进行解读分析，争取对访谈资料有比较准确的把握，对有不同意见和见解的资料会继续调查，进行进一步探讨，直至最终达成共识。

鉴于农产品品类繁多，不同品类农产品供应链的生产和流通等差异很大，在一个研究中考虑全部品类的农产品显然不是很可取的。所以，在本研究的理论研究部分，我们没有对农产品的具体品类进行区分，也就是说在本研究的理论研究部分关注农产品的一般特性，而在实证研究部分中则聚焦非常重要的一类农产品——食用农产品。这种选择不仅是我们在操作性方面的考量，更重要的是的食用农产品这种农产品所拥有的特征是相当具有代表性的，其实无论何种农产品，其供应链都有相似的基本逻辑和特征，基于"食用农产品"的实证调查研究结论能够较好地揭示农产品供应链关系和信任的内涵及其影响因素，对非食用农产品供应链具有适用性。

4.2　我国农产品供应链合作关系内涵调查

我们基于课题组对各地农户、收购商以及农民专业合作社、加工企业、批发市场、超市、第三方物流企业以及电商企业等核心企业的不同层次的负责人的深入实地访谈了解到：

一般来说，农产品供应链构建初期多由基于契约的经济合作方式构成，这种合作能将各主体比较优势进行连接，从而形成价值共创体，但由于合作时间短，交流不够充分，常常会出现相互猜疑、试探甚至毁约的情况，履约成本高。这种基于经济契约的单一嵌入并不能深度整合分散分布的资源，对农产品供应链当前绩效和成长性的促进作用较为有限。这就需要各主体由经济嵌入向复杂社会嵌入进行升级，即在各主体在履行契约合同的基础上反复持续进行的经济交换关系中，通过构建多元化的内部互通网络，不断深化认识和再认识，促进节点成员间产生情感及信任态度，促使其形成共同的价值理念及关系规范，推动共享并提高决策效率。所以，农产品供应链合作效益是经济交换关系和社会交换关系共同作用的结果。

由于农产品生产扎根于土地以及我国农村独有的分田到户和土地承包的政策，我国农产品供应链的分散性、复杂性、脆弱性、不稳定性和生产者组织化程度低等特点，在我国农产品供应链运营中，核心企业在农产品供应链合作体系中具有决定性作用，战略伙伴企业在农产品供应链中也起重要作用，战略伙伴企业围绕着核心企业运转。

由于我国农产品供应链上存在诸多原子式种植户，而且核心企业的实力较弱，政府积极支持不仅能为农产品供应链稳定运行创造良好的发展环境，而且还能将农产品供应链各主体有效加以聚合，提升农产品供应链的绩效。

通过对前面国内外专家学者文献的分析以及课题组的实地访谈总结，本书进一步明确农产品供应链节点间的交换不仅是一种基于契约合同下的经济交换关系，还是一种基于情感、承诺及信任的社会交换关系；农产品供应链战略伙伴企业围绕着核心企业运转，农产品核心企业的实力决定着整个供应链的竞争力，战略伙伴企业在农产品供应链中也起重要作用；农产品供应链企业对实现资源最优配置起基础性的作用，政府要为农产品供应链有效和稳定运行营造良好发展环境，并能充实供应链内部柔性和社会资本。

4.2.1　我国农产品供应链节点企业之间具有经济交换关系

农产品供应链是一种位于市场和企业之间的中间性质组织，是各自拥有产权的上下游节点企业为了实现一定战略目标以契约的方式结合起来进行比较稳定的经济交换的组织。这种农产品供应链节点间的契约性商品交易关系区别于完全意义上的市场交易关系和同一产权下的企业内部指令下的交易关系，主要包括市场契约（销售合同）关系、生产契约（生产合同）关系和横向一体化（准一体化）战略合作伙伴关系。我们可以通过数轴的形式来表示其关系的多样化以及从其最左侧到最右侧交易双方的控制与被控制程度和承担责任与风险多少的变化，如图4-1所示。

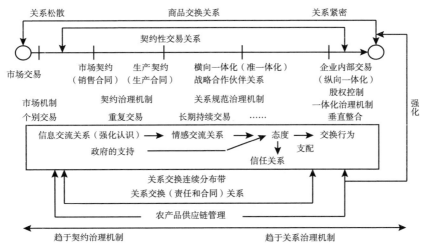

图4-1 农产品供应链节点企业间的经济交换和社会交换关系

作为共同创造价值的制度安排，农产品供应链各主体间存在密切的分工协作，这种分工协作将具有不同专用性资产的各方连为一体，而经济交换关系是保证协作产生的前提。供应链节点企业间的经济交换关系是合作主体间最基本的交换关系，合作主体通过经济纽带连接组成了基本的价值创造群体和商业生态体系。这种经济交换关系将农产品从种植到加工和销售的各个参与主体通过经济"指挥棒"联系起来，确定了各相关主体在价值创造过程中的基本角色，是各主体参与集群竞争的基本保障。由于交易各方的经济联系在运行过程中存在诸多风险和不确定性，因此农产品供应链企业间的经济交换关系往往需要契约合同加以约束，契约合同事先设定了交易各方的责权利以及风险应对机制，缔约本身也能够传递出友好合作的善意信息，能够减少供应链内部交易成本，避免交易各方将资源投入非生产性领域，从而有利于集体创造"合作剩余"。

农产品供应链经济交换关系具有一般经济交换关系的普遍特征，因此农产品价值创造的特点也具有如下的特殊性：一是农产品供应链经济交换关系是农产品经济价值逐渐实现和增值的过程。以加工企业为核心的供应链为例，加工企业通过经济交换的方式从种植户处获取农产品原料进行深度加工，在这一环节中，农产品由原料变成制成品，附加值获得提升且存在品牌化的可能，加工企业和种植户合作创造了价值增加值。二是农产品供应链往往存在"中心签约人"。在不同模式下，中心签约人包括加工企业、电商平台、商场超市和批发市场等，作为中心签约人的核心企业是农产品价值链增值的关键环节和"合作剩余"分配的核心影响主体，供应链其他成员与核心企业之间位势并不对称。农产品供应链经济交换关系往往由核心企业发起并维系运转，因此从内部约束机制看，核心企业主导的农产品供应链除契约之外，还存在包括核心企业权威形成的约束力量。这种约束力量不仅针对核心企业的合作伙伴，同时由于品牌和声誉积累的长期性和不可修复性，其对核心企业自身的机会主义行为倾向也会形成约束作用。三是农产品供应链经济交换关系存在正外部性空间。农业生产的特殊性使农产品品牌多以种植区域为核心加以培育，由经济交换关系聚合形成的农产品供应链能够放大单一主体打造农产品品牌的能力，形成"1＋1＞2"的合力，这种经济交换关系不仅能够惠及供应链参与主体，而且有助于通过相互之间质量监管和品牌传播形成基于种植区域的农产品品牌效应，带动区域农业整体发展。

4.2.2　我国农产品供应链节点企业之间具有社会交换关系

合作创造价值所需要的长期互动能够形成供应链节点企业间的社会交换关系，农产品供应链节点企业间社会交换关系源自参与各方在履行契约合同基础上反复持续进行的经济交换关系。农产品供应链参与各方基于不断扩展的信息传递与沟通实现了认识和再认识，这种认识和再认识包含了节点企业之间以往所有的交易的过程、经验积淀、社会关系网络背景和对以后交易的期待，并且任何一次交易都是基于对交易对方过去的交易经历经验和即将进行的交易期望做考量，这种一直处于动态沟通且不断深化的认识和再认识能促进节点企业间产生情感，情感的落脚点就是信任态度。这种信任使得合作企业能超越经济关系，在整个农产品供应链网络中更高程度地进行信息、知识、技术、资源的共享和合作创新，由此带来的激励和促进互惠性关系规范的形成，使农产品供应链变得更高效，如图4-1所示。

　　农产品供应链社会交换关系来自合作主体间的积极互动，这种社会交换关系具有如下特征。一是自我积累特征。长期频繁的社会互动有利于合作主体之间合作情感的培育，这种情感包括道德感和价值感，具体表现为满意、信任和承诺等多重内涵，有利于减少对合作伙伴采取机会主义行为的想法，特别是这种社会交换能够自我积累，即良好的合作关系会催生继续合作的意愿和深度合作的动机，形成农产品供应链内部社会资本，共同应对市场挑战。二是能够对经济交换关系形成有效补充。基于经济契约关系的经济交换规定了农产品供应链内部基本的合作框架，社会交换关系则类似于合作框架内部的"润滑剂"，降低合作各方对契约合同的依赖度，减少合作各方的缔约投入，提升农产品供应链的"弹性专精"能力。从演化视角看，农产品供应链各主体初期多以经济交换关系加以链接，注重通过契约规范相互间行为，随着合作关系的深入，社会交换关系日趋强化，这也在本研究的实地调查中得以验证。三是存在自我锁定风险，高质量的社会交换关系意味着合作各方存在强链接，这种强链接有利于快速整合农产品供应链内部资源形成共同竞争优势，但也可能因路径依赖等导致自我锁定，排斥新创新资源的进入，降低对机会的敏感度，这就需要农产品供应链强化开放式创新能力培育，降低强社会交换可能引致的消极影响。

4.2.3　核心企业在农产品供应链合作体系中具有决定性作用

　　建立供应链节点合作关系的目的是追求价值链各环节上拥有优势的合作各方在拥有最大竞争优势的中心环节开展合作，即供应链合作关系的建立在满足单个企业利益的同时让整个价值链获得增值。从这一视角出发，农产品供应链是由具有不同的核心竞争能力的载体通过契约关系而长期、稳定地连接起来的，其本质上是价值增值链。

1. 农产品核心企业的实力决定着整个供应链的竞争力

　　农产品供应链的实质是核心企业把为实现某种共同利益的众多合作

伙伴企业紧密凝聚起来，由核心企业统一组织协调实现优势互补、风险共担和资源共享，充分挖掘整个链条的潜力并形成集成优势。农产品供应链中的核心企业是链主，控制着战略合作伙伴企业的经营政策和业务范围，核心企业的实力、协调整合能力和影响力是决定农产品供应链绩效的关键，核心企业是农产品供应链的关键价值创造者。

假如从物理学的角度来观察，农产品供应链的运行轨迹是战略合作伙伴企业以核心企业为圆心做圆周运动，如图 4-2 所示。

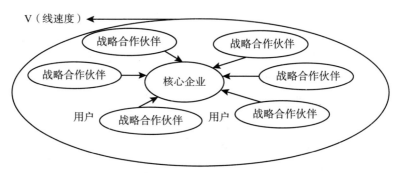

图 4-2　农产品供应链的运行轨迹

物体在做圆周运动时必须有向心力，向心力是指物体在曲线轨道运动时指向圆心的合外力，它是一个按力的作用效果来命名的力，能使物体产生向心加速度并改变速度的方向。农产品供应链战略合作伙伴围绕着核心企业来做圆周运动时，其向心力就是农产品核心企业对战略合作伙伴的吸引力，其方向指向圆心核心企业。

$F_{引} = G \dfrac{Mm}{r^2}$（$F_{引}$ 为万有引力，G 为引力常量，M、m 为质量，r 为两物体间距）

$F_{向} = \dfrac{mv^2}{r}$（F 为向心力，r 为半径，m 为质量，v 为线速度）

$F_{引} = F_{向}$

由公式 $F_{引} = G \dfrac{Mm}{r^2}$，

可知 $F_{引}$ 与 r^2 成反比，$F_{引}$ 与 Mm 成正比。

由公式 $F_{向} = \dfrac{mv^2}{r}$，

可知 $F_{向}$ 与 r 成反比，$F_{向}$ 与 vm 成正比。

因为 $F_{向} = \dfrac{mv^2}{r}$，$E = \dfrac{1}{2}mv^2$（E 为动能），

所以 $E = \dfrac{1}{2}Fr$（这里的 F 是指 $F_{向}$）。

由物理公式推导农产品供应链战略合作伙伴企业围绕核心企业做圆周运动的关系结果为：首先随着农产品核心企业和战略合作伙伴企业的综合素质（质量 Mm）不断提升，核心企业对战略合作伙伴企业的吸引力（$F_{引}$）不断增大，核心企业与战略合作伙伴企业的距离会逐渐拉近（半径 r 变小），即核心企业与战略合作伙伴企业间的关系变得更加紧密，农产品供应链的运行效能（圆周运动的动能 E）会不断提高，核心企业对伙伴企业的控制力会逐渐加强，最终可能形成纵向约束。纵向约束是核心企业对供应链上下游企业施加的诸多行为约束，是一种既能降低单纯利用市场价格机制或者单纯利用企业内部行政权威监管机制所产生的交易成本，又能使整个农产品供应链合作收益实现最大化的规制结构。相反，随着核心企业和战略合作伙伴企业的综合素质（质量 Mm）的不断下降，核心企业对战略合作伙伴企业的吸引力（$F_{引}$）就会不断减弱，当吸引力不足以维持战略伙伴企业（物体）继续做圆周运动所需的向心力（$F_{向}$）时，战略合作伙伴企业（物体）将做逐渐远离圆心的运动，直到达到新的轨道（半径 $r_{新}$ 的圆周运动），核心企业与战略合作伙伴企业的距离会越来越远（$r_{新} > r$），导致核心企业与战略合作企业间紧密程度降低，若核心企业的吸引力（$F_{引}$）突然消失，战略合作伙伴企业（物体）会沿切线方向远离圆心而去，即表明该核心企业已无能力控制战略合作伙伴企业，该农产品供应链解体。

2. 战略伙伴企业在农产品供应链中起着重要作用

虽然核心企业的实力和影响力决定着农产品供应链的特色和竞争力，但也不能忽视作为共同的价值创造主体的农产品供应链战略伙伴企业的重要作用。物理学原理表明链条最薄弱的环节（而不是最强的环节）决定链条的强度；木桶理论的经济学解释，木桶上的最短板（而不是最长板）决定木桶的容量。农产品供应链要想获得强大的竞争特色和优势，既需要核心企业的强力组织和领导，也需要充分发挥各个节点

合作企业的核心竞争力，特别是要时刻查找和密切关注农产品供应链的薄弱环节，避免短板现象的出现，如果在现实中，确实观测到了农产品供应链的最薄弱环节，必须首先在最短时间内全力以赴去解决这个漏洞，以保证农产品供应链系统有序高效能的运行。

战略合作伙伴能力培育也是核心企业必须要承担的主要职责。合作伙伴往往具有核心企业所不具有的其他功能和专项优势，因此核心企业需要以市场信息为指导加大培育其专有能力和专项优势，提高其专业技术水平以及应对市场的敏捷性，提升农产品供应链的品牌形象。与此同时，农产品供应链节点间是基于经济交换关系连接起来的，核心企业还必须充分施展其"中心签约者"角色的作用，通过对战略合作伙伴企业的生产能力和合作意愿等多方面进行综合考察做出科学合理的选择，共同提升整个农产品供应链的竞争能力。

4.2.4 我国政府有必要为农产品供应链有效和稳定运行营造良好发展环境

农产品供应链各节点企业都期望通过长期合作实现农产品供应链有效和稳定的运行，从而使农产品供应链以最小的成本实现顾客价值最大，以此获得各自更长期、更稳定的发展并获得更多的利益。因此，必须制定规范农产品供应链节点主体间的交易行为法则，而这些都受制于政府的制度环境和政策环境的约束。

农产品供应链除受制于政府的制度环境外和政策环境约束外，其自身的某些特征也意味着政府需要积极介入农产品供应链的成长。首先，大量农产品供应链包括了"原子式"的农户，由于农户组织能力相对薄弱，在与核心企业的博弈中往往处于劣势，加之农业生产自身的脆弱性，因此需要政府加以引导和监管，避免对农户利益的过度损害。其次，区域农产品供应链成长具有准公共产品性质，例如在区域农业和农产品品牌塑造等方面。这种情况下部分参与主体容易产生"搭便车"等行为，造成集体投入不足，因此准公共产品性质使得作为社会事务管理者的政府要在品牌塑造、集体传播和质量监管等方面积极作为，共同参与农产品供应链塑造。最后，农产品供应链发展对提升农业供给侧结构性改革和农产品价值增值具有重要作用，且对聚合优化区域农业创新资源关系重大，这需要政府积极加以妥善引导，形成区域农业现代化发展的合力。

政府是农产品供应链的驱动者，应通过观念先导、政策导向、制度约束、宣传培训、公共设施和服务的建立与完善、税收优惠、信贷扶持和监督管理等手段，引导、规范、扶持和推动农产品供应链的实施。政府要为农产品供应链有效和稳定运行营造良好发展环境，而农产品供应链企业对实现农产品供应链资源最优配置起基础性的作用，其核心企业是供应链的组织者和协调者，农产品供应链战略合作伙伴企业围绕核心企业的业务开展自身的业务，如图4－3所示。

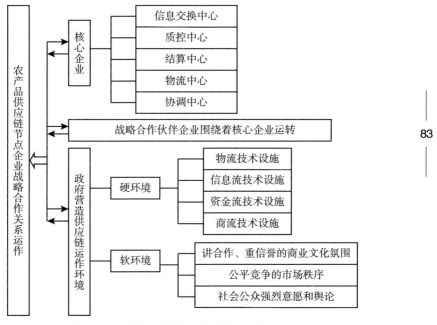

图4－3　农产品供应链合作关系运作原理

政府作为农业生态系统的重要角色，其与农产品供应链其他主体间的关系和信任也是决定农产品供应链整体运转质量的关键因素，特别是随着区域间竞争的加剧和人们生活水平提升而彰显的对农产品质量和品牌的日渐关注，政府作为农产品供应链的重要参与主体，其行为能够进一步充实供应链的内部柔性和社会资本，将各主体有效加以聚合，从而有效提升区域农产品供应链的整体竞争力。

访谈实例：

课题组访谈的农户都是各地的粮食、蔬菜、水果、水产品、养殖畜禽的种养殖者，基于对他们的实地访谈得悉：他们表达出的意思是自己的职业和生活就是种养殖农产品，然后把自己生产的农产品卖给经纪人、合作社、收购商、农贸市场、加工企业、批发市场、超市、第三方物流企业等或直接出售给消费者，最后用卖出去的农产品收入来安排他们下一季的生产和日常生活的需要，也就是来购买再生产的种苗、农机、化肥和农药等农资产品和日常生活用品等，就这样通过周而复始的运转，期盼得到不断提高的收入和不断提升的生活质量。这也说明在市场经济条件下，农户生产出来的农产品必须要进入市场进行交易，只有这样农户才能实现其收益、兑现其收入和满足其消费需求。出于付出较少交易成本和获得稳定收入的考虑，农户希望能有农产品交易主体，特别是实力强大的品牌企业或中介组织与他们签约，如果当地政府辅助则会进一步增加心理保障。签约交易一段时间后，农户则希望与符合自身心理预期的企业或中介组织建立比较稳定的长期合作关系。较长时间的合作不仅有利于预估对方的下一步行为，也能够产生关系资本，特别是在乡村里大家多为乡邻，交易双方能够互相体谅，按长期交往中形成的"老规矩"办事，交易就趋于简化，交易效率会提高。农户普遍都认为自己只要按合同方的要求生产，一般情况下产品销售就会基本稳定，如果能把自己生产的农产品都以合适的价格卖出去则会获得满足感。

例如在访谈调查过程中威海乳山南黄镇蔬菜种植大户李大哥说："我们家是种黄瓜和西红柿的，以前都是卖给上门收购的小商贩，或自己到县城或乡镇上的集上卖，集上摆摊的很多，卖的菜基本都差不多，价格挺便宜的，一年也挣不了多少钱，为了孩子读书和养家糊口，我们农闲时都要出门打工。2012 年我们家加入了乳山市绿色阳光果蔬专业合作社，这家合作社与我们威海做生鲜最出名的家家悦超市签了合同。绿色阳光蔬菜专业合作社的建设基地就在我们村，我们现在不仅露天种植，也开始大棚种植，种植的是无公害绿色蔬菜，可以反季节种植，一年四季有活干，不用离家出门做活，收入有了很大的提高。一开始做的时候，我们确实把握不了一些标准说法，再加上我们也觉得家家悦超市家大业大的不一定能看出来，也抱有侥幸心理，有时农药超标或掺入小的和不规整地夹在中间，最后菜都被合作社或者家家悦超市退回来，我们还不服气，有些人干脆又重回农贸市场自由交易。经过一阶段与家家悦超市的订单合作，我们发现只要按照家家悦超市的标准要求种植、整理并且不掺假，基本上超市都能把我们菜都收下，现在卖的价格是以前的10倍，菜钱隔几天就清了。现在大家都知道只要我们守住底线，交易还是挺稳定的。我们的合作社是市乡政府和村委支持成立的，所以当时我对合作社挺有信心的，就积极加入了。合作社为我们基地的农户提供种苗、进行种植技术指导并收购与销售产品，经常在市里聘请一些农业种植专家到基地直接为我们社员进行现场生产技术培训，提高我们种植蔬菜的技术水平。我家入社已5年多了，我们合作社已经成为威海市农业局示范合作社了，合作社定时定点的总是能把成熟的菜及时收齐整理送到超市，自从我家加入这家合作社就没有菜烂到地里，也没发生超市不给钱的事情。我们合作社里的社员感觉合作社就是自己的家，家家悦超市就是自己的亲人。我们合作社里的农户与合作社、家家悦超市可以说基本上是知根知底的，彼此之间已经很默契，市场上的价格波动轻易影响不着我们，大家彼此信任且相互依赖着，很多时候我们的交易就按我们双方达成的老规矩办，大家都往长远里想、往长远里做，反正我家对合作社和超市挺放心的，今年我家签的是5年的合同。"

在我们实地访谈中像威海乳山南黄镇的李大哥这样的例子比比皆是，如威海市乳山市海洋所、白沙滩和乳山寨（访谈种粮农户、菜农和渔户）、威海市南海区泽库镇前岛村、泽库村和后岛村（访谈种粮农户、禽畜和海产品养殖户、海产品捕捞和小商贩）、威海市文登区止马岭社区、文登区高村镇香山村和界石镇亮夼村（访谈种粮农户、果农和菜农）、菏泽单县高老乡镇曹匠集村（访谈种粮和花生农户），烟台市福山区张格庄（访谈果农、种粮农户和菜农）等，基本说法类似，不一一列举。

我们基于课题组对各地的农民专业合作社、加工企业、批发市场、超市、第三方物流企业以及电商企业等核心企业的不同层次的负责人的深入实地访谈了解到了他们的共同感受：一般来说，在农产品供应链构建的初期，特别是经营生鲜农产品和市场需求不稳定的加工品牌农产品的企业都有强烈的愿望与农产品生产者签订合同契约，把农户纳入农产品供应链体系中，使农户以生产者角色与供应链中的其他节点成员主体共同参与农产品供应链运营，形成利益相关者关系，以契约合同关系来保障农产品供应链有稳定或品质安全的供应源。但由于合作时间短，交流不够充分，常常会出现相互猜疑、试探甚至毁约的现象，供应链履约成本高，供应链不稳定。随着重复交易乃至长期持续交易，核心企业会根据消费者的要求、农户的利益以及国家的有关规定，不断地加强对农产品生产者在生产技术和管理过程中的指导和监督，还会构建完善农产品供应链信息共享平台和冷链物流设施，从而实现有效沟通、互惠依赖、共同行动，并渐进形成共享的价值理念和关系规范。这种共享的价值观和关系规范的形成更多地依赖于合作关系各方的人格，要求站在合作对方的立场上理解彼此的需要，推断对方的预期行为，在兼顾他人利益的前提下实现自身利益最大化，更重视关系的持久性，反映的是一个持续的过程。这是一种能够提升农产品供应链合作效益的内生关系治理机制，效果更胜于正式的契约治理机制。

例如威海家家悦文登宋村生鲜配送中心的一位张姓负责人说："家家悦超市 1999 年开始生鲜经营，为了保证有稳定的鲜活农产品的供应，2002 年投入 1000 多万建立了文登市宋村镇和荣成市石岛镇两个无公害蔬菜生产基地，开始生鲜农产品供应链运营，以后又陆续建立了威海市生鲜副食配送中心、山东家家悦物流有限公司、文登宋村大型现代生鲜加工配送中心和农副产品交易中心等，超市与基地农户都是以订单的方式建立合作关系，超市生鲜加工配送中心按订单把农户生产的无公害果蔬等产品（化验合格后）收购并配送到各门店销售。初期家家悦超市做得确实很艰难，超市基本是通过经纪人牵线与种植农户建立联系，超市付款给农户常常超过一周，农户虽然和超市签订了协议，但是一旦发现农贸市场或小商贩的价格高了，就找借口不供货了或提供的产品不符合超市要求，而超市退货不都是当场退货，常常是几天后，给农户的理由是不符合要求才退货，损失由农户承当，农户心里很不踏实，这样农户只要觉得不合适就随时毁约，超市压力很大。另外，当货源不足或在淡季时，超市的物流配送中心就到寿光蔬菜批发市场和北京新发地蔬菜批发市场等采集进货，交易成本是很高的。当时超市操作的农超对接的供应链基本不挣钱，支撑超市继续做下去的是国家政策的倾斜和补贴。近几年家家悦超市为了改变这一局面，积极承担起农产品供应链核心企业的责任，一方面，不断完善农产品供应链信息交易平台和冷链物流建设，目前有覆盖全省40多个市县的600多个直营连锁门店、3个常温物流中心和5个生鲜物流中心，构建了布局威海、烟台、青岛、潍坊、莱芜、济南、枣庄等东西相结合的合理的配送体系，形成了在省内两小时三十分钟配送圈的高效配送服务；另一方面，努力强化与农产品生产者建立基于彼此信任的合作关系，依托大户共建农民专业合作社或依靠当地基层政府组织成立农民专业合作社等把农户集中起来，以土地流转的方式形成规模化直供基地种植，在全国范围内发展订单农业生产，并保证在市场价格下跌时会以最低保护价格现金收购，让农户放心。家家悦超市还积极与中国农科院、山东农科院以及青岛农业大学等科研院所建立合作关系，有计划地对直供基地管理者和农户进行培训，请当地的种植专家对直供基地农户进行实地生产技术以及化肥农药等农资产品的配置与使用方面的指导。家家悦超市与消费者、直供基地用户以及合作组织之间一直坚持有效的信息与情感沟通，家家悦超市的工作人员与农民专业合作社管理者、农户、消费者之间经过长期交往，不仅建立了经济交易关系，还建立起彼此信赖的有家人情怀的合作关系，即关系各方都从长远利益和对方的立场来考量，把超市与消费者、合作社和农户的利益紧密联系在一起，形成稳固的利益共同体，更好地保证各方的利益。"

87

4.3　我国农产品供应链信任内涵和对象调查

4.3.1　我国农产品供应链信任沿着"契约信任、能力信任和善意信任"维度呈递升演进

我们基于课题组对各地的农户、收购商以及各地的农民专业合作社、加工企业、批发市场、超市、第三方物流企业以及电商企业等核心企业的不同层次的负责人的深入访谈了解到：一般来说，在农产品供应链建立的初期，各成员企业彼此间是陌生的，企业间的交易几乎都是先签订正式的契约合同，节点企业间的信任来自契约合同的规定

制约。然而，在熟悉的企业间或在农产品供应链合作企业经过了解并能够预测到对方的行为阶段时，企业间交易往往首先关注的是交易对方的能力，主要是基于对交易对方的经营业绩和履约情况考量来确定对方是否值得信任。随着农产品供应链企业间建立起稳定成熟的合作关系，其对惩罚与奖励有清晰的判定标准，而且达成约定，逐渐形成共同价值取向，农产品供应链企业间的信任主要来自善意，也可以表述为交易双方基本可以达成握手合同，但此时一旦一方背离，整个农产品供应链就会崩塌。

通过对前面专家学者文献的分析以及课题组的实地访谈总结，本研究认同萨科（1992）对供应链信任维度划分的思路以及表述，认为其很契合我国农产品供应链节点企业间信任的发展规律。我国农产品供应链节点企业间的信任关系的持续发展也是顺着"契约信任、能力信任和善意信任"呈递升关系循环演进并不断强化的。

1. 契约信任

契约信任是指确信交易双方会按照彼此能够接受的方式来履行契约条款，契约越细致，越容易在交易当事人之间形成信任，它是双方进行合作的基石。一般来说，由于合作伙伴之间了解不够，交易双方对守信和失信的收益成本都非常明确，因自利产生的机会主义行为会随时出现，此时选择通过契约来约束交易双方的合作行为是非常必要的，契约型信任一般产生于供应链关系建立的初期。在访谈中也得到证实，目前在我国农产品供应链实施的具体的实践中，农产品供应链合作伙伴间的初期交易基本都选择签订正式的合同契约，而且往往是以核心企业起草拟订的协议合同作为交易双方进行谈判和建立合作信任关系的依据，契约合同事先设定了交易各方的责权利和风险应对机制，协议合同拟定得越明确、越详细、越可行，合作伙伴之间的信任越容易形成并维持下去。由于合同契约能够减少供应链内部的交易成本，避免交易各方将资源投入非生产性领域，提高农产品供应链的合作效益，且农产品供应链交易合作伙伴还恐惧违约遭到惩罚，所以都尽量履约。但是因为信息不对称，基于契约维系的信任关系缺少稳定性且执行成本较高。

2. 能力信任

能力信任指交易方具有按照交易对方的要求和预定期望来完成某项

特定行动的技能和实力，主要指能提供满足合作要求的资源、产品、服务、技术、知识、设备、信息、管理、融合、信誉、品质以及竞争等能力的集合（Doney and Cannon，1997；Levin and Cross，2004）。在访谈中也得到证实，能力信任产生于农产品供应链合作关系发展时期，由于农产品供应链合作伙伴经历了反复持续的交易合作，交易双方已逐渐熟悉，积累了交易经验，对对方的技术业务平台、经营实力与信誉状况等有了进一步的了解，甚至能够预测到对方未来的行为，此时，交易对方的能力成为自身选择交易合作伙伴首要考虑的因素和继续维持合作关系的信心，能力能促使交易合作伙伴信任度不断提高。基于彼此能力认可基础上发展的农产品供应链合作伙伴之间信任关系已经是比较有深度的信任关系，但是在出现机会主义的利益比成本高时，依然会发生违约行为。

3. 善意信任

善意信任是指交易方笃信对方不会做出损害自己利益的行为，并且认为被信任方是具有共赢意识的，是出于共同的信念、友情等善意自发产生的意愿。在访谈中也得到证实，善意信任在合作关系中引入了利他主义和忠诚的思想，能有效减轻合作的不确定性、降低机会主义行为倾向。善意信任产生于供应链合作伙伴关系成熟时期，是农产品供应链合作伙伴在契约以外的事项中进行合作和农产品供应链战略合作伙伴关系维持长久稳定发展的关键因素。此时合作伙伴间的信任已超越单纯的经济关系，是含有一种友谊成分的人际关系和人际态度。达到这一信任阶段，农产品供应链中各节点企业之间都能做到信任边界合理划分以及约束保障措施明确，能有效地保护其核心技术，避免机会主义行为的发生，这种稳定和谐的互利信任关系成长发展潜力最大、效率最高。

访谈实例：

伊利集团液态奶事业部山东销售区域的高姓销售代表说："伊利集团是基于呼和浩特市国营红旗奶牛场成长起来的，1997年正式成立了内蒙古伊利实业集团股份有限公司。伊利液态奶的消费者需求是分层次、多样化和多变化的，其主要竞争对手蒙牛、光明、雀巢等都有与之相对应的各自不同层次和不同种类的品牌产品，替代性很强，竞争异常激烈。由于消费者对伊利乳品的品质方面有较高要求，而且政府对其产品的质量安全也有严格的标准规定，伊利集团主导的液态奶供应链上的所有成员企业都需要较高的专用资产的投入，特别是伊利加工企业的资产专用性是很高的，因此，在伊利液态奶供应链建立时，它们都有强烈的愿望签订契约合同，降低合作风险，使链上参与者各自的基本利益得到保障。伊利集团作为核心企业与其供应链上游的鲜奶供应商（主要是供应牛奶的奶农）签订销售合同，与下游销售商（主要是各省的经销商和代销商）签订销售合同，以期保证其供应链有稳定可靠的安全质量鲜奶供给并及时有效地满足消费者个性化需求。随着伊利液态奶供应链上的合作企业间逐渐熟悉，并能对交易对方的行为预期有更准确的估算，依据对方履约能力来判断其能否值得信赖成为它们首要考虑的。伊利集团坚持供应链共享和共赢思维，深知自身作为供应链的核心企业必须要不断提升自己的能力，才能真正承担起作为供应链核心企业组织和协调的重任，才能吸引住供应链上游的鲜奶供应商以及下游的代理经销商等进行合作，才能使链上的参与企业各司其职、各尽其能，共同创造机会拓展供应链的发展空间，提升供应链合作效益。与此同时，伊利集团还通过长期大力投入资金、设备和管理培训等手段，引导和扶持上游有竞争能力的鲜奶供应商不断提高自身组织化程度和产品生产品质，经历了由供应链初期的伊利公司直接与分散奶户合作发展为扶持牧场小区把分散的奶户组织起来进行合作，再到扶持规范化牧场园区把奶户组织起来进行合作，直至通过与当地政府合作扶持奶牛合作社把奶户组织起来进行合作等越来越集约化的发展模式，逐步建立了其产品质量可追溯体系，强化了与鲜奶提供者之间的信任，保证了高品质奶源的稳定供应，提高了伊利液态奶供应链的整体竞争力。随着伊利与合作牧场、合作组织、基地奶农、代理经销商、物流企业以及消费者之间资源、信息和利益共享机制和关系规范的形成，相互间已结成了比较稳固的利益共同体和比较紧密的合作关系，供应链各环节成员主体的工作人员之间在交易中也有良好的人际互动，能坦诚交流思想和观点，渐渐地合作企业之间的信任也来自善意，来自交易对方给予自身内心的安全感，相信合作方出于关心、友好和共享的目的开展合作活动，达成握手合同或口头承诺的默契，交易趋于简化，监管成本极大降低，使得供应链合作效益得到了极大的提升。"

此外，基于课题组对农户和核心企业的访谈得知，目前我国特别是乡村的总体信任水平还比较低，在我国农产品供应链的实践中，很多供应链的合作信任关系基本都停留在基于契约或能力的前两个阶段，极少数的供应链合作企业间能实现感知认同信任。然而也有农产品供应链的个别环节的合作伙伴关系直接就进入善意信任的特例，如在农产品供应链的中的农户与农村经纪人、农业合伙人、农民专业合作社等农村中介组织根植于乡村社会，由于农户与农村的这些能人具有已存在的基于血缘、地缘和情缘等的关系网络，有较强的人际信任，所以合作时可以直达善意信任状态。我国大多数农户不能直接进入市场，往往是通过经纪人、农村中介组织与外来客商联系，他们中的大多数是从生产者中分离出来的，凭借地缘和血亲关系与农户相联系，对农户的生产情况与农产品的品质有深入的了解。农户与经纪人以及农村中介组织的这些能人都是亲友和乡邻关系，信任是基于熟人之间交往的规矩，他们之间基本都能达成握手合同，不需要每次及反复地讨价还价，交易成本很低。但是，由于我国这些经纪人和农村中介组织的发育不成熟，难以形成农产品供应链所要求的有组织规模和合理均衡的交易主体结构，无力保护农户在流通中的利益。

91

4.3.2 我国农产品供应链多构面信任共同推进节点间合作关系的建立和发展

基于课题组对各地访谈对象农户、收购商以及各地的农民专业合作社、加工企业、批发市场、超市、第三方物流企业以及电商企业等核心企业的不同层次的负责人的深度访谈归纳其观点和看法：农产品供应链主体间的人际信任的建立有助于农产品供应链组织信任的形成，基于熟人和农产品供应链各主体的领导以及工作人员在工作中建立发展的人际信任在农产品供应链主体间合作关系形成和发展的整个过程中都是很关键的；政府的支持能增强农产品供应链主体间的合作信心，农产品供应链中的各主体对政府的信任能极大地促进对农产品供应链的组织信任。

通过对前面专家学者文献的分析以及课题组的实地访谈总结，本研究进一步明确农产品供应链信任和一般团队的信任相似，是组织间信任关系的一种。由于农产品供应链的上游生产环节主要嵌入在农村熟人社会网络中，人际关系以及传承于历史的关系行为规范和价值取向对农产品供应链合作企业的经济交易行为有强烈的影响。另外，由于农产品供应链中的农产品生产这个环节很薄弱、农产品供应链中的核心企业实力不强以及农产品具有国家安全的特性，导致我国的农产品供应链的信任关系有其比较突出的特点。政府的支持对我国的农产品供应链信任的形成也很重要。由此得知，农产品供应链主体间的人际信任以及各主体对政府的信任，能共同推动农产品供应链组织信任，这三个构面相互促进，共同推进农产品供应链节点间信任关系的建立和发展，如图4-4所示。

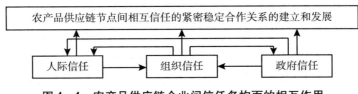

图4-4　农产品供应链企业间信任多构面的相互作用

1. 人际信任

92

　　人际信任关注的是农产品供应链不同组织中个体之间的信任关系。在农产品供应链建立初期，农户与核心企业之间通常都是陌生人的关系，农户要加入供应链，虽然大多是以正式契约合同为主建立起合作关系，但是由于我国的农户基本都是分散的个体小户，很难直接与核心企业对接，往往通过以血缘、地缘和情缘为纽带的熟人（农村经纪人或其他中介组织人员）把他们与核心企业进行对接联系，由此，农产品供应链组织间的最初信任常常是在已存在的人际信任的基础上建立起来的。在我国相对封闭的农村的"熟人社会"中，一直以来人们以血缘、地缘和情缘等为纽带建立关系网络处理所有的事情，关系是他们唯一可以信任的。人际信任主要依附于乡邻之间的闲言闲语以及持久稳固的乡邻关系，乡村居民信任那些被自己认为品德良好的人，这是一种人格诚信。因此，农产品供应链中的上游农户与核心企业的对接合作关系往往是在这种已有的人际关系的基础上建立的，农户的信任是凭着感性直觉和基于熟人间交往的规则的。但从另一角度来看，农户通过熟人或政府架起与陌生的核心企业沟通交流的桥梁进行合作，确实是冲出了血缘、地缘的篱笆，能获得更多不同的信息和发展机会，开阔了视野，建立了更广泛的社会关系，可以在更大更广的范围内获取社会资源，推动了农村经济更广泛的发展。在乡村社会关系中，人们的失信行为常常会受到乡间邻里闲言闲语群体压力的惩罚，那么就意味着其关系网丧失，而关系网是我国乡村社会中的社会资本，关系网丧失则很难立足，人际信任会促成和推进农产品供应链组织间信任的建立和发展，限制利己机会主义行为的发生。不过只要出现选择失信行为获得的利益超过采取守信行为所获得的利益时，当事人还是会冒险选择失信行为的。

2. 组织信任

组织间信任关注的是合作组织之间的信赖关系，组织间信任是整体意识态度的体现，而不是简单的个人信任的叠加。农产品供应链建立初期的某些已存在的基于血缘、地缘和情缘等关系网络产生的人际信任，促进了农户与核心企业合作关系的产生，然而农产品供应链组织信任的培育和提升还主要依赖于建立中的农产品供应链中成员间通过长期交往建立起一种紧密、相互信赖、稳固的合作关系，这种关系的建立来源于以往成员间成功的合作经验、专用资产和知识的深度融入以及共享机制的形成。农产品供应链中成员的工作人员之间的关系沿着由对合作对方的认知上升到情感和态度层次，会促使合作伙伴的工作人员也逐渐发展为有利于农产品供应链合作成员间形成价值的认知，最终以价值理念和制度规范形式而存在于农产品供应链组织中，更深刻地制约着农产品供应链各主体的行为，任何一方的背信弃义，都会按照有关制度规范进行应有的惩罚。因此，农产品供应链中主体间信任是在人际信任日渐增强的过程中，以不断完善的组织规章制度、关系规范以及共享价值等作为载体而实现的，农产品供应链中主体间信任的确定不仅仅是以关系和情感作为基础，更以正式的规章制度、关系规范以及共享机制和观念等作为保障。

3. 政府信任

由于我国农产品供应链上的农户分散、中间组织不成熟以及核心企业规模小等特点，农产品供应链各成员企业都非常需要政府机构在资金、政策、制度和服务等方面的有力支持，需要政府为其提供政策资金保障、公共设备和监管保障。在课题组实地访谈中发现，农户和企业都对政府给予农产品供应链的政策引导和资金、技术平台和设施的投入支持很看重，感觉政府的引导会使农产品供应链中的主体明确合作方向。

访谈实例：

威海文登泽库镇养海参的渔户李大哥说："我们养海参的，长期以来都住在村里，找不到合适的买家，与我们打交道最多的是帮我们捞海参的'猛子'，因此，很多下游买家也会主动找'猛子'联系，'猛子'是我们的熟人，也与买家熟悉。最初，我们一般选择'猛子'认为合适的买家并与他们签订短期销售合同，我们是在相信'猛子'的前提下与商贩、加工企业、批发市场、超市等买家建立联系的。经过多次交易彼此了解之后，我们与信得过的买家签订长期合同，慢慢处着处着也有了一定的交情。我们几乎都不用价比三家，按我们的老规矩办，虽然有时卖不上价，但也有行情不好时，我们的海参能包销的情况，从长远算计，我们双方都是很合算的。现在我们当地政府扶持一些海参养殖大户、当地的能人或龙头企业成立了合作社或行业协会，合作组织发起者也是我们的邻里乡亲，彼此之间更是很了解，他们是乡邻尊敬的人，再加上我们感觉还有政府保驾护航，心里更有底，政府对合作社以及农户都有鼓励政策和各种优惠政策，政府的红头文件给了我们定心丸，我们就敢放开手脚与合作组织合作。现在很多海参养殖散户纷纷加入合作组织，通过合作组织与加工企业、批发市场、超市等买家建立契约合作关系，经过长期合作，我们都明白了只要认真按照合作社和收购商的要求和规范来养殖和管理，一般情况下他们都能按合同收购，我们感觉劲儿有处使了，有发展方向了，心里很踏实。"

4.4 我国农产品供应链信任影响因素调查

基于参考前面国内外专家学者关于农产品供应链节点企业间合作信任内涵、维度和影响因素等相关研究的观点和思路及课题组的实地访谈总结归纳，本研究进一步推导，明确农产品供应链合作伙伴间合作信任关系的形成取决于以下农产品供应链参与主体的四个关键特征机制。

4.4.1 我国农产品供应链信任形成与核心企业的特征机制密切相关

本研究通过对前面专家学者文献的分析以及课题组的实地访谈总结，进一步明确战略合作伙伴对核心企业的信任来源于核心企业方的能力和声誉、对工作人员的人际信任以及农产品市场供需特点等。

1. 核心企业能力

梅耶等（Mayer et al.，1995）在对以往专家学者们提出的信任影响因素进行梳理总结后发现，能力因素被普遍认为是影响信任的最重要的因素之一，其主要是指受信方的某方面技术能力或影响能力在特定范畴有非常强的竞争能力，而也有可能在其他领域的表现一般。本研究在综合国内外众多专家学者的观点及课题组的实地访谈总结的基础上，认为农产品核心企业能力是指其在特定的范围拥有的资源优势、技术能力、行业影响力、融合力、管控能力、产品质量水平、产品及时交货以及产品持续开发等综合实力（Brockner，2000；Michaela and Weinhofer，2007；杨静，2006；曹玉玲和李随成，2011）。核心企业的能力会给农产品供应链合作伙伴企业带来信心，获取合作信任，虽然"信任是赋予的东西"而不是"获得的东西"，然而只有拥有一定的能力，才能赋予对方信任。在访谈中，我们发现农户、收购商、合作社、加工企业、第三方物流企业、批发商、连锁超市、电商等受访者都认为核心企业的能力对农产品供应链建立信任合作关系有非常重要的影响作用。

访谈实例：

文登市宋村镇的一位王姓菜农说："威海家家悦是我们当地生鲜做得最好的、最有实力的超市，是全国农业产业化国家重点龙头企业，每年在我们宋村镇交易中心进行的农副产品加工就能达到50万吨，我们周边地区的农户都觉得能把自己种养殖的玉米、花生、大豆、蔬菜、水果、水产品等卖给家家悦是最好的出路。我家与家家悦无公害蔬菜种植基地签约，主要种植芹菜、茼蒿、黄瓜和西红柿等。你们看看现在我们家大棚里的西红柿，关于什么时候打药？打什么药？用哪种肥以及怎样种植管理？只要认真听取家家悦定期派来的种植专家的生产技术指导意见，用心照着家家悦超市发给我们的《病虫害防治规范》小本子的规定进行种植管理，每茬成熟的西红柿都能通过检测，并且每公斤的价格能比市场价上高出两角钱左右。我们村里像我家这样以订单形式为家家悦无公害蔬菜种植基地种菜的农户超过 200 家。我种了 10 多年菜，也积累了一些种菜经验，以前总觉得茼蒿长得高、分量重、产量高就好，但是自从听了家家悦超市派来的种植专家的指导后，才明白了城里人喜欢吃嫩小和细茎的茼蒿，虽然细嫩的茼蒿生产的产量比以前低，但是新品种比以前高壮的茼蒿能多长一茬，而且这种新品种茼蒿符合消费者的口味，卖的价格又高好多，现在每亩的收入要比以前的粗壮品种多好几千元呢。我们现在种植基地的菜农都是依托家家悦及时给我们提供市场信息并且指导培训我们怎样学会站在消费者的角度来种植蔬菜。家家悦有实力，说话也算数，自从与家家悦超市合作，我们要做的就是按照家家悦的要求专心好好种菜，再也不用发愁菜熟了卖不出去而烂在地里。"

寿光爱心果蔬合作社的负责人："我们合作社又称寿光博昌蔬菜公司，是在 2008 年基于 1996 年的褚庄精品菜服务中心成立的，集汇果蔬种植、初加工、保鲜以及配送与终端销售于一身，现有 300 多户社员，10 多名高级专业技术人员以及 50 多名专业技术员，具有高质量果蔬种植基地，种植绿色、生态、营养和健康的蔬菜和水果，主要依托上海、北京、广州、青岛、济南等大城市以及近来陆续开发的山西、青海、甘肃、内蒙古、新疆等省份城市市场，按稀有菜品以及营养配方给予搭配，提供高中低三档各种果蔬组合产品，拥有 5～13 公斤的不同包装、20 多个不同规格以及 60 多种果蔬产品，尽最大努力满足客户的个性化需求。我们合作社种植的果蔬远近有名，很多客户、消费者和商家慕名而来。现在我们跟很多城市的诸多果蔬加工企业以及超市、批发市场、代理商等建立了长期稳定的合作关系。他们都很信任我们，回款固定及时，不会无故拖欠，我们也不需要到处跑市场找买家，而是把更多的精力用在新产品的开发和产品品质的提升上面。"

2. 核心企业声誉

国外许多学者都认为声誉是过去一切交往的历史记录，企业声誉不仅来自交易对方对历史交易经验的考察评价，还包括企业行为能力与社会公众认知互动形成的客观评价结果（Anderson and Weitz，1992）。企业声誉作为一种信号可以转移，即使一个企业与另一个企业从来没有合作过，还是能利用声誉这个信号可以转移的特点，即通过它与第三方以往交易合作历史中的商业声誉预测其是否值得本企业信任来进行合作，因此声誉与信任正相关（Kollock，1994）。本研究在国内外学者思想观点及课题组的实地访谈总结的基础上，认为农产品核心企业声誉是指社会对该企业的经营理念、经营能力、经营效率以及企业文化等的综合评价。核心企业声誉是其拥有的无形独特的资产，赢得声誉需要经过艰苦和长期的过程，但一旦有背叛行为发生，声誉瞬间消失。声誉的累积性、不稳定性、易失性以及传播性的特点，使拥有良好声誉的核心企业不会为了短期的利益去损害自己来之不易的美好声誉，其机会主义行为付出的成本特别高，尤其是在当今社交媒体异常发达的互联网网络时代，核心企业的坏名声会迅速在社会网络中传播，使其很快丧失与诸多企业合作的机会。而具有良好声誉的核心企业常常是值得有合作意图的企业信任的，因为核心企业与农户衔接的过程中存在诸多难以在契约合同中体现以及在现实操作中难以监管控制的不规范要素，此时核心企业的信誉是促成农户与其进行合作的关键因素。在访谈中，农户、收购商、合作社、加工企业、第三方物流企业、批发商、连锁超市、电商等受访者们都充分感受到核心企业的信誉对农户或合作组织信任产生的影响。

访谈实例：

菏泽的一位村支书说："我们村的农户以前种植的农产品不好卖，农户的种植积极性不高。2005年省委省政府派驻的第一书记帮助我们成立了农民花生专业合作社，并且牵线把我们种植的花生以订单的形式卖给山东鲁花集团。我们合作社虽然从没有和山东鲁花集团打过交道，但是我们当地的农民都知道山东鲁花集团是享誉海内外的、深受广大消费者青睐的全国知名品牌花生油，名气大且口碑好。所以，我们合作社非常珍惜能与山东鲁花集团合作的机会，而且当地政府也采取了各种措施积极支持我们的合作。在我们合作的过程中，山东鲁花粮油加工企业和政府扶贫部门一起帮助我们，诸如聘请山东农业大学的专家来我们村测试土壤，专门为我们培育最新花生品种，并定期找种植专家指导培训大家种植和管理花生的方法，希望我们能种出具有特色的花生，结果当年秋天我们种植的新品种花生质量和产量都超出以往老品种很多，获得巨大丰收。山东鲁花集团不愧是知名企业，确实是站在我们合作社和农民的角度考虑事情，真正带领农户走向市场，实现集约效应。现在我们村里的农民非常愿意听从我们合作社的安排，大家都能放心放手一起干，而且我们与山东鲁花集团合作获得丰收的事传到我们方圆百里的家家户户，他们都千方百计地想加入我们合作社，都希望能与山东鲁花集团合作，从而获得长期稳定的收益。"

3. 战略合作伙伴企业对核心企业工作人员的人际信任

国外许多学者都认为人际信任能够极大地促进供应链节点企业间的信任（Doney and Cannon，1997；Zhaeer et al.，1998）。人际间的信任有时可以取代正式管理机制（Arino et al.，2005）。如果人际间的信任度很高，此时的供应链各节点成员企业的行为将会是很自觉的，监控或许成为没有必要的摆设。很多的商业往来都开始于人际交往，并且人际信任能转化为企业之间的信任，尤其是企业高层管理者之间的人际信任对合作企业之间信任影响更深刻。本研究在总结国内外学者的观点及课题组的实地访谈者感受的基础上，认为农产品供应链战略合作伙伴企业对核心企业的工作人员的人际信任会转化为对核心企业的信任，特别是战略合作伙伴企业对核心企业高层管理者的人际认同对农产品供应链信任的影响会更大。课题组的实地访谈对象农户、收购商、合作社、加工企业、第三方物流企业、批发商、连锁超市、电商等对此表示深深的认同。

访谈实例：

山东省委组织部派驻菏泽的一位第一书记说："2015年我来到这个扶贫村，发现该村的耕地是土沙地，适宜种植花生，但当时全村种植花生不足1000亩，种植面积不到全村耕地的1/5，村民普遍反映，种植花生销路不好，靠小贩收购或到集市摆摊也卖不出好价钱，销路成为种植花生的瓶颈。为了解决销路问题，通过山东鲁花粮油加工企业的一位高层负责人积极协调帮助，经过考察商谈，山东鲁花粮油加工企业与我扶贫村成立的农民花生粮油专业合作社顺利达成订单合作协议。在这以后为了提高农民种植花生的产量和品质，山东鲁花粮油加工企业与我们合作社的负责人一起商议决定改良优良花生品种，聘请山东农业大学的花生专家来村对土壤取样进行分析，确定了最适宜该村种植的花生品种。合作社的农民都非常信任农民花生粮油专业合作社的负责人，所以都非常积极地购买了新型花生种，并能认真按照山东鲁花粮油加工企业和山东农业大学的花生专家提出的农药使用以及生产技术等方面的要求来种植与管理，当年农民的收入大幅度的提高，并且顺利解决了常年使用花生种老化、产量低和质量差的问题，使得合作社与山东鲁花粮油加工企业的合作有了更广泛和深化的发展，从而建立起更长期和更高程度的供应链合作信任关系。"

4. 农产品市场供需特点

以往学者对核心企业的特征的研究，主要是从核心企业的能力与声誉等方面来分析。本研究根据前面专家学者的文献分析和课题组的实地访谈总结，认为信任在市场类型和市场特征的基础上，以交易中的一方对另一方的信任强度不同分为弱信任、半强信任和强信任三种（Barney and Hansen，1994），信任强度与产品市场供需特征有关（Williamson，1979），农产品市场供需特点对农产品供应链节点合作关系建立、关系紧密的程度、信任的强度以及稳定性有很大的影响。首先，弱信任一般产生于高度竞争的农产品市场，也就是说弱信任状态一般产生于农产品供求都稳定的条件下，因为交易双方很难产生机会主义行为而导致相互信任，但这种弱信任的农产品供应链节点企业的合作关系易变成疏离的状态。其次，当农产品供需一方处于不稳定条件下，即当农产品供应稳定需求不稳定，核心企业可能会选择机会主义行为，当农产品供应不稳定需求稳定，农户和合作组织等生产者可能会选择机会主义行为。为阻止机会主义行为的产生，农产品供应链节点企业间的合作关系会处于半强信任和半紧密状态。再次，当农产品供需都不稳定的条件下，农产品供应链核心企业与战略合作企业之间任何一方的背叛都会将对方置于死地，因此，交易双方必须要达成最高层次的强信任并保持紧密的合作关系，需要合作各方在行为准则、企业文化和价值观等方面相互认同。在访谈中，农户、收购商、合作社、加工企业、第三方物流企业、批发商、连锁超市、电商等访谈对象都认同农产品市场供需特点对农产品供应链合作信任关系的形成影响很大。

访谈实例：

烟台益海粮油加工企业的一位负责人说："对于小麦、玉米和花生等功能性粮食油料农产品市场，市场上有足够多的买家和卖家，产品的质量易衡量，双方几乎没有或有很少专项投资。交易双方因为机会主义行为有限以及失信的可能性小，所以是相互信任的。因此，交易双方不需要采取紧密的合作关系，采取市场交易合作形式就行，但为了保障有质量的供给和提高规模效益，可以采用销售合同的合作关系形式，过多的控制只能带来管理成本的增加。"

威海乳山家家悦超市的负责人说："对于供应不稳定的功能性果蔬和鱼肉等生鲜产品市场，由于供应约束条件比较多，农户和超市的专用资产投入得比较多，特别是超市需要冷链资产的投资，所以都有意愿与农户建立比较紧密的合作信任关系，以保证有稳定的供应。如果是供应稳定的创新性加工产品市场，因为消费者有个性化的要求而且其需求始终处于变化中，使得供应约束条件更多，然而同时能够供应这类产品的供应商也较多，竞争很激烈，超市与农户都有强烈的意愿建立紧密的合作信任关系，从而确保合乎市场要求的供给。如果是供应不稳定的创新性生鲜产品市场，交易双方更会强烈要求建立最高层次的强信任和最紧密的合作关系，从而形成自我约束和共同约束的关系治理机制，避免机会主义行为的产生，降低交易双方的风险性。"

4.4.2 我国农产品供应链信任形成与核心企业与合作伙伴的交互关系特征机制密切相关

本研究通过对前面专家学者文献的分析以及课题组的实地访谈总结，进一步明确核心企业与其战略合作伙伴企业在交往中的信任来源于核心企业与其战略合作伙伴企业的交互关系特征机制，主要包括契约和承诺的完善、交往的时间与长期的合作经验、相互依赖以及信息和情感的有效沟通等，农产品供应链核心企业与其战略合作伙伴企业间的合作信任不是一时一刻建立的，而是随着交往的深入发展逐渐建立和成熟乃至瓦解。

1. 契约的完善程度

契约是交易各方协同签订的关于买卖租赁和抵押等合同、信息发布规则等事项文书和条款以及特定情况下的争端解决机制等，依据《合同法》①第二十一条的规定，承诺是受要约人同意要约的意思表示①。一直以来，国内外学者都比较关注契约对农产品供应链信任关系形成的影响研究，他们认为完善的订单契约对于战略伙伴企业和核心企业来说都是对自身权益的保障，它既能有效约束自身的行为，又能平衡调节农产品供应链合作企业间的利益冲突，降低风险，保障其建立稳定的合作关系（Sako and Helper, 1998；刘璐琳，2010；刘琦等，2013；隋博文，2017）。本研究在吸取专家学者的观点及课题组的实地访谈总结的基础上，认为农产品供应链核心企业与其战略伙伴企业间通过签订责权分明翔实的交易条款，纵使达不到农产品供应链核心企业与其战略合作伙伴企业间最好的利益协调，或许也可能得到帕累托最优解，可以确保农产品供应链各节点企业的利益起码不比原先差，因为契约和承诺都具有法律效力，相信交易对方由于害怕违背契约条款而要承担经济成本和社会成本的损失，会选择信守契约和承诺，从而就增加了信任程度，加强信息和资源的共享，所以以契约的形式固化农产品供应链核心企业与其战略伙伴企业间合作关系是非常必要的。在课题组实地访谈中可以看出，农户、合作社等与核心企业供应链各环节都认为拥有完善规范契约的合作关系相对比较紧密和稳定。

访谈实例：

威海华联超市张经理说："我们在与合作社合作时，都要签订单，并明确产品验收的标准以及农户毁约的惩罚条款，农户都会计算成本，一般情况下是不敢毁约的，同时，超市也会让合作社明确超市违约的惩罚与赔偿，详细和奖惩分明的订单能保证交易双方能久一点合作。"

青岛果然鲜果蔬专业合作社的一位负责人说："我们合作社以前与超市只谈价格，现在不仅有较长期的订单合同，而且有具体翔实规定，包括种植知识培训、产品、品种、送货数量、时间、地点、验收标准、价格、结账方式等，超市都能很好地履行订单条约，给我们极大的信心和积极性。"

威海文登龙泽果蔬专业合作社的基地农户王大爷说："我看到家家悦超市跟我们的合作社签的订单合同那么详细，周边邻居们的水果和蔬

101

---

① 由中华人民共和国第九届全国人民代表大会第二次会议于1999年3月15日通过，于1999年10月1日起施行。

菜都有稳定的销售渠道，而且不用操心好不好卖，我的心也动了，不再纠结每一次的得失了，我入社刚一个月，合作社和超市真按合同办事，我就放心。"

2. 长期合作经验

国外许多学者都认为商业交往的信任主要源于交易双方在长期交往中的累积，极少是自然产生的（Andesron and Weizt，1992；Batt，2003）。我国学者们对此也有共识，认为农产品供应链节点企业间的合作时间越长、以往的合作经验越丰富越能增加节点企业之间的熟悉程度，就越有利于提高交易双方的预见力，从而大大减少双方机会主义行为的发生，降低未来交易的不确定性和彼此合作关系的复杂性（张涛和庄贵军，2015）。本研究在总结国内外专家观点及课题组的实地访谈的基础上，认为当农产品供应链中的核心企业与战略伙伴企业决定是否持续合作时，其合作交往经验是双方最重视的要素，其交易合作的时间越长，对合作对象了解得越多，双方交融得越深入，就越可能准确把握对方的行为预期，合作的风险就越低。另外，交易者从以往合作过程中得到的利益报酬越多，对合作者的满意度和信任度就越高。因此，在合作时间越长和合作过程中得到的利益报酬越多的情况下，农产品供应链节点企业更容易建立起高程度甚至相互依赖的合作信任关系。在课题组实地访谈的过程中，作为访谈对象的农户、合作社和核心企业也都一致认为其交易时间越长、交往经验越多，合作关系就越不易破裂，投机违约行为就越少。

访谈实例：

济南市建大花园家家悦超市的生鲜部负责人说："我们最初与一些合作社刚开始合作时，由于大家不熟悉，虽然也下订单了，但农户还怀有侥幸心理，不按我们的验收要求提供产品，把农药超标的、小的、质量不达标产品掺进去，我们把不合标准的产品退给他们，他们有意见，要论理找麻烦。但随着合作时间长了，相互之间也逐渐知根知底了，知道怎么做对交易双方都好且双方利益能够最大化。基于彼此越来越了解和理解，现在即使有时超市的价格低于市场价格，合作社也愿意卖给我们超市，同理超市对合作社也是一样，我们超市也有收购农户保护价来保障农户的利益，我们与合作社或农户合作得越来越愉快，大多数都与我们签订了 3~5 年的比较长期的合同。因此，随着双方合作时间越长，我们对合作越来越有信心。"

泰安市岱岳区家家悦蔬菜专业合作社负责人说："我们跟家家悦超市合作五六年了，一开始签合同都很认真很详细，就怕漏掉那一条，将来说不清，现在大家都熟悉了，对对方的交易能力以及未开的发展前景基本上可以说是心中有数了，彼此也很信任了，如果有新的合作项目，就更多在原合同的基础上具体修改，很多事情都商量着来，不需要花费很多时间考察和谈判。"

3. 相互依赖

国内外许多专家学者认为供应链中的核心企业与其战略伙伴企业的相互依赖性体现在两方面：一是关系高度投入而产生的依赖，由于交易双方特定专用资产的大量投入而使双方产生高度依赖，彼此高度依赖的交易双方都会不断加强交往，加大信息和知识的交换以及资源整合力度等，交易双方的信任也会不断得到强化（Batt，2003；Kwon and shu，2004；Goa，Sirg and Bdri，2005；俞雅乖，2008；高强和穆丽娟，2015）。二是由于市场上没有更好的选择或者是更好的替代者所以产生了依赖（Goa，Sirg and Bdri，2005；Heide and John，1988），这种依赖使交易双方的机会主义行为大大减少，这种供应链相对来说先天不足，其竞争能力不强。很多学者认为，如果交易双方的依赖非常不对称或是单方面的依赖，高度依赖的一方会因被依赖对方的机会主义行为承受巨大损失，交易双方的信任就会降低，甚至产生冲突或终止合作（Goa et al.，2005）。本研究在国内外专家的观点及课题组的实地访谈总结的基础上，认为核心企业与其战略伙伴企业交易双方增加专用性资产的投资会进一步促进农产品供应链信任水平的提高，并使得它们之间逐渐建立起彼此依赖的合作关系。当核心企业对合作伙伴企业有很高程度的依赖时，那么战略合作伙伴企业对核心企业的信任就会增加，如果双方关系中止，核心企业的损失大；当战略合作伙伴企业对核心企业的依赖性更高时，战略合作伙伴企业对核心企业就会产生很强的警惕性，信任很难建立起来。由此，核心企业必须在自己发展的同时加大关系投入，扶持和带动战略伙伴企业不断提升其竞争能力，从而使核心企业与战略伙伴企业共同发展，这样不仅能降低双方合作的风险，也能从根本上保证农产品供

103

应链合作绩效的提升。在课题组实地访谈中，受访者对此感受很深刻，如访谈各地区的农民专业合作社、超市、第三方物流企业、加工企业等负责人纷纷表示：在农产品供应不稳定的条件下，核心企业对农产品提供者比较依赖；在供应稳定需求不稳定的条件下，核心企业与农产品提供者互相依赖；在农产品供应和需求都不稳定的条件下，核心企业与农产品提供者彼此高度依赖。在这三种情况下核心企业进行专用性资产投资时都要承担巨大的风险，特别是生鲜农产品供应链核心企业在合作中常常处于被动地位，一旦农户或合作组织单方面撕毁合同、终止合作，核心企业会面临极大的甚至是毁灭性的损失，因为生鲜农产品专用性资产投入的成本基本无法收回。因此，核心企业一般为获取农产品提供者的信任都会进行冷链等专用资产的投入，并且也非常渴望引导农产品生产者适当进行专用性资产的投资，这样不仅能增加相互依赖性，降低合作风险，有利于核心企业与农户、合作组织等节点建立长期稳定的合作信任关系，也确实能带给合作双方更多的利益，提升供应链的合作效率。

访谈实例：

青岛利客来超市城阳店和即墨店店长表示："我们生鲜超市面对的基本是实力还比较薄弱的合作社和小农户，为了及时满足生鲜消费者在产品质量和数量上的需求，需要农户和合作社在供货时间、质量、数量和种类上做到保证。因为生鲜农产品的不确定性大，其投资风险比较大，农户缺乏投资的积极性，我们必须在物流设施和信息平台上加大投入力度，同时还要通过培训咨询、协助办理贷款等投入引导农户做一定的技术和生产设施的投资，尽量给农户一些优惠，使得农户对投资有信心且投资早见利，同时也能保证我们超市尽早实现投资回本。所以，我们超市引导和支持生鲜农产品生产者进行适度的投资，有助于形成双方彼此依赖、相互信任的关系，有利于实现双赢的目标。"

4. 有效沟通

国外许多学者都认为沟通是人际和企业间信息、情感、知识甚至观念意识的及时传递和反馈的过程，是交往各方正式或非正式的共享，信任是沟通的基石，有效沟通是建立企业间信任的前提，而信任的积累又能进一步促进企业间进行及时和有效的沟通，减少企业间的矛盾与冲突，减少企业行为的不确定性，沟通与信任之间呈现出显著性正相关关系（Anderson and Nuars，1990；Chu and Fang，2006；Doney and Cnnaon，1997；Kwon and Shu，2004）。国内专家学者也认为农产品供应链节点企业间进行信息共享和有效沟通是发展农产品供应链信任关系的重要手段，在非对称信息前提下，核心企业建立信息共享平台、政府进行信息化建设会极大地促进农产品供应链合作信任关系的建立与发展（杨申燕等，2009；赵晓飞等，2008；张涛和庄贵军，2015）。本研究基于总结国内外学者的观点及课题组的实地访谈，认为供应链合作信任建立的关键是核心企业构建有效的信息共享机制与战略合作伙伴企业进行畅通的信息和情感的交流与反馈，这种有效沟通是基于各节点企业对交易双方发展稳定关系的信心和对保持长期关系的渴望，即在某种程度上宁愿放弃短期利益来获得长期利益，彼此间都要付出努力的意愿和善意，而且关注的重点由对局部的利益考虑变为对农产品供应链整体的利益考虑，直至达成共享价值观念并共同遵守关系行为规范，这也标志着农产品供应链核心企业与其战略伙伴企业之间产生了真正的高度信任。课题组在实地访谈中看到，不管是核心企业还是农户和合作社都非常强调通过有效的信息沟通和情感沟通来建立和发展农产品供应链成员之间信任关系。访谈对象一致认为：一方面，农产品供应链节点企业成员构成比较复杂、环节多、实力地位差异大、参与者众多（特别是广大分散的个体农户的广泛参与），农产品供应链各成员企业之间普遍存在着信息不对称问题且拥有不同的价值理念以及行为方式，所以，农产品供应链节点企业之间非常需要及时的完全意义上的沟通与交流。另一方面，核心企业作为农产品供应链的承载者和组织者，有义务把自身拥有的信息与技术优势同其战略合作伙伴进行分享，并能在分享的过程中逐渐建立共享机制，协调和解决农产品供应链成员企业之间的利益冲突，最终建立长期稳定的信任合作关系，实现农产品供应链合作效益的提升。

访谈实例：

威海银丰果汁饮料厂的营销负责人说："我们主要通过农村经纪人、合作社等中间组织与果农建立合作关系。在关系建立的初期，由于大家不够了解，难免会相互猜疑和试探。随着彼此的交往的持续发展，我们都特别希望对方能及时通过正式和非正式的沟通渠道来提高合作的透明度。一方面，尽量让每一个合作者都尽可能地了解对方的策略和行为，并明确自己在供应链中的地位和作用；另一方面，通过交流沟通尽量适应对方的行为和习惯，减少因行为的不一致给供应链带来的不确定性和脆弱性。随着合作的深入，我们供应链的整体收益和各合作企业的收益都得到了不断提升。大家为了获取更长远的收益，一般都不会对对方采取机会主义行为了，在执行流程中往往会根据历史依赖和路径依赖，形成对双方的比较高度的相互依赖信任，在很多时候、很多环节几乎达成握手合同的默契，按交易双方长期累积的已形成的行为规范行事，并逐步过渡到准一体化的合作关系，最终创造出更大的供应链的整体价值，即大家合在一起把蛋糕做大，并能合理分蛋糕。"

威海华联超市生鲜部负责人表示："随着我们超市与农产品生产者持续交易，我们超市非常重视通过与他们进行各种正式和非正式的深入交流增进了解和信任。现在我们特别喜欢在互联网上与合作社或种植大户直接交流，大家都能及时交流和反馈各种变化的信息，合作社或农户能全面地掌握其生产和销售的信息，如什么时间、怎样种植、施肥、打药？何时和如何送货？产品的数量、质量和品类的要求？政府、行业以及超市相关信息报道和咨询建议？我们超市也能及时了解他们的意见与建议，及时调整我们的思维以及行为方式。这种线上交流通道提高了合作社和农户积极性，大大降低了我们的合作成本，也强化了彼此之间的信任关系。"

4.4.3 我国农产品供应链信任形成与合作伙伴企业的特征机制密切相关

本研究通过对前面专家学者文献的分析以及课题组的实地访谈总结，进一步明确核心企业对其战略合作伙伴企业的信任来源于战略伙伴企业的核心竞争能力特质以及文化与地缘的优势。

1. 核心竞争能力特质

国内外学者认为供应链战略伙伴企业的核心竞争力特质差异会极大影响着农产品供应链的实施效率，战略伙伴企业的核心竞争力特质是影响农产品供应链核心企业选择合作伙伴的主要要素之一（Nielsen，2001；施晟等，2012；苑鹏，2013）。本研究基于前文梳理的国内外学者的观点及课题组的实地访谈总结，认为农产品供应链最大的特点之一是共享资源，保持和提升各节点企业各自的核心竞争力能够增加整条供应链的竞争力。农产品供应链的核心企业在选择伙伴企业时不只是单纯地考虑价格因素，也非常重视其核心竞争能力特质，主要包括资源互补、生产能力、业绩、规模、信誉以及敏捷性等多种因素，这些都会直接影响核心企业的生产成本、产品质量、产品特色以及管理水平等。因此，战略伙伴企业核心竞争力的提高会增强核心企业对其的合作信心，能够提升农产品供应链的整体竞争力以及合作绩效。课题组在对诸多农户、合作社和核心企业等实地访谈中看到，他们都非常重视提高战略合作伙伴企业核心竞争力，以给予核心企业合作信心。如果农户和合作社等农产品生产者有较强的产品竞争能力，他们就会更有能力且更容易满足核心企业的要求，双方合作的愿望和积极性都会提高，农产品生产者也能获得更多的话语权，有更多机会与核心企业进行有效沟通，核心企业对他们的信任也会得到加强，这将引起交易双方都会进行更多的关系投入，农产品供应链的整体效益会得到很大的提高。并且随着农户收入的增多，他们更依赖合作社，农户和合作社也会更信任核心企业，而核心企业对农产品生产者的信心更足了，彼此间的依赖性更大了，农产品供应链节点企业间合作关系将更加稳定。

访谈实例：

文登家家悦银河超市负责人表示："我们很愿意与一些接受能力强、产品品质好、讲信用的种养殖大户和合作社或经纪人长期合作。同时，我们愿意帮助那些在长期交易中能很好履约、比较诚信、规模还不是很大的农户和合作社扩大规模、提高竞争能力，他们也会投桃报李为我们提供更多更好的蔬菜、水果、水产品等，使得我们之间的合作越来越好、越来越默契。"

潍坊市欣发果蔬专业合作社带头人孙老师表示："我们合作社刚建立时只有几家农户，大型超市和批发市场都不想与我们签订单合同，我们把蔬菜主要送到农贸市场、酒店、食堂以及社区的小超市。现在我们合作社主要开发种植具有地理标志的潍坊青萝卜，附带种植无公害蔬菜，基地面积达千亩左右，大棚种植面积达500亩左右，与周边几十个村的上百家农户签订了采购协议。我们合作社对签单农户提供统一的种植技术，采用统一的检测标准，采取集中销售和售后保障。目前当地寿光批发市场以及覆盖全国甚至东南亚地区的多个大城市的大型批发市场和超市都与主动与我们合作社签了较长期的合同。我们种植的潍坊青萝卜年销售两千万个左右，产值达到百万元，农户心里也有底了，积极性也提高了，都加大了投入，收益也有显著地提高，他们更愿意依照我们的安排做事了，农户单方撕毁合同的事已经很少了，我们合作社的实力和竞争能力越来越强，大型销售商对我们也更加有信心了。"

东营市海盈水产品开发公司的孙经理表示："谁都想和与自己资源互补、有能力、有信誉的渔户或企业合作，他们有经营特色、竞争能力强，又能够按我们的订单合同按时、高品质、足够数量地送货，还能及时与我们沟通各种信息，这样的渔户、经纪人或合作社是值得我们信赖的合作对象"。

2. 文化与地缘差异

国外专家学者强调核心企业对战略合作伙伴企业的信任不仅源于核心竞争能力的特质，还源于其信任倾向，信任倾向的产生受制于其成长的背景、所处的社会关系网络以及其经济地位和地理位置等，主要表现在文化和地缘的两方面。他们认为如果战略合作伙伴企业与核心企业双方有相似信任倾向特质，那么会促进核心企业信任的产生（Good，1988；McKnihgt et al.，1998）。我国学者也认为战略合作伙伴企业的文化与和地缘的差异是农产品供应链核心企业选择合作伙伴的主要要素之一。核心企业和合作伙伴企业之间信任是建立在认同彼此的企业文化和拥有共同的价值观之上的，核心企业与战略合作伙伴企业的文化差异可能导致核心企业和战略合作伙伴之间产生误会和不和谐，企业文化差异越大，信任关系就越难以维持；核心企业与战略合作伙伴企业的地缘关系会直接影响到物流和信息成本以及信息的可得性，核心企业与战略合作伙伴企业地缘关系越远，获得信息的不确定性和交易成本就越高，信任关系也就难以维持（郑也夫等，2003；熊峰等，2015）。本研究在归纳国内外学者的观点及课题组的实地访谈总结的基础上，认为在农产品供应链的核心企业选择战略合作伙伴企业成员时，尽量寻找地缘关系近以及有相似社会背景与价值观念的企业，然而核心企业也不能仅仅从社会背景和社会关系特征来寻找合作伙伴，还要理性审视合作双方的差异，通过沟通加强对自身以及合作伙伴的观念和行为的修正与改进，奠定合作伙伴企业信任关系长期发展的基础。课题组在实地访谈中感受到农户、收购商、合作社、加工企业、第三方物流企业、批发商、连锁超市、电商受访者们都认同文化与地缘差异极大影响着农产品合作信任关系的形成。

访谈实例：

威海家家悦超市的负责人说："我们家家悦集团目前布局还主要在山东，威海是总部所在地，是我们的发起地，也是我们重点发展地区，在威海的布局思路是在每个城镇所在地都设置超市，特别在县级市以上，每步行五分钟就有一个我们的超市，按威海地区的布局思路，我们集团现已拓展到烟台、青岛、济南、高密和莱芜等地区。我们在每一个地区都非常重视在当地集货，并全面了解当地消费者的风俗习惯以及对食品的要求，及时改进和优化产品组合。如果当地生产这种产品，我们都尽量在当地收购，如果外地有比当地更优更好的品种，我们就想方设法把好的品类和品种引进当地种植，并且实行一村一品或一县一业的规模化种植，降低交易成本。实在由于气候地理或不得已等原因，我们一般通过扶持外地农民专业合作组织与种植者建立合作关系，想方法寻找双方合作交流的默契点，及时做调整，保持步伐的一致性，不疏忽各节点利益的合理分配，在争取整体利益最大化的同时尽力增加农民的收入，提高农民参与合作的积极性。"

4.4.4　我国农产品供应链信任形成与政府的特征机制密切相关

本研究通过对专家学者文献的分析以及课题组的实地访谈总结，进一步明确无论是单个企业还是农产品供应链组织都是社会网络中的一分子，而政府是社会规则的制定者、执行者、引导者、支持者以及监督者（施晟等，2012；苑鹏，2013）。政府主要依靠制定相关政策法规对农产品供应链的参与主体行为实施间接影响，改变市场环境（张涛和庄贵军，2015；熊峰等，2015）。另外，由于农产品生产的脆弱性、农产品供应链核心企业实力较弱、大量"原子式"农户在供应链中处于劣势地位、区域农产品供应链成长具有准公共产品性质以及农产品供应链对集聚优化区域农产品创新资源关系重大等特征，需要政府加以引导和监

109

管，政府需要积极介入农产品供应链成长中，将参与的各主体有效加以聚合，提升农产品供应链的内部柔性与社会资本，提高区域农产品供应链整体竞争能力。因此，农产品供应链要正常有效地运行离不开政府的支持和保障，政府与农产品供应链组织之间是相互联系、相互作用的一个有机整体。在课题组的实地访谈中，农户、收购商、合作社、加工企业、第三方物流企业、批发商、连锁超市、电商等受访者都认同政府行为极大地影响农产品供应链信任的产生与发展。

访谈实例：

乳山市新自然草莓专业合作社邵老师说："以前我们村种植草莓的也有送超市的，大多不能马上回款，要等好几天，有时几天后货还退回来了，说不符合超市的验收标准，我们损失可大了，农户干脆就卖给上门收购的小贩或自己到农贸市场现货现卖，虽然价格上不去，但至少不会血本无归。近几年，政府不断出台有关支持农民专业合作社发展的政策，我们村种草莓的农户在当地政府的支持下自发成立了乳山市新自然草莓专业合作社。政府也出台了一系列鼓励和扶持超市进行农超对接的政策，超市对以前的不合理的霸王条款不断进行修正，也愿意与我们合作社进行合作，开始重视对我们合作社和农户讲信用，只要我们按超市的要求做，超市都能基于订单长期包销我们的草莓，降低了我们草莓种植农户的生产风险。政府的政策支持和有效监管给了超市、合作社和农户合作的信心，我们的草莓种植农户每年都有万元以上的收入，而且我们合作社的草莓已成为当地的特色品牌，合作社成为乳山市草莓主要采摘基地之一，各地游客慕名而来，采摘也成为我们收入的主要来源。"

蒙牛区域负责人透露："对于奶粉企业进行供应链的构建与优化，政府都会以资金补贴和政策导向等形式来表示支持。2013年发改委基于转变农牧业经济增长方式和保障国内市场有质量的奶源供给，拨给蒙牛企业5700多万元的政府扶持资金，不仅支持蒙牛乳业建设优质牧场和提升标准化规模养殖水平，而且也加强了国家对国内优质奶源的掌控，推动了我国奶业健康稳定的发展。"

4.5　结论与讨论

本部分在多学科领域专家学者对农产品供应链关系和信任的文献研究的基础上通过课题组的田野访谈调查研究进一步明确，存在诸多原子式种植户的我国农产品供应链基本是由不同类型的核心企业（依据当前我国农产品供应链的实践，主要包括农产品加工企业、批发市场、连锁超市、第三方物流企业、农民专业合作社和电商企业等）组织和领导的，它是由农资供应商、农产品生产者、加工企业、经销商和消费者等诸多环节连接起来的垂直形态的网络组织系统。我国农产品供应链这样分散、庞杂、开放的系统要有序、有效的运作，必须要充分认识到厘清其错综复杂的关系和正确处理好农产品供应链运营过程中的利益相关者之间的关系的重要性，而厘清和处理好其错综复杂的利益相关者关系的本质就是建立农产品供应链核心企业与各合作主体间的信任，农产品供应链实质就是信任链，把农产品供应链每个环节的信任贯穿衔接起来就组成了整个农产品供应链的竞争力。

4.5.1　明晰我国农产品供应链关系和信任的内涵

1. 我国农产品供应链关系内涵的阐释和界定

基于国内外多学科领域学者对农产品供应链主体间关系内涵与特征的阐释，结合课题组实地调查结果总结，本研究对我国农产品供应链关系内涵的理解如下。

农产品供应链是一种位于市场和企业之间的中间性质组织，它是由核心企业与上下游的拥有独立产权的主体为了实现一定战略目标以显性经济合同和隐性社会信任相衔接的一种虚实结合方式进行比较稳定交换的自组性组织。它是由核心企业和与其相辅相成和相互作用的各合作主体的子系统自发组成的一个有机整体，特别强调核心企业与合作主体间发展长期和彼此高度信任的互动合作，以保证农产品供应链系统自组地进行有序和有效的运作与发展。农产品供应链主体间是资源禀赋的互补性联结，这种资源禀赋上的差异致使农产品供应链上的合作主体各自拥有不同的比较优势，其中核心企业的比较优势可能表现为拥有特别的技术以及在市场或行业中有较大的影响力，也可能体现为核心企业具有较强的品牌优势以及拥有较高的市场占有率。农产品供应链上的合作主体间的这种比较优势，使农产品供应链系统能够产生价值增值。农产品供应链组织以及农产品供应链参与主体的经济行为是嵌入在当下具体的社会网络中的，农产品供应链参与主体间通过交换形成的关系性嵌入和参与主体所构成的关系网络与外部经济社会环境因素相关联形成结构性嵌入和社会性嵌入，这种嵌入性意味着农产品供应链的核心企业与合作主体间除了两者之间关联外还存在着第三方关联，它们之间互相联系形成了一个庞大的社会网络。嵌入性不仅能促进农产品供应链核心企业与合作主体间的协调和优化整合，还能发挥社会声誉机制，保障农产品供应链规范有序运行，不断地提升农产品供应链整体竞争力。

总而言之，我国农产品供应链关系主要体现于基于不同类型核心企业主导的与其上下游节点主体合作的一种垂直关系网络当中，是核心企业通过与其上下游具有产权独立的各主体建立优势互补和彼此信任的共享机制进行跨越组织的合作途径，以期通过实现帕累托最优获取长期超额利润而建构的社会连接。而在其中，一方面，由于我国农产品供应链上游生产者基本都是分散的原子式个体小户，他们难以与核心企业直接对接，往往是通过以血缘、情缘和地缘为纽带的农村经纪人、合作社等中介组织等熟人或当地政府搭桥与核心企业进行对接联系。原子式农户与核心企业之间是基于弱连接建立起联系的，这种弱连接使核心企业基于契约合同将农产品从种植到加工和销售的各个参与主体联系起来，建立了农产品供应链内部基本的合作框架，设定了交易各方的责权利和风险应对机制，确定了各相关主体在价值创造过程中的基本角色，形成农产品供应链内部结构性社会资本，能够减少供应链内部交易成本，避免交易各方将资源投入非生产性领域，从而有利于集体创造"合作剩余"。这种弱连接也使原子式农户冲出了血缘、地缘的篱笆，获得了更大的社会网络，在更广泛的范围获取社会资源和信息，从而拓展了农产品的销售渠道和产业发展空间，推动了农村经济的发展。另一方面，在农产品供应链的核心企业与其合作主体履行契约合同反复进行商品交换的基础上，农产品供应链核心企业与其合作主体间在供应链组织内部通过积极的信息与情感的互动以及共同行动产生了更深层次的理解和共识，核心企业与原子式农户等合作主体之间在农产品供应链内部建立起了强连接。这种基于长期频繁社会互动而建立的强连接有利于形成农产品供应链内部认知性社会资本，从而降低合作各方对契约合同的依赖度，减少合作各方的缔约投入，能更高程度地在整个农产品供应链网络中进行资源的共享和合作创新，提升了农产品供应链的"弹性专精"能力，从而极大地提升了农产品供应链的运作效率和合作效益。但这种供应链内部强连接也可能因路径依赖等导致自我锁定，排斥新创新资源的进入，降低对机会的敏感度。另外，作为第三方关联的政府积极介入，有助于通过声誉机制保障农产品供应链规范、有序和有效运行，而且政府作为农产品供应链的重要参与主体将各主体有效加以聚合，其行为能够进一步充实供应链的内部柔性和社会资本，也能够有效提升农产品供应链当前绩效和成长性。

因此，我国农产品供应链核心企业与合作主体间的交换不仅是一种基于契约合同的经济交换关系，还是一种基于情感和互动的社会交换关系。农产品供应链合作效益是经济交换关系和社会交换关系共同作用的结果。另外，核心企业和政府均发挥了极为重要作用，其中核心企业作为农产品供应链经济交换关系的"中心契约人"和社会交换关系的"发动机"，直接决定着农产品供应链的绩效和成长性，而政府不仅能为农产品供应链有效和稳定运行营造良好的发展环境，还能充实农产品供应链的内部柔性和社会资本，有助于提升农产品供应链整体运转效率并提高农产品供应链的绩效。

2. 我国农产品供应链信任内涵的阐释和界定

基于国内外多学科领域学者对信任概念、信任的对象、信任的来源、信任的程度和信任的发展阶段的不同的阐释观点以及课题组实地调查结果总结，本研究对我国农产品供应链信任内涵的理解如下。

基于心理学家的观点，我国农产品供应链信任是核心企业与节点主体在存在不确定性风险的条件下一方预期对方采取合作行为的心理期待以及相应行动，是在面对风险时对可依赖对象的一种非理性的预期行为，信任与不确定性、脆弱性以及互相依赖等特点相关联。基于经济学家的观点，我国农产品供应链信任产生的前提是能否充分掌握对方动机和能力的信息且其预期利益大于预期损失。信任是一种能够减少交易成本及提升交易效率的基于盘算的理性行为，为农产品供应链提供基本的合作框架，可以减少竞争合作态度的模糊性，全力集聚各主体所拥有的互补性资源与能力共同创造农产品供应链整体价值。基于社会学家的观点，我国农产品供应链信任是社会制度以及道德规范的产物，是核心企业与节点主体之间在社会互动中形成的一种人际与制度的态度或评价，这种以主体间频繁互动为基础的深度社会性交互形成的态度或评价，能够促成各合作主体遵守共同拥有的价值和行为规范，简化社会交往的复杂性，减少监督成本和惩罚成本。基于管理学家的观点，我国农产品供应链信任是链上的交易主体相信对方具有崇高的境界以及良好的意图，强化供应链的柔性度，并成为农产品供应链内部监控机制的替代品，是一种能减少交易双方在交换中的机会主义行为并促进交易双方建立长期合作关系的治理机制，能够提高农产品供应链的凝聚力和协同力。因此，农产品供应链信任不能只从纯经济学完全理性经济人的角度去解释，也不是超越自身利益算计的无原则盲目信任。一方面，人具有损人利己的机会主义动机，但也具有诚实和信守诺言的品性，由此，在交易双方都具备诚实守信品格、责任感、互惠性和约束性等条件下的信任也可以内化为一种天性；另一方面，人有损人利己的动机，安排正式的防范机制来保证当事人诚实履约比背叛违约更能获得利益，尽管防范控制能够抑制机会主义行为，但也可能导致激起为对付防范控制选择机会主义行为而采用更加高级别的防范机制，出现这种情形双方都需要大量资源投入，最终会导致扭曲资源配置。

总而言之，我国农产品供应链信任是核心企业与农户等合作主体在面向未来的不确定性风险时所表现出的彼此间都相信对方具有履行契约与承诺的诚意、能力和善意，而且彼此间都有相信任何一方都不可能有利用对方的弱点来进行机会主义行为以谋取自身短期利益最优的信心。而在其中，一方面，鉴于存在诸多原子式种养殖农户的我国农产品供应链的特点，生活在农村熟人社会网络中的农产品供应链上游生产环节的农户，是基于帮助搭建与核心企业进行对接的且与他们有血缘、情缘和地缘等关系的农村经纪人、农村中间合作组织及当地政府等熟人的人格诚信而相信与之合作的核心企业的，这种凭着感性直觉的人际交往的情感判断与评价以及传承于历史的熟人间交往的规则和价值取向对农产品供应链合作主体间的交易行为有强烈的影响，尤其是那种基于农产品供应链运营过程中各主体的工作人员之间长期建立发展的互利互信的人际认同还会逐渐发展为有利于农产品供应链合作主体间形成价值的认知，最终以价值理念和制度规范形式存在于农产品供应链组织中，更深刻地制约着农产品供应链各主体的行为，使得农产品供应链合作主体中的任何一方的背信弃义，不仅会受到乡间邻里闲言闲语群体压力的惩罚，使之丧失关系网（关系网是我国乡村社会中的社会资本），而且还会按照有关组织制度规范受到应有的惩罚，从而更有效地减少机会主义行为、降低交易成本、提高合作效率。而我国政府支持与积极介入农产品供应链，不仅能够营造出农产品供应链稳定的运行环境，还有助于强化各主体履约信心，明确合作方向，并且能将各主体有效加以聚合，有效提升农产品供应链的整体竞争力和农产品供应链合作绩效。另一方面，鉴于我国农产品供应链核心企业与节点合作伙伴之间的交换关系建立与发展的方向，他们基本都是由基于契约合同的单一经济嵌入，逐步向通过建立多元内部互通网络推动共享与合作创新的基于能力和善意的复杂社会嵌入进行层次升级的递进规律演进的，从通过正式契约治理机制来确保能集聚各主体所拥有的互补性资源连接形成价值共创体，逐步发展到能预测到对方的行为乃至能站在对方的立场上理解彼此的需要而推进农产品供应链内部信息、技术、知识转移和提升资源共享效率的内生关系治理机制。在我国农产品供应链的实践中，农产品供应链中的农户等合作伙伴对核心企业的信任主要来自核心企业契约条款的制定以及其履约能力，相信在不确定的运营环境中核心企业有能力履行契约并且能够构筑和领导当前的农产品供应链获得长期超常收益，而农产品供应链中的核心企业则更多地相信农户等合伙伙伴能守信履约，不会脱离当前农产品供应链合作轨迹或损害农产品供应链的整体利益。目前我国乡村的总体信任水平还比较低，绝大多数农产品供应链信任基本都停留在基于契约或能力的前两阶段，但也有在某些环节和某阶段中有来自熟人之间的握手合同的善意信任。

　　因此，我国农产品供应链信任是包括多维度的高阶构面，鉴于我国农产品供应链信任的建立与发展是孕育于农产品供应链产生、发展和成熟的成长演化过程中的，我们可以把我国农产品供应链信任描述为沿着"契约信任、能力信任和善意信任"三个维度呈递升演进且不断得到强化，我国农产品供应链核心企业与各合作主体成员之间的人际信任以及各合作主体对政府的信任能共同推动农产品供应链组织信任的建立与发展，而且这三个构面又相互作用，不断提升我国农产品供应链协同信任的程度，多维度的高阶构面的信任对农产品供应链当前绩效和成长性具有重要的作用。

4.5.2　明确我国农产品供应链关系和信任的影响因素

本研究基于国内外专家学者对于关系和信任维度文献研究的思想观点，根据我国农产品供应链参与主体的四个关键特征机制，通过田野调查证实，进一步推导明确了影响我国农产品供应链信任关系形成的重要因素，如图4-5所示。本部分影响因素提炼综合了既有文献和田野调查结果，进一步夯实特定影响因素在农产品供应链中的重要性。

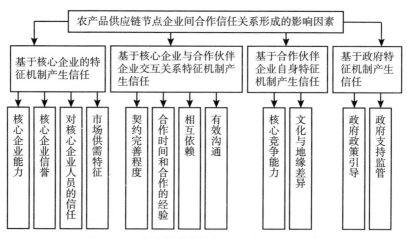

图4-5　农产品供应链关系和信任影响因素

4.5.3 建构关系和信任导向下的我国农产品供应链成长理论分析框架

本部分研究综合经济学和社会学分析范式，在回顾梳理的交易成本经济学理论、社会交换理论、社会网络理论、社会资本理论、关系契约理论、关系营销理论、博弈理论和合作信任理论等多种理论以及国内外专家学者的相关文献观点的基础上，结合课题组的田野实地调查和访谈研究结果，可以建构起一个理论分析框架。我们认为："交换关系"是农产品供应链各参与主体产生利益连接的基本前提，商业经济/社会政治二重环境下交换关系分为经济交换关系和社会交换关系两个维度，经济交换关系以契约为基础，作为"硬约束"使参与主体明确自身在农产品供应链价值创造过程中的角色、权力和责任；社会交换关系则形成于经济交换基础上的互动和认识深化，作为对参与各主体的"软约束"和农产品供应链的"润滑剂"，社会交换关系提升了农产品供应链的"弹性专精"能力，且存在自我演化特征和锁定风险。农产品供应链获得的超额收益是经济交换关系和社会交换关系共同作用的结果。信任是农产品供应链关系的重要内容，按信任的来源分包括基于契约的信任、基于能力的信任和基于善意的信任三个维度，这三种信任孕育于农产品供应链产生、发展和成熟的演进强化的规律变化中；按信任对象分包括人际信任、组织信任和政府信任，三个构面相互作用共同提升供应链协同信任的建立与发展。信任是农产品供应链各主体作为整体创造价值和参与市场竞争的关键资产，是农产品供应链减少内部交易成本和增加动态柔性能力的基础。农产品供应链关系和信任的建立和发展是与核心企业特征机制、核心企业与合作伙伴交互特征机制、合作伙伴自身特征机制和政府行为等关键因素密切相关的。我国农产品供应链权力分配不均衡的基本特点意味着核心企业在其中发挥着极为重要的作用，核心企业作为经济交换关系的"中心契约人"和社会交换关系的"发动机"，直接决定着农产品供应链的发展绩效和成长性。影响我国农产品供应链运营发展的外部环境系统主要指农产品供应链的市场竞争环境与外部社会政治环境，本研究重点关注农产品供应链内部系统，对外部系统将主要考虑政府的作用与影响。由于我国农产品供应链中的生产环节农户非常

117

薄弱、核心企业实力不强以及农产品具有国家安全的特性，也使得政府在我国农产品供应链中发挥着极为重要的作用，政府要为农产品供应链有效和稳定运行营造良好的发展环境，同时政府也成为农产品供应链整体竞争力的组成部分，政府与农产品供应链各主体之间的关系和信任也成为决定农产品供应链整体运转质量的重要因素，特别是随着区域间竞争的加剧以及人们生活水平提升而彰显的对农产品质量和品牌的日渐关注，政府作为农产品供应链的重要参与主体，其行为能够进一步充实供应链内部柔性和社会资本，将各主体有效加以聚合，从而有效提升区域农产品供应链的整体竞争力。基于此，我们绘制了关系和信任下的农产品供应链成长理论分析框架，如图4-6所示。基于关系和信任的农产品供应链成长机理分析我们将通过截面数据和动态博弈等数据方法进一步进行揭示。

根据该部分研究能够为我国农产品供应链建设提供部分启示：

本部分研究基于多学科领域专家学者对农产品供应链关系和信任的文献研究以及课题组的田野访谈实地调查结果，总结归纳得出关系和信任导向下的我国农产品供应链的重要特点以及我国农产品供应链关系和信任的内涵及其作用机制。

第一，存在诸多原子式种植户的我国农产品供应链基本是由加工企业、批发市场、连锁超市、第三方物流企业、农民专业合作社和电商企业等不同类型的核心企业组织和领导的，是由农资供应商、农产品生产者、加工企业、经销商和消费者等诸多环节连接起来的垂直形态的网络组织系统。我国农产品供应链这样分散、庞杂、开放的系统要有序和有效的运作，必须要充分认识到厘清其错综复杂关系和正确处理好农产品供应链运营过程中的利益相关者之间关系的重要性，而厘清和处理好其错综复杂的利益相关者关系的本质就是建立农产品供应链核心企业与各合作主体间的信任。农产品供应链实质就是信任链，把农产品供应链每个环节的信任贯穿衔接起来就组成了整个农产品供应链的竞争力。

第二，由于我国农产品供应链运作系统中的核心企业与各节点主体都是具有不同经济利益的实体，相互间存在着利益上的冲突，这种利益冲突常常会导致彼此间对抗行为的产生，无法有效整合和协调农产品供应链中的各项活动，因此，要使我国农产品供应链这样分散、庞杂、开放的系统有序和有效的运行的根本是厘清我国农产品供应链运营过程中

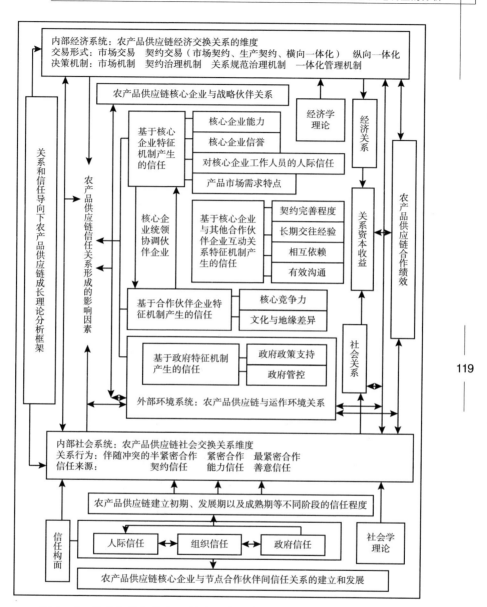

图 4-6　关系和信任导向下的我国农产品供应链成长理论分析框架

的利益相关者之间的关系以及建构农产品供应链核心企业与合作主体间彼此的信任。本研究在梳理既有文献的基础上通过实地访谈调查证实，农产品供应链关系和信任均是包括多维度的高阶构面，农产品供应链关系和信任的建立与发展则孕育于农产品供应链产生、发展和成熟的变化中。农产品供应链关系可分为经济交换关系和社会交换关系两个维度，经济交换关系集中在农产品供应链参与主体的商品和物质交换上，社会交换关系则涉及农产品供应链参与主体之间的情感互动等，农产品供应链获得的超额收益是经济交换关系和社会交换关系共同作用的结果。农产品供应链信任依据信任来源分包括契约信任、能力信任和善意信任三个维度，这三种信任是通过农产品供应链初期、成长期和成熟期的不同发展阶段呈递升演进得到强化的；农产品供应链信任依据信任对象分包括人际信任、组织信任和政府信任，多构面相互作用共同提升供应链协同信任的建立和发展。农产品供应链关系和信任的建立和发展与核心企业特征机制、核心企业与合作伙伴交互特征、合作伙伴自身特征机制和政府行为密切相关。一般来说，农产品供应链初期，农产品供应链核心企业与各节点主体之间多以契约合同的形式通过弱连接建立起经济交换关系，这种基于契约信任建立起来的经济交换关系，能够为农产品供应链价值创造规定基本合作框架和流程，能够为农产品供应链各参与主体规定其分工角色和调配利益程序，集聚各主体所拥有的互补性资源与能力共同创造农产品供应链整体价值，核心企业与合作主体之间是鉴于恐惧违约惩罚而形成的相互间信任。随着农产品供应链核心企业与合作主体履行契约合同持续进行经济交换，它们会在合作框架内展开长期频繁互动和认识，这将有助于核心企业与合作主体之间合作情感的培养，会催生继续合作的意愿和深度合作的动机。在此阶段，农产品供应链核心企业与合作主体之间更愿意信赖合作对方所拥有专业技能和知识以及履行契约义务的能力，乃至笃信合作对方不会利用己方的某种脆弱性而采取机会主义行为，减少了合作各方对缔约的依赖和对缔约的投入，为农产品供应链参与主体合作创造价值提供了协调机制和柔性合作机制。这种基于能力信任和善意信任通过强连接而建立和发展的高质量社会交换关系，能够对农产品供应链内部的结构性嵌合产生锁定效应，有利于快速整合农产品供应链内部资源形成共同竞争优势，提升农产品供应链的"弹性专精"能力，提高农产品供应链各参与主体对机会主义行为的自我约束和共同约束的能力，能最大化提升农产品供应链当前绩效和成长性。

第三，由于农产品供给市场非常脆弱以及我国农村独有的分田到户的土地政策，我国农产品供应链上游生产环节的生产者基本都是分散的原子式个体小户，我国农产品供应链具有极度的分散性和不稳定性，相对于其他产品供应链来说，核心企业在我国农产品供应链中具有极其重要的作用，几乎每条农产品供应链都需要核心企业来主导、协调和控制，目前主要包括加工企业、批发市场、连锁超市、第三方物流企业、农民专业合作社和电商企业等核心企业。农产品供应链竞争力在很大程度上取决于核心企业的影响力，核心企业必须在行业中具有相当的影响力和规模，能够优化整合和配置农产品供应链上的资源，承担起培育战略合作伙伴尤其是上游农产品生产者农户等主体能力的职责，具有良好的商业信誉，能协调农产品供应链上各方的关系，具有强大的信息技术支持能力，具备成为整条农产品供应链的信息交换中心和物流集散调度中心的能力。基于我国农产品供应链这种权力分配不均衡的基本特点，我国农产品供应链的核心企业是经济交换关系的"中心契约人"和社会交换关系的"发动机"，核心企业的实力、协调整合能力和影响力将直接决定着整个农产品供应链的竞争力，决定着农产品供应链的绩效和成长性。

第四，由于农业生产自身的脆弱性、"原子式"的农户能力薄弱、中间组织不成熟、核心企业规模小、农产品具有国家安全特性以及区域农产品供应链成长具有准公共产品性质等特点，农产品供应链各参与主体都非常需要政府机构在基础设施、资金、政策、制度和服务等方面提供支持。基于我国农产品供应链的这种特殊性，使得政府在其中发挥极为重要的作用，政府要为农产品供应链有效和稳定运行营造良好发展环境，而且政府积极参与到农产品供应链中，还能将各主体有效加以聚合，可以进一步充实供应链内部柔性和社会资本，提升农产品供应链整体运转效率，提高农产品供应链的绩效。

第五，农产品市场供需的稳定性特征直接影响农产品供应链核心企业与节点之间契约合作的建立与发展、核心企业与节点主体之间选择合作关系的紧密程度以及合作信任强度不同的契约合作关系形式。本研究通过梳理既有文献和实地访谈调查总结证实：农产品供应链主体间的交换关系主要包括市场交易关系、契约交易关系以及纵向一体化关系，其中契约交易关系依据交易一方对交易的另一方的控制强度和风险分担差异程度可分为市场契约、生产契约和横向一体化三种不同的契约交易关系形式。在农产品市场供应与需求都稳定的前提下，核心企业与节点之间常常会采用弱信任和疏离状态的市场交易关系或半强信任和半紧密状态的市场契约合作关系；在农产品市场供应与需求都不稳定的前提下，核心企业与节点之间一般会采用最强信任和最紧密状态的横向一体化契约合作关系或纵向一体化合作关系；在农产品市场供应不稳定与需求稳定的前提下，核心企业与节点之间往往会采用半强信任和半紧密状态的市场契约合作关系或采用强信任和紧密状态的生产契约合作关系以及横向一体化契约合作关系；当农产品市场供应稳定、需求不稳定的前提下，核心企业与节点之间往往会采用强信任和紧密状态的生产契约合作关系以及横向一体化契约合作关系。根据不同的农产品市场供应与需求的稳定性特征对农产品供应链进行划分，并提出相匹配的契约合作关系形式以及应对策略，能有效解决目前我国农产品供应链核心企业与节点主体之间难以正常衔接的问题，提高我国农产品供应链的运作效率和合作绩效。

第六，基于国内外专家学者对关系和信任文献研究的思想观点，根据我国农产品供应链参与主体的四个关键特征机制，通过课题组到田野调查证实，进一步推导明确了影响我国农产品供应链信任关系和信任的关键因素。农产品供应链关系和信任的建立和发展与核心企业特征机制、核心企业和合作伙伴交互特征、合作伙伴自身特征机制以及政府行为密切相关，基于核心企业特征机制的信任源包括核心企业核心能力、信誉、对核心企业人员的人际信任和农产品市场供需特点，基于核心企业和合作伙伴交互特征的信任源包括契约完整、长期的合作经验、专用性资产投资以及有效沟通等，基于合作伙伴自身特征机制的信任源包括合作伙伴自身能力、文化和地缘差异等，基于政府特征机制的信任源与政策引导和政府支持密切相关。本部分影响因素提炼综合了既有文献和田野调查结果，进一步夯实了特定影响因素在我国农产品供应链中的重要性。

本部分研究综合既有文献和田野访谈实地调查结果总结认为：农产品供应链作为一种农业多主体结合的中间性组织，具有多种模式，例如，依据当下我国农产品供应链实践，主要有加工企业主导、批发市场主导、连锁超市主导、第三方物流企业主导、农村专业合作组织主导、电商平台主导等不同农产品供应链模式。关系和信任视角下不同模式的农产品供应链成长既有其一般规律，也有其差异化的特征，厘清这种一般和特殊对指导不同模式下农产品供应链成长具有重要价值。本研究在全面诠释了本土情景下的我国农产品供应链关系和信任的内涵、维度、影响因素、核心企业和政府的角色与作用以及厘清关系和信任对农产品供应链作用机制的基础上，面对目前我国既有的加工企业、批发市场、连锁超市、第三方物流企业、农村专业合作组织和电商企业六种核心企业主导的不同供应链模式的关系和信任现状、特点以及运作难点问题，总结认为：关系和信任导向下的我国农产品供应链合作绩效的提升，不仅要通过构建的农产品供应链多主体间信任培育机制和农产品供应链多主体间关系培育机制的分析框架塑造的具有一般性农产品供应链成长长效机制来实现，更需要具体针对我国既有的加工企业、批发市场、连锁超市、第三方物流企业、农民专业合作社和电商企业六种核心企业主导的不同农产品供应链模式和业态的关系和信任的现状与特点以及结合关系和信任的作用机制进行异质性优化策略来实现，探索与之相匹配的关系和信任的培育机制和行之有效的发展对策，提高我国不同类型的核心企业主导的农产品供应链竞争力，提升我国农产品竞争力。

123

4.6　本章小结

本章基于国内外专家学者的文献观点并通过课题组深入农村田野对利益相关者的实地访谈总结，全面诠释了我国农产品供应链主体间关系和信任的内涵、维度和影响因素及政府角色地位。调查证实：我国农产品供应链交换关系兼有经济交换关系和社会交换关系两个维度。核心企业及政府在农产品供应链建设中均发挥重要作用。我国农产品供应链节点企业间的信任的持续发展沿"契约信任、能力信任和善意信任"三个维度呈递升演进并不断强化。人际信任、各主体对政府的信任、各主体间的组织信任多构面共同推进农产品供应链信任关系的建立和发展。农产品供应链关系和信任的建立与核心企业特征机制、核心企业与合作伙伴交互特征机制、合作伙伴自身特征机制和政府行为等关键因素密切相关。本章基于多种理论基础，综合经济学和社会学分析范式，建立了关系和信任下的农产品供应链成长理论分析框架。这些为后续研究提供了直接的理论与策略依据。

第5章 基于关系和信任的农产品供应链绩效实证研究

作为多主体合作创造价值的制度安排，关系和信任在农产品供应链成长过程中发挥重要作用。关系和信任能够有效确保各主体产生结构性和社会性嵌合，并充实供应链内部社会资本。由于供应链各主体的关系构建和信任产生过程具有复杂性，不同关系层次和信任来源对绩效存在差异化的作用机理。本章尝试基于"交换关系→信任→绩效"的路径，在提出相关假设的基础上进行实证研究，揭示不同关系来源和信任水平对农产品供应链绩效的影响，分析政府支持和竞争环境在其中的调节效应，并提出相关建议。

5.1 理论分析和研究假设

借鉴先前的论述，本部分将我国农产品供应链主体间的关系分为经济交换关系和社会交换关系。按照肖尔等（Shore et al.，2006）的分析，经济交换关系和社会交换关系存在四个方面的区别特征：信任水平、投资程度、长期/短期导向、对关系的重视程度。其中经济交换关系是指供应链主体间以经济获益为导向、以产品流动为纽带的交换。在经济交换中，供应链主体间或为价值增值合作伙伴，基于共同的经济利益对可能存在的机会主义行为形成约束，相互间的责权利由经济契约/合同明确界定。社会交换关系则类似主体间的心理契约安排，突出互谅互让的社会情感要素和长期关系。由于有限理性和不确定性的存在，正式契约无法事先对各种情况进行设计，因此供应链主体间会通过社会认知关系形成的连接关系调整自身的认知和行为。这种契约的履行无法依靠第三方机制进行约束，也缺少明晰的违约成本，但会通过触发契约主体的某些行为反应形成履约的约束力。

依照供应链主体间信任的来源和性质可将信任分为基于契约的信任、基于能力的信任和基于善意的信任（即契约信任、能力信任和善意信任）。其中契约信任是指契约/合同签订方之间基于违约惩罚形成的相互间的信任，由于违约方需要承担契约规定的显性代价，从而能够对其机会主义行为产生抑制作用。能力信任则是契约/合同签订方对合作伙伴有资源和能力确保本方权益的信任，强调合作方的专业技能和知识。作为对合作方能够履行责任的期待，能力信任往往是建立在对合理利益的理性判断基础之上的，一定程度上能够减少合作方相互间的信息搜集成本。善意信任则是合作伙伴间对对方不会利用本方的某种脆弱性而采取机会主义行为的信任，这种信任基于对合作方良好意图的判断，与友好和正直有关，善意关注合作者的动机和意图。与契约和能力信任相比，善意信任较少具有功利色彩。

经济交换关系带有明显的逐利特征和短期导向，交换主体间往往具有被契约/合同明确规定的义务和权利。契约信任直接建立在具有约束力的经济契约/合同基础上。当农产品供应链主体围绕农产品流动和价值增值等签订经济合同进而构建起经济关系后，由于合同签订方通过机会主义行为侵害合作方利益时将会受到契约规定内容的惩罚，"逐利性"的驱动能够减少签约方对合作伙伴道德风险和机会主义行为的顾虑，因此基于经济合同的约束力和可执行性会形成供应链主体间基于契约的信任。作为低度社会化的机制，经济契约/合同通过事先约定的方式尽可能地减少利益主体间互动的不确定性，有助于规避多主体参加的农产品供应链的内部关系风险，这在供应链各主体缺少相关信息的早期合作活动以及在权力非均衡配置的"龙头企业 + 农户"的农产品供应链体系中表现得尤为明显。契约/合同能够极大地减少因信息的相对匮乏导致的合作主体间的心理不安全感，"龙头企业 + 农户"模式中的农户处于分散的"原子式"状态，抗风险能力较差且与企业博弈中处于相对弱势地位。具有约束力的契约/合同能够为其提供最基本的利益保护机制，稳定农户对龙头企业行为的预期，从而使农户产生对龙头企业基于契约关系的信任。

因此我们假设：

H1：农产品供应链主体间的经济交换关系对其契约信任具有正向

影响。

农产品供应链各主体间的经济交换关系不仅有助于直接建立契约信任，而且有助于培育供应链内部基于能力的信任，这是通过供应链的内部专有资产投资以及"学习效应"和"创新效应"实现的。首先，经济交换关系确保了各主体任务性交互的基本内容和农产品供应链的基本结构，在这种结构下，各利益主体基于契约/合同的保护能够进行专有和专用性资产的投资。专用性资产投资不仅是确保农产品供应链顺畅运行的基本前提，还有利于投资主体基于这部分资产形成核心竞争力，从而有助于形成相互间基于能力的信任。不仅如此，具有异质性特征的专有资产还会通过路径依赖等特征对利益主体核心竞争力形成持续支撑，因此这种信任还会产生动态自强化趋势。其次，农产品供应链的整体成长带有集成性特点，相对明晰的经济交换关系有利于各利益主体在供应链内部的自我定位，通过专注于自身具有比较优势的领域产生"学习效应"，这种效应会推动资源的高效率利用，使契约中的合作方强化相互间的能力信任。最后，农产品供应链各主体间的经济契约对内部资源配置进行基本安排，规定了供应链内部正式化的互动机制，这种机制能够推动创新资源的有效流动，减少供应链内部的信息和资源冗余，使供应链整体创新租金最大化。这种租金在供应链内部的合理配置显然有助于各主体形成基于供应链整体的竞争优势，强化彼此间基于能力的信任。

因此我们假设：

H2：农产品供应链主体间的经济交换关系对其能力信任具有正向影响。

善意信任是合作伙伴对相互间良好意图的信任，不涉及完成某种目标的承诺。农产品供应链主体间签订有约束力的契约/合同能够通过信号释放和竞争筛选效应使合作方产生基于善意性的信任，这在权力非均衡配置的农产品供应链中有明显体现。在签约权自由的前提下，权力相对强势的利益主体（如"龙头企业+农户"中的龙头企业）通过签订有约束力的经济契约能够向合作者传递出"自我约束"的信号，既表达了自身不会利用强势市场位势恶意侵占合作者利益，也传递出能够向弱势方提供利益保护和补偿机制的承诺。同时，在既有农产品市场竞争较为充分的格局下，品牌农产品企业或关键渠道商等权力相对强势的农产品供应链利益主体往往也具有较大的选择合作方的权利，这种背景下强势利益主体和某些特定弱势方共同构建经济合作关系本身也能够部分体现出合作的诚意。不仅如此，农产品供应链各主体在经济契约的保障下均能够进行专用性资产的投资，这种投入所具有的较大的退出成本能够向合作者释放出善意的信号，表现出合作方共同创造价值的意愿。

因此我们假设：

H3：农产品供应链主体间的经济交换关系对其善意信任具有正向影响。

由于农产品供应链契约/合同签订方均具有有限理性特征，不可能将所有问题事先预期到并将其处理方式写进合同，因此会留下巨大的待协商空间。换言之，不完备的合同在将交易主体连接在一起的同时也将不可预料的随机事件和有可能发生的机会主义行为空间交给事后的再协商机制处理，这其中也意味着农产品供应链主体之间必须通过包括信息交换和情感交流在内的社会交换关系协调自身的行为。以柔性为特征的社会交换关系能够与相对刚性的契约关系形成互补，随着信息和情感交流的深入，农产品供应链各主体间会对合作伙伴履行契约义务产生信赖。首先，社会交换关系的深入发展会在主体间形成基于互动的社会资本，这种社会资本会减少相互间的交易成本并在供应链整体层面上形成竞争优势，当契约/合同签订一方出现故意违约和机会主义行为时，其不仅要接受合同事先约定的惩罚内容，还将承担社会资本损耗带来的成本，由于社会资本积累带有一定的不可修复性，这会强化对供应链主体违约行为的约束。其次，农产品供应链成长是多主体合作创造价值的过程。随着价值创造过程中不确定性的增加和供应链创新复杂度的提升，供应链各主体之间需要在结构性嵌合基础上增加行为互动，以便对复杂多变的关键市场信息做出快速反应。农产品供应链各经济主体间的契约一定程度上确保了主体间结构性嵌合，但仍需要通过社会交换关系增强行为互动。这种互动不仅能够协助实现农产品供应链各主体任务接口的有效对接，也能够将互补性资产整合到价值创新环节中。因此，农产品供应链各主体间有效的社会交换关系能够在行为层面充实和强化契约/合同确定的基本合作框架。在相互沟通和交流中签约各方的合作行为会变得"透明化"，形成相互间的监督，不断强化各主体间对合作方履约的信心。最后，农产品供应链各主体签订经济契约的出发点是通过合作

127

行为增加供应链整体产出并实现共赢的结果。供应链合作能够为参与者带来规模经济优势、风险规避优势、成本节约优势和协同创新优势等，其获取需要主体间的社会化互动和交流。当一方因违约退出供应链时，这部分红利将减少或消失，在逐利动机驱使下，供应链各主体间将强化契约信任，从而将供应链内资源聚焦到价值创造环节中。

因此我们假设：

H4：农产品供应链主体间的社会交换关系对其契约信任具有正向影响。

农产品供应链主体间的能力信任是建立在合作方有能力完成预期目标的基础上的。各主体间社会性交互有利于提升供应链个体的专门化能力和供应链整体的战略柔性，因此有利于供应链内部基于能力信任的培育。作为非正式化的交互活动，各主体间的社会性交换为知识转移和创新涌现提供机会。由于农产品供应链成长所需要的资源分散于各主体间，多主体互动在价值创造特别是联动创新中尤为重要。首先，参照亨德森和克拉克（Henderson and Clark，1990）的划分，供应链知识可分为成分知识（component knowledge）和架构知识（architectural knowledge）。前者是指各组成部分的专门化知识，如产品的特定生产环节；后者以主体互动为基础，是指供应链作为系统结构和协调各成分知识所需要的程式，具有供应链的专有性。对于农产品供应链各主体而言，频繁的互动能够推动默会性知识的转移，使得各主体对供应链有"全景式"的认知并明确自身在供应链内部的角色定位。这既有利于供应链整体"弹性专精"能力的培育，也有利于各主体自身的成分知识的培育。特别是在知识分布较为不均衡的农产品供应链内部，这种互动更有利于特定主体学习能力的培育和成分知识的扩充（例如在"龙头企业＋农户"的合作模式中龙头企业指导农户高效种植），从而提升各主体的创新潜能和专门化能力，强化供应链内合作伙伴相互间基于能力的信任。其次，农产品供应链各主体间的社会性交互有利于各主体明晰自身现状与供应链发展目标之间的战略缺口，从而为其平衡探索式学习和利用式学习之间的关系提供支持。对于存在核心企业的农产品供应链而言，这种互动还有利于核心企业厘清供应链关键资源的储备和配置，进而为获取新资源提供方向，有利于增强合作者之间的能力和相互间基于能力的信任。最后，农产品供应链多主体间的互动能够为通过偶发式创新充实主体知识基础提供帮助。供应链各主体聚焦于不同的价值分工但又致力于共同目标实现，这种状态下频繁的互动能够催生知识碰撞和意外解决问题的办法，有助于培育供应链整体创新氛围，从而对主体创新能力带来显著改善。

因此我们假设：

H5：农产品供应链主体间的社会交换关系对其能力信任具有正向影响。

合作方之间的善意信任意味着较少关注自身权益，体现出不以自我为中心。布劳（2008）指出，社会交换关系要求相信合作者会得到回报，其初始问题是证明自身值得信任，即建立交换关系意味着对另一方的责任投入。农产品供应链主体间的社会交换关系需要建立在互惠基础上，这种互惠有助于供应链合作方感知到并相信彼此的善意，从而推动合作的持续发展。首先，农产品供应链主体间的信息交互有利于默会知识的流动、共享和集成，进而促进各主体竞争优势和协同创新等的提升，即各主体均可能从中获取净收益，体现出互惠发展的格局。根据互惠原则，合作者之间交往报酬的增加能够促使其进一步以互惠义务支配后续的交换关系，因此这种社会性交互能够持续传达出合作者之间的善意。其次，由信息不对称等导致的不确定行为是引发合作主体猜测和不信任的重要原因。社会性交互带来的全面信息共享能够弥补供应链内部各主体间信息不对称的格局，使合作各方能够按照供应链整体目标调整自身的行为，减少合作各方不确定行为出现的概率。再次，农产品供应链主体间的情感交互能够直接充实组织内社会资本，增加供应链各主体在合作过程中的心理安全感，并有助于形成供应链整体层面上的价值观和行为准则。共享价值观则有利于进一步拉近相互间认知和情感距离，直接积累供应链内部的善意性信任。最后，当供应链主体采取信息共享等方式与其他主体进行合作时，有可能随之将自身弱点暴露而陷入不利。因此特定主体主动进行社会性交互可以向合作方传递出某种善意的信号，而内部良好的社会性互动则可通过"相互暴露"的方式进一步发展出友谊机会，减少对合作方产生机会主义行为的担忧，相信合作方出于关心和友好目的开展合作活动。

因此我们假设：

H6：农产品供应链主体间的社会交换关系对其善意信任具有正向

129

影响。

由于农产品供应链是多主体合作博弈产物，存在非帕累托改进，即某主体福利增长或以其他主体福利降低为代价，很难找到客观指标衡量整个供应链竞争力；另外，从时间维度看，供应链竞争力至少存在"当前"和"未来"两个指向，因此我们将供应链竞争力分解为当前绩效和未来成长性两个维度。农产品供应链绩效增长是多主体交互作用的结果，这既需要各主体动态能力的持续攀升，也需要充分释放各主体交互产生的能力放大效应。作为"中间性组织"的表现形式之一，供应链主体通过结构性嵌合和社会性嵌合共同创造价值，产生"1+1>2"的效果。基于契约的信任则提供了基本的合作框架，规定了各自的分工角色和利益调整程序，有利于各主体间产生结构性嵌合。这种嵌合确保了农产品供应链具有基本的资源动员和整合能力，集成各主体所具有的互补性资源和能力共同致力于供应链整体价值创造。对于农产品供应链各合作主体而言，基于契约信任产生的结构性嵌合还具有刚性特征，特定主体产生违约行为将受到契约规定内容的惩罚，在基于契约信任的驱动下，各主体能够向供应链提供专有和专用性资产并聚焦于自身价值创造环节，从而提高供应链整体业绩。不仅如此，相互结构性嵌合也能够创造彼此跨界面的学习空间，在供应链内部创造出"干中学"效应，推动隐性知识在各主体间的迅捷交换和快速共享，针对复杂多变的市场需求做出反应，从而提升供应链的成长性。

因此我们假设：

H7：农产品供应链主体间的契约信任对其当前绩效（H7a）和成长性（H7b）具有正向影响。

能力信任和善意信任为农产品供应链柔性能力和社会性嵌合提供了保障。首先，农产品供应链当前绩效和成长性均取决于供应链获取和整合知识的能力，这种能力的生成与供应链内部较少的交易成本等密切相关。基于能力和善意的信任能够大幅度减少供应链内部的交易成本，减少合作伙伴间对彼此产生机会主义行为的顾虑，从而避免将供应链各主体资源投向无效环节。换言之，基于能力和善意的信任提供了供应链内部监控机制的替代品，对供应链内部的结构性嵌合产生锁定效应，从而提升供应链内部知识转移和资源共享效率。基于能力和善意信任能够在契约产生的基本合作框架的基础上进一步充实合作内容，而这种深度合作不仅能够通过减少内部摩擦和对市场快速反应等方式优化当前绩效，而且能够通过知识积累等方式提升供应链整体成长性。其次，各主体间的能力信任和善意信任能够强化供应链的柔性度，使其在应对复杂竞争环境时更具有弹性。从学习能力看，柔性组织既能够提供接纳新知识所需要的冗余资源，也能够促使组织保持有学习张力，从而识别潜在的发展机会，不如仅此，正如甘恩和萨尔特（Gann and Salter，2000）的案例分析所揭示，网络参与者的连接方式并不止商业合同，网络嵌合体系中各合作主体间还能够通过社会性交互集成知道是怎样做的知识（know-how）和知道是谁的知识（know-who）（隐性知识）等知识。这种以能力和善意信任为基础的深度社会性交互有利于将交互式记忆系统从组织内部拓展到组织间，使供应链整体保持"弹性专精"。最后，农产品供应链主体间的能力信任和善意信任有利于在供应链整体层面上取得平衡，而这种平衡能够同时惠及供应链当前绩效和未来发展前景。一方面，能力和善意信任推动的高频率互动能够增加各主体对供应链整体的认知，明确供应链发展目标和既有资源之间的战略缺口以及供应链内部现有资源的配置，准确识别出供应链发展的薄弱环节，从而在供应链整体层面补齐自身短板并进行有针对性的学习。另一方面，由于各主体在供应链中存在差异化的分工和认知方式，能力和善意信任推动的知识交流有利于不同主体碰撞产生意外想法，从而充实供应链的创新源泉。

因此我们假设：

H8：农产品供应链主体间的能力信任对其当前绩效（H8a）和成长性（H8b）具有正向影响。

H9：农产品供应链主体间的善意信任对其当前绩效（H9a）和成长性（H9b）具有正向影响。

供应链当前绩效是各主体合作创造价值的直接体现。经济交换关系能够通过农产品供应链参与主体的趋利性形成直接激励。这种经济交换关系确定了农产品供应链内部任务性交互的基本内容和价值创造的基本流程，使各成员的互动变得有序化。对作为理性主体的农产品供应链参与者而言，其会依据自身的投入和价值分享进行成本—收益权衡。当发生经济交换关系时，意味着签约各方均能够分享供应链价值增值，这部分增值综合来源于规模和范围经济、风险规避、共享基础资源和合作营销等，这些因素均有助于提升供应链的当前绩效。特别是存在核心企业的农产品供应链，核心企业的主导作用使供应链内部经济交换关系更为清晰化，核心企业会利用自身中心签约人的地位强化经济活动的目的性，即依靠与其他参与者的经济交换手段优化供应链的当前绩效。

因此我们假设：

H10：农产品供应链主体间的经济交换关系对供应链当前绩效具有正向影响。

供应链成长性体现了各主体合作创新的潜能，这与各主体间的社会交换关系密切相关。社会性交互将农产品供应链内部分散的各主体聚合到整体价值创造流程中，有利于培育供应链内部的创新氛围和战略柔性。社会性交互疏通了供应链内部知识特别是隐性知识的交流通道，使各主体间隐性知识的创造和交换更为便捷和高效，从而建立起竞争优势的隔绝机制。不同主体间基于社会性交互的联动机制还有利于克服自身处于价值创造特定环节导致对产品和市场判断不全面的弊端，使各主体能够充分了解供应链整体运行态势。这对增强供应链发展潜能具有重要价值。

因此我们假设：

H11：农产品供应链主体间的社会交换关系对供应链成长性具有正向影响。

作为涉农多主体合作创造价值的形式，农产品供应链的发展在一定程度上需要政府发挥积极作用。首先，尽管存在包括契约和社会资本等在内的多重约束，但仍存在部分主体败德行为的空间，特别是在"核心企业＋农户"的合作方式下，由于农户缺少与核心企业进行博弈的集体行动机制，政府发挥积极作用可以增加核心企业机会主义行为的成本，降低其采取败德行为的意愿。其次，对于部分区域而言，农产品供应链的培育具有外部性，往往与打造区域农产品整体品牌相契合。换言之，部分农产品供应链品牌建设不仅是参与主体的经济行为，还有可能拓展为区域性的社会行为，这需要作为社会事务管理者的政府发挥积极作用，共同推动区域农产品品牌建设。再次，农产品供应链的出现使得农产品竞争呈现出集群竞争的特点，甚至表现出区域间农产品质量和品牌的综合竞争。政府的积极介入有利于减少农产品供应链组建和运行过程中各主体的搜寻和交易成本，形成整合资源的时间优势，从而在竞争力方面取得先机。最后，政府的积极介入能够发挥其自身声誉机制的作用，强化契约信任、能力信任和善意信任对供应链主体行为倾向的作用，使三种信任在农产品供应链当前绩效和未来成长中发挥更大作用。

因此我们假设：

H12：政府扶持能够对三种信任对供应链当前绩效的影响产生调节作用，强化三种信任对供应链当前绩效的作用。

H13：政府扶持能够对三种信任对供应链成长性产生调节作用，强化三种信任对供应链成长性的作用。

竞争环境的影响体现在环境的动态性和敌对性等方面。农产品供应链环境动态性如农业技术进步以及消费者需求变化等，敌对性则体现在竞争和替代力量强弱等方面。动态敌对的竞争环境会强化信任的影响，使农产品供应链各主体围绕核心价值创造者形成共同行动者。在复杂多变的环境下，农产品供应链各主体会强化基于契约的信任，减少供应链内部由无序向有序过渡的时间，并进一步通过能力信任和善意信任加快对不确定环境因素的反应速度，即通过相互间的信任强化资源链接和应对环境的柔性能力，进而有利于优化供应链的当前绩效和成长空间。

因此我们假设：

H14：竞争环境能够对三种信任对供应链当前绩效的影响产生调节作用，强化三种信任对供应链当前绩效的作用。

H15：竞争环境能够对三种信任对供应链成长性产生调节作用，强化三种信任对供应链成长性的作用。

综上所述，本研究提出如图 5 - 1 所示的假设框架。

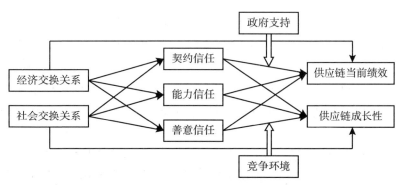

图 5 - 1　研究假设框架

133

5.2 数据收集和变量测量

5.2.1 问卷收集

本研究以农产品供应链参加主体为调研对象，问卷发放在山东省各地市展开，在正式调研之前我们在济南市选择部分农产品供应链参与主体进行了预调查，并通过反馈意见对部分测项的表述进行了修正。正式调查面向 350 个农产品供应链参与主体进行，课题组首先针对超市、批发市场、加工企业、物流企业、电商企业和合作社等农产品供应链核心主体进行问卷调查，并了解核心企业的合作企业和合作农户，进而随机选取合作企业和农户进行调查，并承诺对回答内容保密。正式调查历时 8 个月，收回问卷 321 份，删除缺失过多、自相矛盾和回答呈规律性的无效问卷后共获得有效问卷 287 份，占总发出问卷的 82%。在有效问卷中，主体性质为企业和农户的分别占 36.93% 和 63.07%，涵盖农产品供应链企业分企业、企业与农户的关系，有效问卷中各主体参加农产品供应链的时间在 3 年以下、3～5 年和 5 年以上的分别占 20.21%、33.45% 和 46.34%。

5.2.2 变量测量

本部分需要测量的变量包括农产品供应链关系、信任、绩效以及政府支持和竞争环境等。其中农产品供应链关系的测量借鉴了艾伦等（Allen et al.，2003）的相关研究，将关系分为经济交换关系和社会交换关系两维度共 8 个测项。探索性因子分析表明，8 个测项中的经济交换关系测项分别为"我在合作中的付出和我期望得到的奖励和报酬有关""我特别关注合作带来的当前经济收益""我和供应链合作伙伴之间是纯粹的经济关系""我参加供应链合作的动力就是经济回报"；社会交换关系测项分别为"我对合作伙伴有较大的认同感""合作有利于我的中长期发展""我认为现在的努力将来会从合作者那里得到回报""我愿意为无偿为合作伙伴提供某些便利"。8 个测项较好地附着在两个

因子上，累计方差解释量为 66. 55%。农产品供应链关系信任测项借鉴
了尹明和赵正松（Yin and Zhao, 2006）等研究，其按信任来源分为契
约信任、能力信任和善意信任三个维度共 12 个测项。契约信任测项分
别为"合作内容存在合同约定""合作的收益和责任存在合同约定"
"应对意外事件的处理方法存在合同约定""我认为合作中出现的问题
尽量按合同解决"；能力信任测项分别为"我认为合作伙伴有能力实现
合作目标""合作伙伴的产品/服务质量是有保证的""合作伙伴能为我
提供高质量的支持""我认为合作伙伴的工作是有效率的"；善意信任
测项分别为"我认为合作伙伴是愿意向我提供帮助和支持的""合作伙
伴会尊重我的利益的""我和合作伙伴会彼此谅解对方存在的困难"
"合作伙伴做决策时会从我的角度加以考虑"。探索性因子分析表明，
12 个测项较好地附着在三个因子上，累计方差解释量为 71. 11%。农产
品供应链绩效测量借鉴林焜和彭灿（2010）、弗林等（Flynn et al.,
2010）包括当前绩效和成长性两个维度共 6 个测项。其中当前绩效测项
分别为"我对现在的合作状态感到满意""我认为当前合作状态符合我
的预期""我对合作伙伴的当前表现持肯定态度"；成长性测项分别为
"我对合作的前景持乐观态度""我认为现有合作在未来能够继续维持"
"我愿意深化与合作伙伴之间的关系"。探索性因子分析表明，6 个测项
测项较好地附着在两个因子上，累计方差解释量为 74. 57%。政府支持从
整体支持感知方面涉及两个题目，分别为"本地政府对合作关系给予了
充分支持"和"本地政府为合作提供了机会和便利条件"；竞争环境从环
境的动态性和敌对性等方面各设计了一个题目，分别为"我认为当前所
处的经营环境动态多变"和"我认为当前所处的竞争环境较为激烈"。由
于部分测量量表取自国外文献，我们通过翻译回译程序使其尽可能贴近原
意，问卷中除人口和企业统计变量之外均采用 Likert 7 点计量尺度。

5.3　数据分析和假设验证

5.3.1　数据正态性检验

本部分使用 SPSS 软件对所有测项数据通过峰度和偏度分析以检验

数据的正态性，如果峰度系数绝对值大于 10，偏度系数绝对值大于 3 则为异常。本研究各测项的偏度和峰度系数均在可接受范围内，数据呈现近似正态分布，可以使用结构方程工具对假设进行验证。

5.3.2　同源方法偏差检验

由于本研究调查问卷由同一对象通过自我汇报方式完成，有可能会出现同源偏差问卷降低研究的效度。我们将问卷中除人口和企业统计变量之外的全部测项全部纳入因子分析，观察未进行旋转时的第一个主成分解释情况，该数值为 33.75%，小于 50%，表明同源偏差问题并不严重。

5.3.3　信度和效度检验

如表 5 − 1 所示，本研究各变量的 Cronbach's α 系数均大于临界值 0.6，表明本研究使用的量表具有较好的信度。本研究各测项均通过以往研究者的论述并参考前期调查获得，且通过小范围预调查进行微调，因此可认为具有较好的内容效度。结构效度包括聚合效度和区别效度，如果变量平均提炼方差（AVE）值大于 0.5 则可认为具有较好的聚合效度，如特定变量 AVE 值的平方根均大于该变量和其他变量间的相关系

表 5 −1　　　　　　变量 AVE 值、相关系数和 Cronbach α 值

变量	EE	SE	CT	AT	GT	PE	GR
经济交换关系（EE）	0.633						
社会交换关系（SE）	0.402 **	0.732					
契约信任（CT）	0.338 **	0.206	0.581				
能力信任（AT）	0.029	0.377 **	0.453 **	0.618			
善意信任（GT）	0.357 **	0.448 **	0.206 *	0.240 *	0.596		
供应链当前绩效（PE）	0.241 *	0.408 **	− 0.114	0.435 **	0.261 *	0.694	
供应链成长（GR）	0.189	0.624 **	0.147	0.385 **	0.367 **	0.574 **	0.585
Cronbach α	0.722	0.734	0.674	0.757	0.812	0.752	0.860

注：*、** 分别表示显著性水平为 0.05 和 0.01，对角线数值为各变量 AVE 值。

数则可认为具有较好的区别效度。如表 5 – 1 所示，本研究各变量 AVE 值不仅均大于 0.5，且大于该变量和其他变量间的相关系数，因此本研究的测量尺度具有较好的聚合效度和区别效度。

5.3.4　结构方程分析

本部分使用 LISREL 结构方程软件对假设进行检验。我们首先基于前述假设群构建模型 M1 作为基本模型，为进一步明确变量间关系，我们在基本模型 M1 基础上构建了竞争模型 M2、M3 和 M4。

M1 中经济交换关系不仅通过三种信任影响供应链当前绩效，而且还能够直接作用于当前绩效，即三种信任在经济交换关系和供应链当前绩效之间发挥部分中介作用，同理，三种信任在社会交换关系和供应链成长性之间发挥部分中介作用。M2 则取消了经济交换关系和供应链当前绩效之间的直接关系以及社会交换关系和供应链成长性之间的直接关系，这意味着信任在交换关系和供应链绩效之间发挥完全中介效应。M3 在 M1 基础上增加了"经济交换关系→供应链成长性"路径，M4 在 M1 基础上增加了"社会交换关系→供应链当前绩效"路径，M3 和 M4 进一步考察不同交换关系对不同绩效的影响。M1 拟合指标如下：$X^2/df = 1.51$，RMSEA = 0.062，CFI = 0.93，IFI = 0.93，GFI = 0.92；M2 拟合指标如下：$X^2/df = 1.60$，RMSEA = 0.063，CFI = 0.91，IFI = 0.91，GFI = 0.90；M3 拟合指标如下：$X^2/df = 1.91$，RMSEA = 0.083，CFI = 0.90，IFI = 0.90，GFI = 0.89；M4 拟合指标如下：$X^2/df = 1.48$，RMSEA = 0.060，CFI = 0.93，IFI = 0.93，GFI = 0.92。各模型拟合度指数均在可接受区间内，与 M1 相比，M2 在删除两条路径后的拟合度优度略有下降，此外，M1 亦显示，"社会交换关系→供应链成长性"之间路径通过了显著性检验（P < 0.05）。M3 在增加了"经济交换关系→供应链成长性"路径后拟合度优度也略有下降，新增路径均未通过显著性检验（P > 0.05）；M4 在增加了"社会交换关系→供应链当前绩效"路径后拟合度优度有所上升，新增路径通过显著性检验（P < 0.05）。因此我们选择 M4 作为最终接受模型，变量间关系验证情况如图 5 – 2 所示。

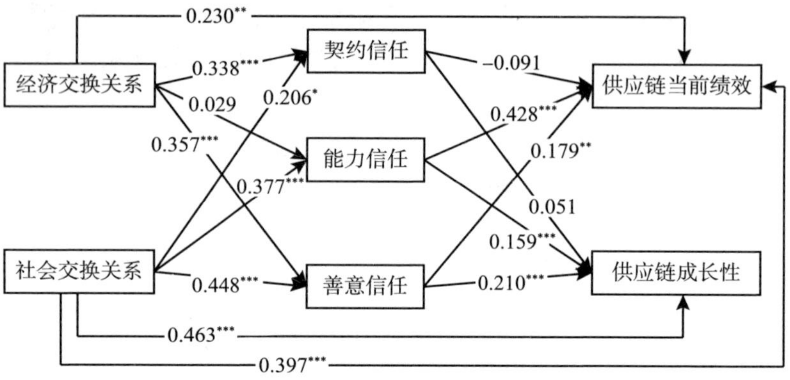

图 5 - 2　主效应假设验证结果

注：∗、∗∗ 和 ∗∗∗ 分别表示显著性水平为 0.1、0.05 和 0.01。

图 5 - 2 报告了变量间路径分析结果，除"经济交换关系→能力信任""契约信任→供应链当前绩效""契约信任→供应链成长性"之外的其余路径均通过至少 10% 显著水平检验且方向均为正，农产品供应链各主体间的经济/社会交换关系推动了信任增长并有助于提升供应链绩效和成长性。不仅如此，经济交换关系还有助于直接优化农产品供应量当前绩效；社会交换关系则能够直接推动供应链当前绩效和未来发展。农产品供应链各主体间的经济和社会交换关系能够直接推动基于契约的信任，但就影响强度而言，经济交换关系对契约信任的影响（0.388∗∗∗）大于社会交换关系（0.206∗∗）。当供应链各主体发生经济交换关系时会直接产生基于合同/契约的信任关系，这种信任关系源自第三方对违约行为的惩罚机制，确定了各主体的任务性交互的框架并规定了农产品供应链的价值创造流程。社会交换关系也能够推动基于契约信任的增长，当农产品供应链发生社会性交互时，缔约方行为彼此间趋向透明化，换言之，日常性的互动能够使供应链参与方近距离观察合作方行为，从而有助于减少合作伙伴间的违约概率，增加基于契约的信任度。社会交换关系有助于增强农产品供应链合作方基于能力的信任，一方面，密切的社会性交互有助于知识在供应链各主体间的转移和流动，进而提升合作伙伴的发展潜能；另一方面，社会交换关系还有利于供应链主体发现发展目标和资源现状之间的缺口，进而在供应链整体层面上开展探索式学习。这些都有利于增加基于能力的相互信任程度。经济交

换关系对能力信任的作用并不明显，我们推测其中的部分原因在于尽管经济交换确定了基本合作框架，有利于合作方进行专有资产投资和基于分工的专业化能力的培养，但经济交换本身源自逐利性，缔约过程中存在机会驱动空间，减少了经济交换关系和能力信任之间的连接强度。经济交换关系和社会交换关系均有助于推动基于善意的信任。对经济交换而言，在各方均具有自由缔约权的前提下，签约本身就能够部分释放出某种善意的信号，特别是有约束力的契约/合同更有助于表现合作方共同完成目标的诚意。社会性交互推动的隐性知识流动和集成有助于合作各方共同做大供应链的整体产出，从而惠及各方参与者。这些都有利于强化彼此间基于善意信任。

供应链各主体间的能力信任和善意信任有助于提升供应链当前绩效，其中能力信任的影响强度（0.428***）超过善意信任（0.179**）。基于能力和善意的信任能够极大地减少供应链各主体间的交易成本和风险顾虑，使各主体将资源投入到有效的价值增值环节中。不仅如此，基于能力和善意的信任还有助于推动各主体主动做出有利于合作伙伴的"利他行为"，促进价值链整体层面上的工作设计和资源共享效率并疏通各主体间的任务接口。善意信任对供应链当前绩效的影响弱于能力信任，我们认为，农产品供应链各主体基于善意信任的培养需要时间和资源积累，因而在短期内影响相对较弱，但这种善意性的信任对供应链主体间的良性互动和持续成长具有极为重要的作用。契约信任对供应链当前绩效的影响未通过显著性检验，我们推测其中的原因在于基于契约的信任仅规定了供应链内部基本的价值创造流程且带有"刚性"信任的特征，契约的不完备性和竞争的复杂性需要增加柔性信任才能确保供应链合作主体间创造出共赢价值，换言之，农产品供应链绩效的提升需要各主体间在契约/合同之外增加合作内容。

图 5-2 显示，经济交换关系不仅能够通过提升善意信任的方式间接提升供应链当前绩效，而且能够直接作用于供应链当前绩效。特别是在农产品供应链核心主体具有较多选择权的背景下，各主体间构建经济交换关系能够通过释放合作共赢的善意信号强化内部连接并提升当前绩效，不仅如此，这种经济交换关系的构建能够直接将合作主体的比较优势进行连接，从而推动价值增值。社会交换关系不仅能够提升能力信任和善意信任的方式间接提升供应链当前绩效，而且也能够直接作用于供

应链当前绩效。社会交换关系的构建需要多主体间的常态化互动,这种互动过程有助于通过信息沟通和知识传递增强各主体的专业化能力并持续释放善意信号。此外,社会化的互动过程还有助于提升供应链和创新氛围和整体柔性能力,这种能力在应对消费者个性化和动态化需求中具有重要作用,即社会交换关系能够直接改善供应链各主体的市场反应力和创新能力,进而有助于直接推动当前经济绩效的增长。

基于能力和善意的信任对供应链成长性具有显著的推动作用,但契约信任的影响并不明显。作为多主体合作创造价值的制度安排,农产品供应链的成长需要各主体的有效嵌合和基于供应链整体的动态能力塑造。能力和善意信任有利于拉近合作主体间的感知距离,推动各主体能力叠加和交互,进而产生放大效应。同时能力和善意信任还有助于优化供应链内部治理结构,并增加供应链的整体柔性度,这能够使供应链内部具有更多的学习张力,并为新知识的引入和共享提供接口。不仅如此,能力和善意信任还能够通过共同制定发展目标和合作学习等方式解决主体间过于注重相互交易价格等问题,并通过合作网络的透明化提高资源整合的共享效率,显然,这些均有利于提升供应链的发展潜能。契约信任的影响并不显著,我们认为,农产品供应链的持续成长更多建立在各主体社会性嵌合的基础上,这种嵌合能够产生柔性"锁定"并具有自强化能力。契约信任则提供了一种刚性连接机制,这种连接尽管在一定程度上确定了供应链内部的治理结构和协调框架,有利于各主体合作达成目标,但对供应链内部治理机制的运转影响相对较弱,因此对供应链成长性的传导机制并不直接。

社会交换关系不仅能够通过能力信任和善意信任间接影响农产品供应链成长性,而且有助于直接推动农产品供应链发展潜能。社会交换关系本身即可推动供应链内部资源和隐性知识的贡献,协助各主体形成的决策机制,此外,社会交换关系还能够将创新想法在供应链内部快速共享并减少其转化为行动的时间,以共同完善某项目标为目的的互动还有利于准确识别供应链发展过程中薄弱环节,从而推动探索式学习和利用式学习的平衡。最后,供应链内部社会性交换还能够为声誉机制发挥作用创造更多的空间,频繁的社会交换使得相互间行为趋向透明化,声誉高的主体将获得更大的选择权并通过其主导作用减少供应链内部的治理成本,均有利于优化供应链的发展潜能。

　　本研究通过分层回归方式考察政府支持和竞争环境在信任和绩效之间的调节作用。已有研究证实，回归分析在检验变量间交互作用时具有比较优势。在分层回归中，第一步输入主体性质和合作年限等相关统计变量；第二步带入三种信任变量；第三步带入调节项；第四步带入调节变量和三种信任之间的交互项。为避免交互项引发的多重共线性问题，本研究对构成交互项的变量进行了中心化处理。表 5 - 2 和表 5 - 3 分别报告了以供应链当前绩效和成长性为被解释变量的分层回归结果。

表 5 - 2　　　　　　　　供应链当前绩效分层回归结果

变量	STEP1	STEP2	STEP3 - 1	STEP4 - 1	STEP3 - 2	STEP4 - 2
SU	- 0.006/0.425	- 0.010/0.505	- 0.013/0.337	- 0.011/0.417	- 0.013/0.337	- 0.006/0.425
YE	0.133/0.009	0.136/0.010	0.121/0.009	0.096/0.008	0.121/0.009	0.165/0.006
CT		- 0.114/0.259	- 0.158/0.091	- 0.089/0.382	- 0.155/0.129	- 0.116/0.276
AT		0.435/0.000	0.302/0.003	0.303/0.003	0.401/0.000	0.408/0.000
GT		0.261/0.011	0.205/0.029	0.207/0.030	0.236/0.012	0.283/0.010
GO			0.391/0.000	0.336/0.002		
CT * GO				0.151/0.070		
AT * GO				- 0.048/0.628		
GT * GO				- 0.066/0.490		
EN					0.195/0.162	0.205/0.153
CT * EN						0.201/0.048
AT * EN						0.113/0.107
GT * EN						0.249/0.060
R^2	0.051	0.270	0.366	0.372	0.264	0.296

　　注：SU 指代主体性质，YE 指代合作年限，GO 指代政府支持，EN 指代竞争环境，前为标准化估计值，后为 P 值，下同。

表 5 - 3　　　　　　　　供应链成长性分层回归结果

变量	STEP1	STEP2	STEP3 - 1	STEP4 - 1	STEP3 - 2	STEP4 - 2
SU	0.013/0.206	0.025/0.327	0.020/0.298	0.018/0.337	0.016/0.258	0.011/0.423
YE	0.109/0.030	0.113/0.028	0.160/0.019	0.152/0.024	0.151/0.022	0.165/0.028
CT		0.147/0.157	0.106/0.246	0.095/0.345	0.091/0.347	0.087/0.391

变量	STEP1	STEP2	STEP3 – 1	STEP4 – 1	STEP3 – 2	STEP4 – 2
AT		0.385/0.000	0.263/0.008	0.275/0.006	0.339/0.001	0.381/0.000
GT		0.367/0.000	0.315/0.001	0.305/0.002	0.333/0.001	0.311/0.004
GO			0.360/0.000	0.363/0.001		
CT * GO				0.219/0.064		
AT * GO				0.054/0.589		
GT * GO				– 0.094/0.320		
EN					0.267/0.008	0.256/0.012
CT * EN						– 0.065/0.527
AT * EN						0.094/0.147
GT * EN						0.226/0.105
R^2	0.051	0.275	0.371	0.382	0.321	0.334

表 5 – 2 报告了以供应链当前绩效为被解释变量的回归分析结果。其中，主体性质（SU）系数为负但未通过显著性检验，调查对象是企业还是农户对供应链当前绩效的报告并不存在明显区别。合作年限对供应链当前绩效影响为正且通过 1% 显著水平检验。调查对象参加农产品供应链时间（YE）越长对供应链当前绩效评价越高。三种信任关系中，契约信任对农产品供应链当前绩效影响为负，但未通过显著性检验，能力信任和善意信任影响方向为正且通过至少 5% 显著水平检验，这与基于结构方程的研究结论相似。STEP3 – 1 显示，政府支持对农产品供应链当前绩效具有显著的积极作用。作为社会事务管理者的政府积极参与区域农产品供应链建设，在很大程度上能够减少供应链各主体间的搜寻成本，此外政府基于公益目标的某些活动，如区域形象塑造和农产品原产地品牌传播等，有助于直接带动农产品供应链绩效的提升。STEP4 – 1 较 STEP3 – 1 的判定系数 R^2 有所增加，说明政府支持调节项对供应链当前绩效变化具有一定的解释力。STEP4 – 1 显示，契约信任和政府支持的交互项在 10% 显著水平下为正（P = 0.07），即政府对农产品供应链的支持有助于强化契约信任对供应链当前绩效的影响。政府的积极介入不仅有助于增加农产品供应链合作伙伴的选择空间，而且能够通过声

誉机制和担保作用增加合作各方的履约信心，从而放大契约信任的作用。特别是在"核心企业＋农户"的合作框架中，由于核心企业往往居于优势地位，政府的介入能够增加农户集体行动的概率，进而增加农户的合作信心，强化契约/合同对核心企业的约束力。能力信任和善意信任与政府支持的交互项影响方向为负但未通过显著性检验（P＞0.1），即政府支持在能力信任与供应链当前绩效以及善意信任和供应链当前绩效之间并未发生调节作用。部分原因在于供应链各主体间的能力信任和善意信任多建立在内部相互嵌合和社会化活动基础上，与政府支持之间的响应机制较弱。STEP3－2 显示竞争环境对农产品供应链当前绩效影响并不显著（P＞0.1），部分原因在于动态化的竞争环境尽管能够强化农产品供应链的内部合作性，但也会因环境压力减少供应链整体获利空间。STEP4－2 较 STEP3－2 的判定系数 R^2 有所增加，说明竞争环境调节项对供应链当前绩效变化具有一定的解释力。STEP4－2 则显示，竞争环境与契约信任的交互项、竞争环境与善意信任的交互项对当前绩效的影响通过 10% 显著水平检验，竞争环境与能力信任交互项的影响则通过 15% 边缘显著水平检验且影响方向均为正，即竞争环境能够强化三种信任对供应链当前绩效的影响。随着环境压力的增大，农产品供应链内部存在持续创新和快速行动的内在动力，信任关系有利于减少其中的摩擦成本，减少内部资源的无效耗损，从而增加供应链的整体产出。环境压力的传导机制还有利于供应链内部塑造出创新导向的文化，强化内部基于契约和能力的信任，并相互表达出合作善意，进行优化供应链产出。

　　表 5－3 报告了以农产品供应链为被解释变量的分层回归结果。其中，主体性质系数为正但并未通过显著性检验，调查对象是企业还是农户对农产品供应链成长性报告并不存在显著差别。合作年限对农产品供应链成长性影响方向为正且通过 5% 显著水平检验，调查对象参加供应链时间越长对其成长性的评估越为积极。能力信任和善意信任对农产品供应链成长的影响在 1% 水平下显著为正，契约信任的作用并未通过显著性检验（P＞0.1），这也与基于结构方程的计算结果相同。政府支持对农产品供应链成长性的影响在 1% 水平下显著为正，政府的积极介入有利于提升农产品供应链的发展潜能。一方面，政府的积极介入有利于快速整合各种资源，如区域政府对品牌龙头企业的引入有利于将农

业资源整合入优质供应链中，减少各主体间的搜寻成本，并通过软环境营造的方式优化农产品供应链的商业生态系统，进而提升其成长性；另一方面，区域政府对农村教育、交通和生产等基础设施的投入在一定程度上也有利于农业生产效率的提升和农产品供应链的发展。在政府支持与信任的交互项中，仅契约信任与政府支持交互项系数通过显著性检验（P<0.1），影响方向为正，即政府支持有助于强化契约信任对农产品供应链成长性的支持作用。政府积极介入能够发挥声誉机制的作用，增加各主体的履约信心。此外，政府营造的法制环境也能够减少合作主体间的违约概率。能力信任和善意信任与政府支持交互项的影响未通过显著性检验，部分原因在于农产品供应链合作主体间的能力信任和善意信任多源自彼此间的社会性交互，与作为非直接利益相关者的政府对供应链的支持关联机制较弱。竞争环境对农产品供应链的直接影响在5%水平下显著为正。复杂动态的环境有利于增强供应链各主体的内部连接，加速知识和信息的交流共享，进行提升供应链发展潜能。在竞争环境与信任的交互项中，能力信任与竞争环境交互项以及善意信任与竞争环境交互项通过15%边缘显著水平检验且方向为正，契约信任和竞争环境能力信任的交互项并不显著。随着竞争环境的日趋多变，供应链内部必须保有动态柔性能力才能在竞争中立足。能力信任和善意信任强化了供应链各主体间的内生合作意愿，有助于完善供应链内部治理机制，使各主体在面对环境不确定事件时能够快速进行协调，并提出解决问题的共同方案，这有助于拓展供应链的成长空间。契约信任和竞争环境的交互项不显著，部分原因在于复杂多变的环境需要合作伙伴之间以柔性能力应对，基于契约的连接属于刚性连接，此外，多变的环境也使契约的不完备性进一步凸显，导致契约信任对供应链成长支持度下降。

5.4　结论和讨论

　　表5-4报告了假设的验证结果。除H2、H7a、H7b以外，其余假设均得到支持，其中关于调节效应的假设得到部分支持。综合本研究验证结果能够看出，作为农产品供应链内部社会资本重要来源的关系和信任在供应链当前绩效和成长中发挥重要作用。农产品供应链各主体间构

建经济和社会交换关系能够增加相互间的结构性嵌合和社会性嵌合，进而培育相互间的信任关系，并推动供应链的当前绩效和成长性。其中，经济交换关系提升了各主体间基于契约和善意的信任，经济交换所有的契约/合同保障机制和其本身所释放的合作共赢信号有利于培育供应链内部的信任氛围。社会性交换关系提供的互动机制则对三种信任均具有显著影响。从信任对供应链绩效的影响看，契约信任对农产品供应链当前绩效和成长性影响均不显著，能力信任和善意信任则对供应链当前绩效和成长性均具有显著促进作用。契约信任建立在契约/合同对利益主体机会主义行为的刚性约束之上，这种约束规定了农产品供应链价值创造的基本合作框架和流程，但仍不足以支撑供应链的绩效和成长性。能力信任和善意信任完善了农产品供应链合作的柔性机制，为合作主体合作创造价值提供了协调机制，有利于充实供应链内部社会资本，从而有助于供应链的当前绩效和发展潜能。政府支持和竞争环境能够在信任和供应链绩效之间产生部分调节作用。政府的积极介入有助于通过声誉机制放大契约信任对当前绩效和成长性的影响，强化各主体履约信心。竞争环境则强化了三种信任对农产品供应链当前绩效的影响并有助于发挥善意信任对农产品供应链成长性的作用。复杂多变的竞争环境能够对农产品供应链内部经营产生压力，推动各合作主体之间通过加深了解和相互信任的方式提高决策效率和对动态环境的反应能力，特别是有助于合作各方彼此表达出合作善意，从而有助于供应链成长。

表 5 – 4　　　　　　　　　　　　假设验证结果

假设	假设验证结果
H1：农产品供应链主体间的经济交换关系对其契约信任具有正向影响	支持
H2：农产品供应链主体间的经济交换关系对其能力信任具有正向影响	不支持
H3：农产品供应链主体间的经济交换关系对其善意信任具有正向影响	支持
H4：农产品供应链主体间的社会交换关系对其契约信任具有正向影响	支持
H5：农产品供应链主体间的社会交换关系对其能力信任具有正向影响	支持
H6：农产品供应链主体间的社会交换关系对其善意信任具有正向影响	支持
H7a：农产品供应链主体间的契约信任对其当前绩效具有正向影响	不支持
H7b：农产品供应链主体间的契约信任对其成长性具有正向影响	不支持

假设	假设验证结果
H8a：农产品供应链主体间的能力信任对其当前绩效具有正向影响	支持
H8b：农产品供应链主体间的能力信任对其成长性具有正向影响	支持
H9a：农产品供应链主体间的善意信任对其当前绩效具有正向影响	支持
H9b：农产品供应链主体间的善意信任对其成长性具有正向影响	支持
H10：农产品供应链主体间的经济交换关系对供应链当前绩效具有正向影响	支持
H11：农产品供应链主体间的社会交换关系对供应链成长性具有正向影响	支持
H12：政府扶持能够强化三种信任对供应链当前绩效的作用	部分支持
H13：政府扶持能够强化三种信任对供应链成长性的作用	部分支持
H14：竞争环境能够强化三种信任对供应链当前绩效的作用	部分支持
H15：竞争环境能够强化三种信任对供应链成长性的作用	部分支持

本部分实证研究也能够为农产品供应链建设提供部分借鉴。一是从供应链绩效增长和成长性出发，合作主体间需要由单一嵌入方式向结构化嵌入方式转变。农产品供应链构建初期多由基于契约的经济合作方式构成，这种合作确保能够将各主体比较优势进行连接，从而形成价值共创体。但这种基于经济契约的单一嵌入并不能深度整合分散分布的资源，对供应链当前绩效和成长性的促进作用较为有限，需要各主体由经济嵌入向复杂社会嵌入进行升级，通过构建多元化的内部互通网络推动知识共享并提高决策效率。特别是对于存在核心企业的农产品供应链而言，只有通过经济、法律、权威和关系等多种纽带才能够快速实现供应链由无序分工向核心企业主导的协力分工转变。二是注重多种治理方式的协调和权变。经济性和社会性交互为农产品供应链提供了多种治理方式，如契约治理、关系治理以及核心企业的权威治理等，供应链的成长需要妥善发挥这些治理方式的综合作用。尽管本研究显示单纯契约信任对农产品供应链绩效和成长性并无显著影响，但契约确保了有约束力的基本合作框架，也能够在一定程度上表达出合作各方的善意性，在农产品供应链的组建期具有不可替代的作用。核心企业基于能力的权威治理能够快速协调内部利益关系，减少彼此间的谈判成本，从而提高合作效率。基于关系的治理方式能够充实供应链内部动态能力，提升对复杂环境的反映效率。多种治理方式的叠加效应能够加大合作主体对败德行为

的自我约束和共同约束能力，使合作主体减少将资源投向无效领域的概率。三是深入关注农产品供应链成长过程中的"关系"风险。这种风险不仅体现在信任缺失和管理破裂导致的社会资本损耗方面，也包括关系锁定带来的经营风险。例如在"龙头企业＋农户"的合作框架中，当农户将自身权益与龙头企业绑定时，龙头企业的经营出现问题也将严重损害农户权益，需要降低外部要素进入本地区的壁垒，赋予农产品供应链主体特别是抗风险能力较弱的农户更多弹性选择空间，同时也需要推动供应链内部的创新分工，为供应链发展提供多渠道的动力。四是发挥政府在农产品供应链发展中的积极作用。本研究证实政府的积极介入不仅能够直接推动农产品供应链绩效和成长空间，而且能够强化信任的作用。政府的积极介入能够通过担保和声誉机制强化合作主体的履约责任，而且能够协助农产品供应链快速整合资源，构建"弹性专精"能力。政府的积极介入既包括塑造良好法制环境推动各主体履约，完善对农户等相对弱势群体的保障机制以及区域农产品品牌的塑造和传播等，也包括完善涉农教育和生产基础设施建设，提升农产品供应链的整体产出能力。

147

5.5　本 章 小 结

本章为基于关系和信任的农产品供应链绩效实证研究。基于"交换关系→信任→绩效"的框架进行了假设推演和实证研究，厘清了不同关系来源和信任水平对农产品供应链当前绩效和成长性的作用机制，明确了基于经济和社会交换关系的农产品供应链信任培育机制，证实了能力和善意信任对农产品供应链成长的关键作用，并验证了政府支持和竞争环境在其中的调节作用。

第6章 关系和信任导向下的农产品 供应链成长演化博弈分析

通过对既有文献的梳理、对实地访谈的总结以及实证研究，说明了关系和信任在农产品供应链当前绩效和成长中发挥重要作用。本章旨在分析核心企业与节点合作的各主体关系和信任演化及其对农产品供应链发展影响，作为时间纵断研究与实证调查部分的横断研究共同揭示关系和信任对农产品供应链的影响，将建立刻画描绘关系和信任在农产品供应链中发挥作用的基本模型以及构建关系和信任导向下的农产品供应链成长演化博弈模型，把关系和信任引入核心企业与合作伙伴的收益函数中，探析核心企业对节点合作对象的选择和合作方式的倾向，剖析核心企业与节点合作伙伴之间在农产品供应链发展不同阶段的博弈策略和收益格局，揭示它们彼此之间的关系发展及信任在农产品供应链不同发展阶段的演进规律，探析实现基于契约的信任、能力的信任与善意的信任的因素及条件。

6.1 关系和信任对农产品供应链 作用的基本模型

关系和信任①伴随着农产品供应链的建立、发展和破裂的整个过程，关系和信任是农产品供应链形成和发展的重要因素。信任是企业合作的基础（Fawcett et al.，2012；Hou et al.，2014），是农产品供应链

---

① 虽然从广义上来说，企业之间的信任也可以看作是一种关系，但是本研究认为信任代表的是一个企业对另外一个企业的相信程度，这种相信程度主要依据企业之间订货量来表现，下文还将有更为详细的说明。

合作关系形成的根本（Morgan and Hunt，1994；Drake and Schlachter，2008；Richey et al.，2010），没有信任，合作既不能形成，也不能维系，节点之间只有在相互信任的前提下，才能形成基本的供应链，而且随着合作发展的深入，它们会发展成为更为密切的合作关系，提高企业竞争力，提升供应链整体合作收益（Matopoulos et al.，2007）。信任是实现企业集体创新的核心（Lin et al.，2005；Xiao et al.，2007；Valk and Vos，2016），只有在较强的合作信任关系下，才能形成强大的农产品供应链合作创新能力，加快农产品生产和周转速度，提升农产品供应链运作效率，更好地满足消费者需求。但是，信任一旦缺失，企业之间的交易成本就会上升（Valk and Vos，2016），企业间的关系就会逐步疏远，而农产品供应链也可能逐渐走向破裂。

6.1.1　引入关系和信任的企业收益函数

现代企业发展中，随着技术提高和专业化生产的加深，无论是生产性企业，还是销售企业，基本没有一个企业可以独立完成原材料生产、加工、深加工、销售全部环节。农产品行业也是如此，作为农产品生产的农户、农场或者企业往往不会涉及深加工，作为农产品深加工企业和销售商也往往不会亲自去生产所需的初级农产品，而是各司其职。这种分工促进了各自专业程度的提高，也加快了各自领域内所涉及技术的革新速度。正是由于专业化的不断深入，这些生产或服务上有所衔接的相关企业之间的联系也变得更为密切，这种联系的一种直接表现形式就是上下游企业形成供应链。由于农产品生产的企业一般不涉足深加工，因此会将生产的农产品提供给加工企业，加工企业将农产品加工后，可能会有专职销售的企业把产品销售给最终消费者，也有可能由加工企业直接将产品销售给最终的消费者，这就形成了一个农产品供应链。有效实施农产品供应链是农产品企业经营成败的关键（Matopoulos et al.，2007），但当前我国农产品供应链中存在着诸多问题，其中很重要的一个问题就是违约。在我国农产品供应链中，上游农产品生产者农户违约率较高，这类违约往往会给核心企业带来较大损失，因此，在农产品供应链建立和发展的过程中，核心企业对节点合作对象特别是对农产品提供者农户的选择就尤为重要。

在具体研究核心企业对合作对象的选择之前，先要对核心企业和节点合作伙伴的收益函数和基本的情况进行刻画。为了研究关系和信任对农产品供应链的影响，本研究对农产品供应链中所涉及企业的成本进行了更详细的划分。在农产品供应链中，由于农产品的异质性、生产的分散性、生产者组织化程度低和生产技术较为简单的特点，核心企业往往是加工企业或中下游的大型销售商等，农产品的提供者即上游农产品生产者农户往往是核心企业选择的合作伙伴，然而农产品生产环节决定着农产品的数量与质量，是决定整个农产品供应链运作的基础和关键环节。在这种情况下，核心企业为了提高自身效益，会加强与节点合作伙伴的联系、减少其违约率，往往会对合作伙伴尤其是上游农产品生产者提供直接或间接的支持，例如建立市场信息共享体系、提供技术、直接为其提供原材料、谈判和签订契约等，这些支持都需要核心企业付出成本，维系与上游农产品生产者之间形成的供应关系，我们假设核心企业的成本由三部分构成。

核心企业成本的第一部分为直接生产成本，即核心企业利用上游节点合作伙伴提供的产品或服务在进一步生产过程中产生的成本。设 D_t 为在第 t 次合作中核心企业所需来自上游节点合作伙伴提供的产品或服务的总数，因为核心企业不一定只有一个提供产品或服务的上游节点合作伙伴，因此假设有 n 个节点合作伙伴，其中第 i 个节点合作伙伴为核心企业提供的产品或服务为 D_{it}，$D_t = \sum_{i=1}^{n} D_{it}$，该部分成本为 $P_s D_t$，P_s 为采购上游节点合作伙伴的产品或服务的价格。由于核心企业在使用上游节点合作伙伴提供的产品或服务进行进一步生产或加工时，这些原材料和人力资本的使用量也会与来自上游节点合作伙伴的产品或服务的数量相关，该部分成本为 $C_d(D_t)$，且 $C_d(0) = 0$，$C_d(D_t) \geq 0$，即若没有投入就不会存在产出，原材料的增加会带来总成本的增加。核心企业成本的第二部分是核心企业为上游节点合作伙伴提供直接支持的成本，该成本受两个因素影响。第一个因素是核心企业所需的产品以及服务总量，即 D_t。核心企业所需上游节点合作伙伴提供的产品或服务越多，在单次合作中所要付出的用于支持上游节点合作伙伴的成本也就越大。影响第二部分成本的另一个因素与合作次数 t 有关。随着成功合作次数的增加，核心企业与上游节点合作伙伴的密切程度会提高，对节点合作伙伴的支持力度也会增加。用函数表示该部分成本可以写为 $R(D_t, t)$，且 $R_1'(D_t, t) \geq 0$，$R_2'(D_t, t) \geq 0$[①]。$R_1'(D_t, t) \geq 0$ 意味着核心企业所需的上游节点合作伙伴的产品或服务的数量越多，对节点合作伙伴的投资也就越多。这些投资涵盖了资本、人力、信息和技术支持（Shelanski and Klein，1995）。$R_2'(D_t, t) \geq 0$ 意味着随着农产品供应次数的增加，对上游节点合作伙伴的直接支持也会越多。苏和权（Suh and Kwon，2006）的研究发现，随着核心企业与上游节点合作伙伴间信任程度的提高和合作时间的增加，农产品供应链中的核心企业会提高对其上游合作伙伴的专项投资（specific asset investment）。德雷克和斯拉特（Drake and Schlachter，2008）也指出，维系合作需要较大的资源和资本的投资。核心企业成本的第三部分来自核心企业和上游合作伙伴形成供应关系时所需的搜索、谈判和契约成本。在核心企业选择与上游节点合作伙伴合作之前，需要付出一定的成本去寻找合适的合作对象进行合作。在上游节点合作伙伴加入农产品供应链的过程中，核心企业会与上游节点合作伙伴进行沟通和谈判，在该阶段，将产生较多的谈判成本。当谈判结束后，企业为了更好地执行谈判和解决可能产生的争议，需要签订契约，因此会产生契约成本。在农产品供应链构建的初期，由于受到信任程度和企业之间关系的影响，这些成本相对较高。我们假设这些成本与加入供应链的上游节点合作伙伴的数目相关，该成本可以表示为 $A(n)$，$A'(n) \geq 0$，即边际成本递增，该成本随着供应链中节点合作伙伴的增加而增加，但当企业建立长期合作且企业之间足够信任时，该部分成本可能会下降。

假设核心企业的产出数量与上游节点合作伙伴提供的产品或服务有关，该产出为 $F(D_t)$，在核心企业提供的产品或服务的市场价格为 P_d 的情况下，核心企业的收益可以写为：$\pi_{dt} = P_d F(D_t) - C_d(D_t) - R(D_t, t) - A(n) - P_s D_t$。假设 $C_d^T(D_t, n)$ 为核心企业的总成本，$C_d^T(D_t, n) = C_d(D_t) + R(D_t, t) + A(n) + P_s D_t$，$C_{d1}^T(D_t, n) > 0$。

对于在第 t 次合作中第 i 个上游节点合作伙伴来说，其收益函数的

---

① $f_1(\cdot)$ 代表对函数中的第一个参数求一阶导，$f_2(\cdot)$ 代表对函数中的第二个参数求一阶导；$f_1''(\cdot)$ 表对函数中的第一个参数求二阶导，$f_2''(\cdot)$ 代表对函数中的第二个参数求二阶导。

组成也有其特点。假设 $C_s(D_{it})$ 为第 i 个节点企业在第 t 次合作中生产 D_{it} 单位产品的生产成本，并且该成本函数同核心企业中的生产函数所具有的性质一样，$C_s(D_{it}) > 0$，$C_s(0) = 0$。在这里需要注意的是，核心企业与上游节点合作伙伴的这两个成本函数的意义不尽相同。核心企业的成本函数意味着使用 D_t 单位的上游节点合作伙伴提供的产品或服务进一步生产时所带来的成本。上游节点合作伙伴生产函数表示的是生产 D_{it} 个单位的产品付出的成本。假设 $R\left(T\left(\dfrac{D_{it}}{D_t}\right), t\right)$ 为上游节点合作伙伴得到的来自核心企业的直接支持，其中 $T(0) = 0$，$T'_{D_{Dit}}\left(\dfrac{D_{it}}{D_t}\right) \geq 0$，$R'(0, t) = 0$，$R'_1\left(T\left(\dfrac{D_{it}}{D_t}\right), t\right) > 0$，$R'_2\left(T\left(\dfrac{D_{it}}{D_t}\right), t\right) > 0$。这意味着若不构成供应关系则不存在投资，随着购买上游节点合作伙伴产品数量的增加以及合作次数的增加，核心企业给予上游节点合作伙伴的支持就越高，关系就越密切。$R\left(T\left(\dfrac{D_{it}}{D_t}\right), t\right)$ 受两个因素影响。第一个因素是核心企业对上游节点合作伙伴信任程度，该信任程度可以用上游节点合作伙伴提供的产品或服务占核心企业所需要的产品或者服务总量的比例表示，即 $T\left(\dfrac{D_{it}}{D_t}\right)$。因为一般来说，在上游节点合作伙伴提供的产品或服务差别不大的情况下，核心企业对某个上游节点合作伙伴越信任，给予该节点企业的订单量就会越大。企业能力是信任度的基础（Jones，2010；Fawcett et al.，2012）。上游节点合作伙伴的自身实力越强，获得的信任就越多，得到的订单也越多。第二个因素是成功合作的次数，成功合作的次数越多，信任度越高。

由于在农产品供应链中可以获得更多的信息，上游节点合作伙伴会积极加入供应链。供应链中的参与者通过合作和信息共享，可以降低成本（Lee et al.，2000）和提高收益（Gunasekaran and Ngai，2004）。但从当前来看，农业生产过程中存在的较多信息不对称情况，这种信息不对称容易导致生产的低效率，农民的利益也经常因此而受到侵害，农产品信息对一个生产企业制定生产计划、提高生产效率至关重要（Kizilaslan，2006）。农产品生产者进入供应链后，核心企业会根据市场的变化情况为其提供更充分的市场信息以及更畅通的信息传递途径，生产者能够根据核心企业提供的信息调整自己的生产策略，提高自己的收益。有的核心企业还会直接与农产品生产者签订需求协议，因此农产品生产者可以更好地规避风险，获得稳定的收益。根据研究，尤其是在中国，进入供应链中的农产品生产者能够以更高的价格销售他们的产品（Zhang and Aramyan，2009）。由于农产品供应链中的节点主体有加入供应链的动机，因此上游节点合作伙伴也会付出成本去寻找加入供应链的机会并签订契约保障自己的收益。假设该成本固定为 A_s。在核心企业购买上游节点合作伙伴产品的价格为 P_s 的情况下，第 t 次合作中第 i 个上游节点合作伙伴的收益函数可以写为 $\pi_{sit} = P_s D_{it} - C_{si}(D_{it}) + R\left(T\left(\dfrac{D_{it}}{D_t}\right), t\right) - A_s$，总成本可以写为 $C_s^i(D_{it}) = C_{si}(D_{it}) - R\left(T\left(\dfrac{D_{it}}{D_t}\right), t\right) + A_s$。当成本函数变为这种形式时，虽然边际成本函数产生一定的变化，但是由于核心企业对上游节点合作伙伴直接支持的力度和变化受诸多因素的影响，这种支持在企业成本变化中将处于从属地位。依然假设 $C_s^i(0) = A_s$，$C_s^{i'}(D_{it}) \geqslant 0$，由于可能存在规模效应以及农产品生产的特殊情况，该边际成本先递减之后又递增。

6.1.2　合作对象的选择

农产品供应链节点之间能够形成供应链的一个重要原因在于核心企业和节点合作伙伴的互相信任。因为在农产品供应链中所涉及的合作主体往往会面临多种风险（Christopher and Peck，2004；Ritchie and Brindley，2007）。尤其是在农产品供应链形成的初始阶段，核心企业与节点合作伙伴合作较少，对节点合作伙伴完成订单的能力和质量等相关信息缺乏直接了解。只有在核心企业与合作伙伴互信的基础上，才能形成供应关系。虽然信任会受到多种因素的影响，但是往往实力越强的合作对象，违约的概率会越低。即使在不考虑风险因素的情况下，核心企业也会倾向于选择实力更强的合作伙伴。这是因为选择实力更强的合作伙伴时，核心企业可以获得更大利润，也会有更稳定的商品供给，另外从核心企业的角度出发，其也更愿意加入供应链中。

假设核心企业的每个节点合作伙伴的实力不同，它们之间实力的强弱反映在其生产函数中时，可以表示为当提供同样数量的产品或服务时，因为实力强的节点合作伙伴可能采用了更先进的技术或者在生产中受到规模效应或集聚效应的影响，实力强的合作伙伴所付出的成本往往更低。则第 i 个节点合作伙伴的收益函数可以写为 $\pi_{sit} = P_s D_{it} - C_{si}(D_{it}) + R\left(T\left(\dfrac{D_{it}}{D_t}\right),\ t\right) - A_s$。

命题 1：当节点合作伙伴为核心企业提供的产品或服务数量为定值时，实力强的节点合作伙伴会获得更大收益，因此有更大的动力使其进入供应链。

假如第 i 个节点合作伙伴实力较强，而第 j 个节点合作伙伴则实力较弱，当两个节点合作伙伴所面临的订单数量一致，即 $D_{it} = D_{jt}$ 时，实力较强的节点合作伙伴的收益可以写为 $\pi_{sit} = P_s D_{it} - C_{si}(D_{it}) + R\left(T\left(\dfrac{D_{it}}{D_t}\right),\ t\right) - A_s$，相应地实力较弱的节点合作伙伴的收益可以写为 $\pi_{sjt} = P_s D_{jt} - C_{sj}(D_{jt}) + R\left(T\left(\dfrac{D_{jt}}{D_t}\right),\ t\right) - A_s$，由于 $D_{it} = D_{jt}$，可以看出，两种节点主体的收益除了生产成本不一样之外，其他的都一样。又由于 $C_{si}(D_{it}) < C_{sj}(D_{jt})$，因此可以计算出 $\pi_{sit} > \pi_{sjt}$。这就可以直接说明，在同样的订单数量下，实力较强的节点合作伙伴收益也会更高，在未来也会有更多的利润用于自身的扩大再生产。因此，实力较强的节点合作伙伴也将有更大动力进入到供应链中。

命题 2：当核心企业购买节点合作伙伴提供的产品或服务的价格一定时，实力强的节点合作伙伴会愿意并且能够提供更多的产品或服务。当核心企业获得订单数量一定时，实力强的节点合作伙伴能够提供更优惠的价格。实力强的节点合作伙伴可以更好地满足核心企业的需求，同样可以降低核心企业的生产成本，因此更容易与核心企业建立长期供应关系。

在合作前，节点合作伙伴可能并不知道核心企业对其的支持力度，在该情况下，节点合作伙伴的预期收益函数可以写为 $\pi_{sit} = P_s D_{it} - C_{si}(D_{it}) - A_s$。对其求导并经过计算可得，当 $P_s = C'_{si}(D_{it})$ 时，节点企业的收益最大。当 $D_{it} = D_{jt}$ 时，由于实力强的节点合作伙伴成本小于实力弱的节点合作伙伴，可以得到 $C'_{si}(D_{it}) \leqslant C'_{sj}(D_{jt})$。当核心企业提供的价格一定时，实力更强的节点合作伙伴愿意提供的产品或服务的数量不会比实力弱的节点合作伙伴少。

当 $C'_{si}(D_{it}) < C'_{sj}(D_{jt})$ 时，实力强的和实力弱的节点合作伙伴的边际生产函数图像如图 6 - 1 所示。图中 C'_{s1} 代表实力较强的节点合作伙伴

的边际成本函数，C_{s2}' 代表实力较弱的节点合作伙伴的边际成本函数，P_{s1} 所示的直线与 C_{s1}' 的最低点相切，P_{s2} 所示的直线与 C_{s2}' 的最低点相切，且 $P_{s2} > P_{s1}$。因此在该情况下，若核心企业不限制节点合作伙伴供应量，实力更强的节点合作伙伴可以为了得到订单而提供更低的报价。而当 $P_{s3} > P_{s2} > P_{s1}$ 时，可以看出 P_{s3} 与 C_{s1}' 和 C_{s2}' 各存在两个交点，分别为 D_{1t1}、D_{1t2} 和 D_{2t1}、D_{2t2}。实力较强的节点合作伙伴在 $[D_{1t1}, D_{1t2}]$ 的产量区间中可以获得额外的利润，实力较弱的节点合作伙伴在 $[D_{2t1}, D_{2t2}]$ 的产量区间中可以获得额外的利润，并分别在点 D_{1t2} 和 D_{2t2} 实现利润最大化，并且 $[D_{2t1}, D_{2t2}] \subset [D_{1t1}, D_{1t2}]$。这说明在同样的价格条件下，实力强的节点合作伙伴可以提供更多的商品，并且在同样的价格水平下，实力强的节点合作伙伴能够在更广的区间内为核心企业提供产品或服务。这使核心企业更倾向于与实力强的节点合作伙伴建立合作关系，因为实力更强的节点合作伙伴在商品或服务价格给定的情况下，能够接受核心企业要求的商品或者服务数量波动更广和数量更多的订单，既可以在较小的订单上获利，也可以在较大的订单上获利，能更好地适应市场变化情况。由于核心企业的搜索匹配和契约成本 $A(n)$ 以及直接投资成本 $R(D_t, n)$ 都会受到供应链中节点合作伙伴数量的影响，在保证供应稳定情况下，核心企业会适当削减节点合作伙伴的数量，提高单个节点合作伙伴的供应量，这样核心企业在初始合作中选择与实力较强的节点合作伙伴进行合作，有利于在未来的合作中扩大供应数量，并且会降低成本，增加自身收益。

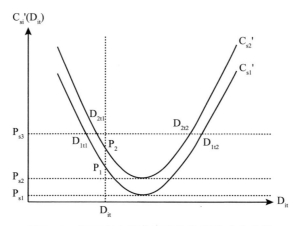

图 6–1　不同实力的节点合作伙伴的成本曲线

当核心企业给定供应量为 D_{it} 时，如图 6-1 所示，D_{it} 与 C'_{s1} 和 C'_{s2} 各存一个交点。该交点意味着在供应量一定的情况下，企业能够获利的最低价格。可以看出，实力更强的节点合作伙伴能够获利的价格更低。更低的价格可以降低核心企业的生产成本，增加其收益，因此核心企业也会更倾向于和实力更强的节点合作伙伴开展合作。当 $D_{it} = D_{jt}$ 时，根据命题 1 可得，面对同样数量的订单，实力强的节点合作伙伴可以得到更大收益。因为 $(\pi_{sit})'_{P_s} = D_{it} > 0$，在同样的获利水平和订单数量下，实力强的节点合作伙伴的报价可以比实力弱的节点合作伙伴低，从而占据竞争优势。由于 $(\pi_{sit})'_{D_{it}} = P_s - C'_s(D_{it}) > 0$，在同样的获利水平和订单价格下，实力强的合作伙伴可以接受更低数量的订单。因此，实力强的节点合作伙伴愿意接受订单的数量范围更广，更能适应核心企业的要求。

当节点合作伙伴了解核心企业的支持力度时，利用第 i 个节点合作伙伴的收益函数 $\pi_{sit} = P_s D_{it} - C_{si}(D_{it}) + R\left(T\left(\dfrac{D_{it}}{D_t}\right), t\right) - A_s$，在这个式子中对 D_{it} 求一阶导数可得，$(\pi_{sit})'_{D_{it}} = P_s - C'_s(D_{it}) + \dfrac{1}{D_t}T'_{D_{it}}R'_1\left(T\left(\dfrac{D_{it}}{D_t}\right), t\right)$。在最优条件下当 $(\pi_{sit})'_{D_{it}} = 0$ 时，会得到 $P_s = C'_{is}(D_{it}) - \dfrac{1}{D_t}T'_{D_{it}}\left(\dfrac{D_{it}}{D_t}\right)R'_1\left(T\left(\dfrac{D_{it}}{D_t}\right), t\right) = C_s^{i'}(D_{it})$，节点合作伙伴可以获得最大的收益。根据对模型的基本假设，也可以得出，当核心企业提供的价格一定时，实力更强的节点合作伙伴愿意提供的产品或服务的数量比实力弱的节点合作伙伴更多，这部分的分析与结论与上文一致。虽然无论有无核心企业的支持，实力强的节点合作伙伴会更具有竞争力，但这并不意味着供应链的形成与关系和信任无关。这一点将在命题 3 中说明。

命题 3：节点合作伙伴对核心企业支持力度的预期，将会影响供应链的形成。当核心企业信任节点合作伙伴并为其提供一定支持时，会促进供应链的形成。

为了简化分析，假设 $R\left(T\left(\dfrac{D_{it}}{D_t}\right), t\right) = at\dfrac{D_{it}}{D_t}$，则节点合作伙伴收益的最优条件为 $P_s = C'_{si}(D_{it}) - \dfrac{at}{D_t}$，并且 $C_s^{i'}(D_{it}) = C'_{si}(D_{it}) - \dfrac{at}{D_t}$，

$C_s^{i''}(D_{it}) = C_{si}'(D_{it})$，总成本函数的性质不发生变化，但是位置会发生改变，具体如图 6 - 2 所示。其中 $C_{si}'(D_{it})$ 为无预期时的边际成本变化曲线，$C_s^{i'}(D_{it})$ 为存在预期时的边际成本变化曲线。可以看出，$C_s^{i'}(D_{it})$ 曲线位于 $C_{si}'(D_{it})$ 的下方。因此，当存在预期时，在同样的订单数量下，节点合作伙伴能够提供更低的价格；在同样的价格水平下，节点合作伙伴也可以提供更多的产品。另外，随着合作次数的增加和信任程度的提升，核心企业对节点合作伙伴提供的支持会增加，在保证节点合作伙伴收益的情况下，能够使节点合作伙伴供给价格进一步优惠，达到双赢。支持的力度越大，在同样的订单数量下，节点合作伙伴愿意为核心企业提供的支持价格也会越低；在同样的价格水平下，节点合作伙伴也可以提供更多的产品。因此，能够对收益做出更充分预期的节点合作伙伴更容易进入到供应链中，能更充分预期的节点合作伙伴也更愿意为对其支持力度更大的核心企业提供产品或服务。如果一个实力稍弱的节点合作伙伴对核心企业的信任和支持有更正确的判断和信任，就可以更准确估计自己的生产成本，在竞争中超过其节点合作伙伴，同质的节点合作伙伴也将更有竞争力。

157

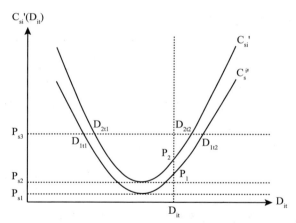

图 6 - 2 获得不同信任程度的节点合作伙伴成本曲线变化情况

命题 4：如果搜索匹配和契约成本过高，将会限制实力较弱的节点合作伙伴进入供应链。

根据命题 1 和命题 2，无论是在同样的价格水平下还是在同样的订单的情况下，实力较强的节点合作伙伴都比实力弱的节点合作伙伴具有优势，更容易获得核心企业的青睐从而进入到供应链中。在合作违约风险未知或者不考虑合作风险的情况下，选择实力较强的节点合作伙伴，核心企业可以获得更大的收益。由于搜索匹配和契约成本是在盈利之前发生的，因此如果该成本较高，实力较弱的节点合作伙伴有可能无法有足够多的资本支撑其找到共同合作的核心企业。即使找到了，也有可能会因为获得的订单份额较小，所获收益无法弥补该部分支出而导致合作失败。这样的情况在现实中也较为常见，每到农产品收获季节，经常会出现经济发展水平较低地区的农产品滞销无人购买，但经济相对发达地区农产品价格较高、供应不足的情况，虽然造成该问题的原因众多，但是缺乏有效的市场供应渠道、这些地区的农产品生产者进入供应链的成本较高，是致使该问题出现的重要原因。

6.1.3 长期合作关系的形成

无论是节点合作伙伴还是和核心企业都存在建立长期合作的需求，在长期合作中核心企业和节点合作伙伴可以获得更大的收益。即使是在单次合作中，如果核心企业信任节点合作伙伴、维系增进与节点合作伙伴的关系，当在市场情况发生变化、供应链所涉及合作对象的利益随之发生变化时，无论是核心企业还是节点合作伙伴，违约的概率都将降低。

假如不考虑违约是由于自然灾害等不可抗力造成的情况，一般来说，违约的发生多是由于现实市场价格高于契约商定价格，或者节点合作伙伴以次充好、提供的产品或服务达不到核心企业要求等造成的，风险是影响供应链变化的重要因素。

在农产品供应链中，因为农产品的生产往往存在生产周期，且该周期可能较长，当农产品生产完成时，现实市场价格可能会与契约价格差异较大，所以当产品或服务的现实市场价格高于契约价格时，核心企业和节点合作伙伴出现违约现象就有可能发生。假设 P_s^m 是产品或服务交接时节点合作伙伴提供的产品或服务的市场价格，P_m^m 是核心企业所生产的产品或服务的市场价格。当 $P_s^m > P_s$ 时，节点合作伙伴将产品或服务直接销售给市场，会有更大的收益，节点合作伙伴在利益的诱使下，存在较大的概率违约。当 $P_s^m < P_s$ 时，核心企业从市场上直接采购农产品将会降低成本，使自身收益提高，导致核心企业违约现象

的出现。因为核心企业的收益表示为 $P_d F(D_t) - C_d(D_t) - R(D_t, t) - A(n) - P_s D_t$，对 D_t 求导可得 $P_d = \dfrac{C_d'(D_t) + R'(D_t, t) + P_s}{F'(D_t)}$，该式可以写为 $P_s = P_d F'(D_t) - C_d'(D_t) - R'(D_t, t)$，在等式两边对 D_t 继续求导可得 $(P_s)_{D_t}' = P_d F''(D_t) - C_d''(D_t) - R''(D_t, t) = P_d F''(D_t) - C_d^{T'}(D_t) < 0$。因此核心企业对节点合作伙伴提供的产品或服务的需求数量与该产品或服务的价格成反比。而当 $P_d^m > P_d$ 时，由于核心企业面临的市场价格升高，核心企业可能降低对节点合作伙伴提供商品和服务的需求量。这是因为 $\pi_{dt} = P_d F(D_t) - C_d^m(D_t) - R(D_t, t) - A(n) - P_s D_t$，其在一定的价格水平下，求解最优的产品或服务的需求量的条件为 $P_d F'(D_t) - C_d^{m'}(D_t) - R'(D_t, t) - P_s = 0$，即 $P_d = \dfrac{C_d^{m'}(D_t) + R'(D_t, t) + P_s}{F'(D_t)}$。对 D_t 继续求导可得 $P_d'(D_t) = \dfrac{C_d^{T'}(D_t) F'(D_t) - C_d^{T'}(D_t) F''(D_t)}{F'^2(D_t)}$（在一定条件下会是负数），因此最优条件下的订单数量和核心企业产品市场价格成反比。当市场价格下降时，核心企业会增加对节点合作伙伴提供的产品或服务的需求量。

当市场条件与企业制定契约时的情况基本一致时，节点合作伙伴与核心企业之间的交易会按照契约进行，在这种情况下，节点企业的收益为 $P_s D_{it} - C_{si}(D_{it}) + R\left(T\left(\dfrac{D_{it}}{D_t}\right), t\right) - A_s$，核心企业的收益为 $P_d F(D_t) - C_d(D_t) - R(D_t, t) - A(n) - P_s D_t$。

当节点合作伙伴提供的产品或服务的市场价格发生变化，例如由于自然灾害等情况的影响，导致农产品供不应求，出现市场价格高于契约价格的情况时，即 $P_s^m > P_s$，在利益的诱惑下，节点合作伙伴选择有可能违约策略，在市场上按照市场价格出售产品。因为 $P_s^m D_{it} - C_{si}(D_{it}) + R\left(T\left(\dfrac{D_{it}}{D_t}\right), t\right) - A_s > P_s D_{it} - C_{si}(D_{it}) + R\left(T\left(\dfrac{D_{it}}{D_t}\right), t\right) - A_s$，违约的节点合作伙伴能够获得更大的收益。但是此时，核心企业需要采取其他策略来实现自身收益最大化。第一个策略是重新调整其最优需求量，从市场按照市场价格采购所需的产品或服务，其收益函数将变为 $P_d F(D_t^m) - C_d(D_t^m) - R(D_t, t) - A(n) - P_s^m D_t^m$，该式中的 D_t^m 为在新的市场价格下，核心企业对产品或服务的需求量，A 为重新购买所需的额外成本和误工成本。第二个策略是按照市场价格执行合同，此时收益变为 $P_d F(D_t) - C_d(D_t) - R(D_t, t) - A(n) - P_s^m D_t$。该情况在现实中也较为常见，尤其是某几家供应商控制某种农产品供给的时候，核心企业从其他供给商购买产品时产生的额外成本可能会更高，核心企业可能只能按照较高的价格执行原合同。核心企业需要在两种策略中选择能够使自身利益最大化的策略。核心企业的收益可以写为：

$$\max(P_d F(D_t^m) - C_d(D_t^m) - R(D_t, t) - A(n) - A - P_s^m D_t^m,$$
$$P_d F(D_t) - C_d(D_t) - R(D_t, t) - A(n) - P_s^m D_t)$$

当节点合作伙伴提供的产品或服务供大于求，出现市场价格低于契约价格的情况，即 $P_s^m < P_s$ 时，在利益最大化的考量下，核心企业可能会违约，转而在市场上直接采购上游节点合作伙伴的产品或者服务。当市场价格变化时，核心企业对上游节点合作伙伴提供的产品或服务的需求量也会发生变化。因此，当 $P_s^m < P_s$ 时，核心企业也存在两个策略并会选择其中收益最大的策略，该收益为：

$$\max(P_d F(D_t^m) - C_d(D_t^m) - R(D_t, t) - A(n) - A - P_s^m D_t^m,$$
$$P_d F(D_t) - C_d(D_t) - R(D_t, t) - A(n) - P_s^m D_t)$$

此时当面对违约的核心企业时，节点合作伙伴也存在两个策略：一是按照市场价格继续为核心企业提供产品，此时收益为 $P_s^m D_{it} - C_{si}(D_{it}) + R\left(T\left(\dfrac{D_{it}}{D_t}\right), t\right) - A_s$；二是在市场上销售产品，此时收益为 $P_s^m D_{it} - C_{si}(D_{it}) + R\left(T\left(\dfrac{D_{it}}{D_t}\right), t\right) - A_s - A$，$D_{it}$ 为节点合作伙伴的产品在市场上的销售量，A 代表在市场上销售时，其所付出的额外成本。因此，节点合作伙伴收益为：

$$\max\left(P_s^m D_{it}^m - C_{si}(D_{it}) + R\left(T\left(\dfrac{D_{it}}{D_t}\right), t\right) - A_s - A,\right.$$
$$\left. P_s^m D_{it} - C_{si}(D_{it}) + R\left(T\left(\dfrac{D_{it}}{D_t}\right), t\right) - A_s\right)$$

当核心企业产品的市场价格发生变化，价格提高时，对节点合作伙伴提供的产品或服务的需求数量会下降。在这种条件下，核心企业通过违约，降低订单要求的产品数量，能够提高自己的收益。此时核心企业会根据市场价格将自己的需求量调整为 D_t^m，核心企业的收益也就变为 $P_d F(D_t^m) - C_d(D_t^m) - R(D_t^m, t) - A(n) - P_s D_t^m$。此时，节点合作伙伴的策略有两个：第一个是继续按照新的对节点企业产品或服务的需求量执行契约，节点合作伙伴的收益变为 $P_s D_{it}^m - C_{si}(D_{it}) + R\left(T\left(\dfrac{D_{it}}{D_t}\right),\ t\right) - A_s$；第二个是在市场上按照市场价格出售其所提供的产品或服务，此时其收益函数为 $P_s^m D_{it}^M - C_{si}(D_{it}) + R\left(T\left(\dfrac{D_{it}}{D_t}\right),\ t\right) - A_s$，$D_{it}^M$ 是在市场价格下对产品的需求量。因此节点合作伙伴在这种情况下的收益为：

$$\max\left(P_s D_{it}^m - C_{si}(D_{it}) + R\left(T\left(\frac{D_{it}}{D_t}\right),\ t\right) - A_s,\right.$$
$$\left. P_s^m D_{it}^M - C_{si}(D_{it}) + R\left(T\left(\frac{D_{it}}{D_t}\right),\ t\right) - A_s\right)$$

根据以上分析不难看出，在单次合作中，核心企业和节点合作伙伴在各自提供的产品或服务的市场价格发生变化的情况下，都有一定的概率选择单方面违反契约。因此在单次合作中，核心企业可能不会对节点合作伙伴提供太多的支持。在一次合作中，如果面临的风险较大，核心企业给予节点合作伙伴的直接投资和支持将会变成额外成本，在这种情况下，核心企业可能不会愿意付出成本维系关系，对节点合作伙伴的帮助力度和意愿将下降，对节点合作伙伴反哺的作用也会被削弱，供应链的关系完全由利益维系。由于违约的概率由市场价格和契约价格的差额所决定，对于供给量较少的产品或服务，核心企业在与节点合作伙伴签订契约时，可以根据以往的农产品价格波动情况选择较高的契约价格，以维持供应链的稳定。另外，无论节点合作伙伴是否违约，根据引入关系和信任之后构建的收益函数，由于核心企业会给予节点合作伙伴一定支持，供应链中所涉及的节点合作伙伴得到的收益都会优于供应链之外的企业。因此，与核心企业不同，即使可能面临违约的风险，节点合作伙伴也更愿意加入供应链。

虽然在核心企业支持节点合作伙伴的情况下，节点合作伙伴依然会随着外在市场价格的变化而违约，但是与无维系的情况相比，得到核心企业帮助的农产品生产者收益会更高，节点合作伙伴违约的概率会降低。在不考虑农产品生产者经营者情感因素的情况下，当核心企业信任节点合作伙伴并与其建立、维系关系时，与得不到维系关系的节点合作伙伴相比，得到帮助和支持的节点合作伙伴可以额外得到 $R\left(T\left(\dfrac{D_{it}}{D_t}\right),\ t\right)$ 的收益。在这部分收益的作用下，当价格变化时，节点合作伙伴继续执行契约可以得到更大收益。由于存在该部分成本，若核心企业违约，对于核心企业来说，其用于节点合作伙伴支持的成本将成为沉没成本，在未来的合作中，愿与其合作的节点合作伙伴也有可能会减少。因此在该部分成本的作用下，核心企业的违约率也会降低。

根据当单次合作中市场条件变化时，核心企业和节点合作伙伴策略选择的论述，在长期合作的情况下，节点合作伙伴的收益函数可以写为

$$\sum_{t}^{T}\left(P_s D_{it} - C_{si}(D_{it}) + R\left(T\left(\frac{D_{it}}{D_t}\right),\ t\right) - A_s\right)，当节点合作伙伴在 T_1 前都$$

按照契约执行，在 T_1 期违约并被核心企业从供应链中剔除时，节点合

作伙伴的收益函数将变为 $\sum_{t}^{T_1-1}\left(P_s D_{it} - C_{si}(D_{it}) + R\left(T\left(\frac{D_{it}}{D_t}\right),\ t\right) - A_s\right) +$

$\left(P_s^m D_{iT_1} - C_{si}(D_{iT_1}) + R\left(T\left(\frac{D_{it}}{D_t}\right),\ t\right) - A_s - A\right) + \sum_{T_1+1}^{T}(P_s^m D_{it}^m - C_{si}(D_{it}^m) - A)。$

D_{it}^m 为违约后农产品生产者在市场上提供的产品或服务的数量。比较两种情况下节点合作伙伴的收益可以发现，在长期来看，由于契约价格比一般的市场价格要高，违约后节点合作伙伴的收益会低于不违约的情况，并且其会失去核心企业提供的支持。在竞争中违约的节点合作伙伴也会因此而处于劣势。在有核心企业支持的情况下，节点合作伙伴的利润空间会增加，违约的可能性也会减少。随着合作次数增加，节点合作伙伴从核心企业处得到的支持力度更大，因此违约的动力也就会减少。因此从长期来看，当核心企业选择相信节点合作伙伴并建立长期关系时，节点合作伙伴也会更倾向于长期合作。核心企业对节点合作伙伴的这种支持有利于促进农业企业的发展，可以提高社会效益。对于核心企业来说，其与节点合作伙伴建立长期合作关系，可以有效地将上游节点合作伙伴提供的产品或服务的价格波动对其生产成本的影响控制在合理

的范围之内，有利于提高核心企业的收益，其收益为 $\sum_{t}^{T}(P_d F(D_t) -$

$C_d(D_t) - R(D_t,\ t) - A(n) - P_s D_t)$。但是当没有长期合作时，核心企业与从未合作过的合作对象建立信任和关系需要付出额外的成本，并可能面临较高的违约风险。因此核心企业也愿意建立长期合作关系，以保证生产的稳定性以及自身收益提高。无论核心企业还是上游节点合作伙伴，在满足条件的情况下，长期合作都有利于提升收益。

6.2　关系和信任导向下的农产品 供应链演化博弈模型

关系和信任对农产品供应链作用的基本模型说明,农产品供应链核心企业和节点合作伙伴建立长期合作以及形成信任关系能够增加收益。但是在现实中并不一定总能够实现,由于非理性的存在,核心企业和节点合作伙伴并无法在最初的时刻确定最优的合作方式,基于传统机制设计理论制定的分配方式和合作模式可能无法解决农产品供应链中核心企业与合作伙伴的合作问题。核心企业和节点合作伙伴互相的了解需要在反复博弈中加深,二者的关系也需要在重复博弈中得到改善,通过一系列试错的过程,实现自身的最优化。二者是否能实现基于契约的信任进而达到基于能力的信任并最终达到基于善意的信任还受其他条件的约束和限制。为了证实该情况,本研究将利用较为抽象的演化博弈的方法对此进行说明并构建模型。

163

6.2.1　基于契约信任是维护合作的重要保证

由于农产品生产周期较长、受自然环境影响较大、异质性低、抗风险能力相对较差等原因,农产品的市场价格可能会出现较大的波动,如果农产品供应链中的核心企业与节点合作伙伴仅依靠市场交易维系双方的经济活动,就可能面临较大的风险。假设不存在订单契约时,核心企业即使与节点合作伙伴达成一定的价格协议,但可能由于市场波动带来产品价格波动,导致其中一方违约。假设核心企业与节点合作伙伴约定以 p_c 的价格从节点企业处购买 q_c 单位的产品,节点合作伙伴生产一单位该产品的成本为 c,则按照该约定,节点合作伙伴的收益为 $p_c q_c - c q_c$,核心企业付出的成本为 $p_c q_c$。假设交易时市场价格为 p_m,若 $p_m = p_c$,那么合约会被执行。若 $p_m > p_c$,市场上的产品出现供不应求的情况,这时 $p_m q_c - c q_c > p_c q_c - c q_c$,节点合作伙伴销售相同数量的产品带来的收益会上升,节点合作伙伴将有动力选择背叛。若 $p_m < p_c$,市场上的产品出现供大于求的情况,此时 $p_c q_c > p_m q_c$,核心企业购买相同数量的产品的成本会降低，有动力违约。除了价格波动带来的违约之外，还有如核心企业预期自身收益下降等多种因素会造成违约。因此，双方有必要签订协议以防止对方违约，在政府机构等第三方的保护下降低对方违约时给自己带来的损失，尤其是契约还确定了各相关主体在价值创造过程中的基本角色，是各主体参与集群竞争的基本保障，基于契约信任能确保供应链合作的基本秩序和框架，从而有利于集体创造"合作剩余"。

6.2.2　基于能力信任的演化博弈分析

农产品供应链中的核心企业与节点合作伙伴仅仅依靠契约维护往往会产生更多的成本，而基于能力信任的供应链则会产生额外的收益。

假定签订契约时核心企业与节点合作伙伴的收益分别为 S_1 与 S_2。加入能力信任时，对彼此能力的认可和信任将会增加双方的收益，假设核心企业和节点合作伙伴增加的收益分别为 A_1 和 A_2，核心企业和节点合作伙伴增加的成本分别为 C_1 和 C_2。当核心企业信任节点合作伙伴，而节点合作伙伴不信任核心企业时，节点合作伙伴额外得到的收益为 E_1，核心企业得到的收益为 B，并假设 $B - C_1 < 0$，这是指核心企业信任节点合作伙伴，但是节点合作伙伴不信任核心企业时，带来的收益无法弥补付出的成本。若非如此，则无论合作伙伴是否选择信任，核心企业都有动力给予节点合作伙伴信任，因为给予对方信任后能够使自身的收益增加，但这显然与现实的情况相违背。当节点合作伙伴信任核心企业，而核心企业不信任节点合作伙伴时，核心企业额外得到的收益为 E_2，节点合作伙伴得到的收益为 D，$D - C_2 < 0$。核心企业和节点合作伙伴采取不同策略时的双方的收益如表 6-1 所示。

表 6-1　　　基于能力信任的核心企业与节点合作伙伴收益

情况	节点合作伙伴建立能力信任	节点合作伙伴不建立能力信任
核心企业建立能力信任	$S_1 + A_1 - C_1$ $S_2 + A_2 - C_2$	$S_1 + B - C_1$ $S_2 + E_1$
核心企业不建立能力信任	$S_1 + E_2$ $S_2 + D - C_2$	S_1 S_2

假设核心企业采取信任节点合作伙伴策略的概率为 p，那么核心不信任节点合作伙伴的概率为 $1-p$；假设节点合作伙伴采取信任核心企业策略的概率为 q，那么节点合作伙伴不信任核心企业的概率为 $1-q$。根据以上分析和假设可以得到，核心企业采取信任节点合作伙伴的策略时，其期望收益为 $U_b^c = q(S_1 + A_1 - C) + (1-q)(S_1 + B - C_1) = q(A_1 - B) + S_1 + B - C_1$；不信任节点合作伙伴时，其期望收益为 $U_u^c = qE_2 + S_1$，平均期望收益为 $U^c = p[q(A_1 - B - E_2) + B - C_1] + qE_2 + S_1$。根据同样的分析可以得到，节点合作伙伴采取信任核心企业的策略时，其期望收益为 $U_b^b = pA_2 + (1-p)D + S_2 - C_2$；节点合作伙伴采取不信任核心企业的策略时，其期望收益为 $U_u^b = pE_1 + S_2$，平均期望收益为 $U^b = q[p(A_2 - E_1 - D) + D - C_2] + pE_1 + S_2$。

根据演化博弈理论，可以计算出核心企业的动态复制方程为 $F(p) = \dfrac{dp}{dt} = p(1-p)[q(A_1 - B - E_2) + B - C_1]$，节点合作伙伴的动态复制方程为 $F(q) = \dfrac{dq}{dt} = q(1-q)[p(A_1 - E_1 - D) - C_2 + D]$。利用 $F(p)$ 和 $F(q)$ 构造雅可比矩阵为：

$$\begin{pmatrix} \dfrac{dF(p)}{dp} & \dfrac{dF(p)}{dq} \\ \dfrac{dF(q)}{dp} & \dfrac{dF(q)}{dq} \end{pmatrix} = $$

$$\begin{pmatrix} (1-2p)[q(A_1 - B - E_2) + B - C_1] & p(1-p)(A_1 - B - E_2) \\ q(1-q)(A_2 - E_1 - D) & (1-2q)[p(A_2 - E_1 - D) - C_2 + D] \end{pmatrix}$$

需要分类讨论不同情况下的演化情况。

（1）当 $A_1 - C_1 - E_2 < 0$ 且 $A_2 - E_1 - C_2 < 0$ 时，复制动态方程的平衡点与性质分别为：①$p = 0$，$q = 0$，雅可比矩阵行列式的值为 $(B - C_1)(C_2 + D) > 0$，迹为 $B - C_1 - C_2 + D < 0$，该点表示的是演化稳定策略（ESS），为稳定点；②$p = 0$，$q = 1$，雅可比矩阵行列式的值为 $(A_1 - E_2 - C_1)(C_2 - D) < 0$，迹为 $(A_1 - E_2 - C_1) + (C_2 - D)$，符号不确定，该点为鞍点；③$p = 1$，$q = 0$，雅可比矩行列式阵的值为 $(C_1 - B)(A_2 - E_1 - D) > 0$，迹为 $(C_1 - B) + (A_2 - E_1 - D)$，符号不确定，该点为鞍点；④$p = 1$，$q = 1$，雅可比矩阵行列式的值为 $(A_1 - E_2 - C_1)(A_2 - E_1 - C_2) > 0$，此时该矩阵迹为 $-(A_1 - E_2 - C_1) - (A_2 - E_1 - C_2) > 0$，为

非稳定点。

（2）当 $A_1 - C_1 - E_2 < 0$ 且 $A_2 - E_1 - C_2 > 0$ 时，复制动态方程的平衡点与性质分别为：①$p = 0$，$q = 0$，雅可比矩阵行列式的值为 $(B - C_1)(C_2 + D) > 0$，迹为 $B - C_1 - C_2 + D < 0$，该点表示的是演化稳定策略（ESS），为稳定点；②$p = 0$，$q = 1$，雅可比矩阵行列式的值为 $(A_1 - E_2 - C_1)(C_2 - D) < 0$，迹为 $(A_1 - E_2 - C_1) + (C_2 - D)$，符号不确定，该点为鞍点；③$p = 1$，$q = 0$，雅可比矩阵行列式的值为 $(C_1 - B)(A_2 - E_1 - D) > 0$，迹为 $(C_1 - B) + (A_2 - E_1 - D) > 0$，该点为非稳定点；④$p = 1$，$q = 1$，雅可比矩阵行列式的值为 $(A_1 - E_2 - C_1)(A_2 - E_1 - C_2) < 0$，此时该矩阵迹为 $-(A_1 - E_2 - C_1) - (A_2 - E_1 - C_2)$，符号不确定，为鞍点。

（3）当 $A_1 - C_1 - E_2 > 0$ 且 $A_2 - E_1 - C_2 < 0$ 时，复制动态方程的平衡点与性质分别为：①$p = 0$，$q = 0$，雅可比矩阵行列式的值为 $(B - C_1)(C_2 + D) > 0$，迹为 $B - C_1 - C_2 + D < 0$，该点表示的是演化稳定策略（ESS），为稳定点；②$p = 0$，$q = 1$，雅可比矩阵行列式的值为 $(A_1 - E_2 - C_1)(C_2 - D) < 0$，迹为 $(A_1 - E_2 - C_1) + (C_2 - D) > 0$，该点为非稳定点；③$p = 1$，$q = 0$，雅可比矩阵行列式的值为 $(C_1 - B)(A_2 - E_1 - D) > 0$，迹为 $(C_1 - B) + (A_2 - E_1 - D)$，符号不确定，该点为鞍点；④$p = 1$，$q = 1$，雅可比矩阵行列式的值为 $(A_1 - E_2 - C_1)(A_2 - E_1 - C_2) > 0$，此时该矩阵迹为 $-(A_1 - E_2 - C_1) - (A_2 - E_1 - C_2)$，符号不确定，该点为鞍点。

（4）当 $A_1 - C_1 - E_2 > 0$ 且 $A_2 - E_1 - C_2 > 0$ 时，复制动态方程的平衡点与性质分别为：①$p = 0$，$q = 0$，雅可比矩阵行列式的值为 $(B - C_1)(C_2 + D) > 0$，迹为 $B - C_1 - C_2 + D < 0$，该点表示的是演化稳定策略（ESS），为稳定点；②$p = 0$，$q = 1$，雅可比矩阵行列式的值为 $(A_1 - E_2 - C_1)(C_2 - D) > 0$，迹为 $(A_1 - E_2 - C_1) + (C_2 - D) > 0$，该点为非稳定点；③$p = 1$，$q = 0$，雅可比矩阵行列式的值为 $(C_1 - B)(A_2 - E_1 - D) > 0$，迹为 $(C_1 - B) + (A_2 - E_1 - D) > 0$，该点为非稳定点；④$p = 1$，$q = 1$，雅可比矩阵行列式的值为 $(A_1 - E_2 - C_1)(A_2 - E_1 - C_2) > 0$，此时该矩阵迹为 $-(A_1 - E_2 - C_1) - (A_2 - E_1 - C_2) < 0$，该点符合 ESS，为稳定点。⑤$p = \dfrac{C_2 - D}{A_2 - E_1 - D}$，$q = \dfrac{C_1 - B}{A_1 - B - E_2}$，雅可比矩阵行列式的值为

$$-(C_2 - D)(C_1 - B)\left(\frac{A_2 - E_1 - C_2}{A_2 - E_1 - D}\right)\left(\frac{A_1 - E_2 - C_1}{A_1 - B - E_2}\right) < 0$$，迹为 0，因此该

点为鞍点。

因此除了当 $A_1 - C_1 - E_2 > 0$ 且 $A_2 - E_1 - C_2 > 0$ 时，在其他情况下最终都会倾向于不信任，仅在 $A_1 - C_1 - E_2 > 0$ 且 $A_2 - E_1 - C_2 > 0$ 时，才有可能会出现基于能力信任的情形。因此对该情况进行进一步的分析，画出基于能力信任关系变化的相位图（见图6-3），该演化博弈的相位图表现出了在初始时处于各种状态的核心企业和节点合作伙伴在长期演化博弈后处于的最终状态。

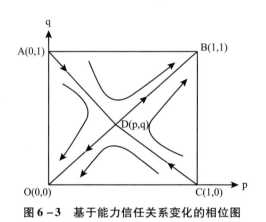

图6-3 基于能力信任关系变化的相位图

命题1：双方如果想实现基于能力的信任关系，必须满足一定的初始条件。

当双方的初始状态处于四边形 AOCD 中时，即无论初始时是双方本身就对对方的能力存疑还是只有单方信任，双方最终将会趋向于不合作，而当双方处于四边形 ABCD 中时，则最终会走向基于能力的互相信任。因此，可以根据四边形 AOCD 的面积来研究双方最终能够走向合作的概率，四边形 AOCD 越小，双方最终能够达成基于能力的信任的概率越大，$S_{AOCD} = \dfrac{1}{2}\left(\dfrac{C_1 - B}{A_1 - B - E_2} + \dfrac{C_2 - D}{A_2 - E_1 - D}\right)$。

命题2：为基于能力的信任付出的成本越小时，二者越有可能建立起基于能力的信任。

根据四边形 AOCD 的面积公式，可以计算出 $\dfrac{dS_{AOCD}}{dC_1} = \dfrac{1}{2(A_1 - B - E_2)} > 0$

和$\dfrac{dS_{AOCD}}{dC_2} = \dfrac{1}{2(A_2 - E_1 - D)} > 0$，$S_{AOCD}$ 与 C_1 和 C_2 成正比。这意味着无论是核心企业还是节点企业，在为基于能力的信任付出的成本越大时，二者最终走向互信的概率都会降低。因此为基于能力的信任付出的成本越小，二者更有可能建立起基于能力的信任。

命题3：在单方面给予对方基于能力的信任的情况下，使自身得到的收益增加值越大时，二者越倾向于建立基于能力的信任。

当一方给予另一方基于能力的信任时，根据 S_{AOCD} 的公式，可以计算出 $\dfrac{dS_{AOCD}}{dB} = \dfrac{-(A_1 - B - E_2) - (C_1 - B)}{2(A_1 - B - E_2)^2} < 0$ 和 $\dfrac{dS_{AOCD}}{dD} = \dfrac{-(A_2 - E_1 - D) - (C_2 - D)}{2(A_2 - E_1 - D)^2} < 0$，四边形 AOCD 的面积与 B 和 D 成反比。这意味着无论是核心企业还是节点合作伙伴，在单方面给予对方基于能力的信任使自身得到的收益越小时，二者走向互信的概率就会越低。换句话说，在一方给予对方基于能力的信任使自身得到的收益增加值越大时，更倾向于给予对方基于能力的信任。

命题4：在单方面给予对方基于能力的信任的情况下，使对方得到的收益增加值越小时，二者越倾向于给予对方基于能力的信任。

当一方给予另一方基于能力的信任时，根据 S_{AOCD} 的公式，可以计算出 $\dfrac{dS_{AOCD}}{dE_1} = \dfrac{(C_1 - B)}{2(A_1 - B - E_2)^2} > 0$ 和 $\dfrac{dS_{AOCD}}{dE_2} = \dfrac{(C_2 - D)}{2(A_2 - E_1 - D)^2} > 0$，四边形 AOCD 的面积与 E_1 和 E_2 成正比。这意味着无论是核心企业还是节点合作伙伴，在单方面给予对方基于能力的信任使对方得到的收益越大时，二者走向互信的概率会越低。当只有一方给予对方基于能力的信任使对方得到的收益增加值越小时，二者越倾向于给予对方基于能力的信任。

命题5：双方基于能力的信任得到的收益增加值越大，二者越倾向于给予对方基于能力的信任。

当双方都能够给予对方基于能力的信任时，根据 S_{AOCD} 的公式可以计算出 $\dfrac{dS_{AOCD}}{dA_1} = \dfrac{-(C_1 - B)}{2(A_1 - B - E_2)^2} < 0$ 和 $\dfrac{dS_{AOCD}}{dA_2} = \dfrac{-(C_2 - D)}{2(A_2 - E_1 - D)^2} < 0$，$S_{AOCD}$ 的面积与 A_1 和 A_2 成反比。这意味着无论是核心企业还是节点合作伙伴，在双方基于能力的信任后得到的收益越小时，二者走向互信的概率都会降低。因此基于能力的信任得到的收益越大，二者越倾向于给予对方基于能力的信任。

6.2.3　基于善意信任的演化博弈分析

当节点合作伙伴和核心企业形成基于能力的信任后，在满足一定条件时可能会进一步向基于善意的信任演进。当企业之间能够在供应链中建立起基于善意的关系信任时，双方的关系能够更加密切，具有交易成本进一步下降、更强的抵御风险波动的能力等，因此能带来更多的收益，但是为此双方也需要共同承担更多的成本。假设增加的总收益为L，为此付出的成本为C_3。与基于能力的信任带来的收益与成本不同的是，由于二者的关系更加密切，信任程度更高，该部分收益将由核心企业与节点合作伙伴一同分享，成本则由核心企业与节点合作伙伴共同承担。这是因为彼此关系更加密切，双方愿意共同承担和分享该部分成本和收益。μ代表新增收益中核心企业获得的部分，$1-\mu$为节点合作伙伴获得的部分。ν代表核心企业承担的部分，$1-\nu$为节点合作伙伴承担的部分。当核心企业信任节点合作伙伴，而合作伙伴不信任核心企业时，节点合作伙伴额外得到的收益为F_1，核心企业得到的收益为G，并假设$G-\nu C_3<0$，这是指核心企业单方面信任节点合作伙伴时，为自身带来的收益无法弥补其付出的成本。当节点合作伙伴信任核心企业，而核心企业不信任节点合作伙伴时，核心企业额外得到的收益为F_2，节点合作伙伴得到的收益为H，$H-(1-\nu)C_3<0$。二者都对对方不够信任时，此时就是上一阶段的基于能力信任的关系。根据上文的讨论，核心企业和节点合作伙伴在建立起基于能力的信任后，其收益分别为$S_1+A_1-C_1$与$S_2+A_2-C_2$，取$S_c=S_1+A_1-C_1$，$S_b=S_2+A_2-C_2$。

综上所述，基于善意信任的核心企业与节点企业收益如6-2表所示。

表6-2　　　　基于善意信任的核心企业与节点合作伙伴收益

情况	节点合作伙伴建立善意信任	节点合作伙伴未建立善意信任
核心企业建立善意信任	$S_c+\mu L-\nu C_3$ $S_b+(1-\mu)L-(1-\nu)C_3$	$S_c+G-\nu C_3$ S_b+F_1
核心企业未建立善意信任	S_c+F_2 $S_b+H-(1-\nu)C_3$	S_c S_b

假设核心企业采取信任节点合作伙伴的策略的概率为 x，那么核心企业不信任节点合作伙伴的概率为 $1-x$；假设节点合作伙伴采取信任核心企业的策略的概率为 y，那么节点合作伙伴不信任核心企业的概率为 $1-y$。核心企业采取信任节点合作伙伴的策略时，其期望收益变为 $U_b^c = y(\mu L - G) + S_c + G - \nu C_3$；不信任节点合作伙伴的时，其期望收益为 $U_u^c = yF_2 + S_c$，平均期望收益为 $U^c = x[y(\mu L - G - F_2) + G - \nu C_3] + yF_2 + S_c$。根据同样的分析可以得到，节点合作伙伴采取信任核心企业的策略时，其期望收益为 $U_b^b = x(1-\mu)L + (1-x)H + S_b - (1-\nu)C_3$；采取不信任核心企业的策略时，其期望收益为 $U_u^b = xF_1 + S_b$，平均期望收益为 $U^b = y\{x[(1-\mu)L - F_1 - H] + H - (1-\nu)C_3\} + xF_1 + S_b$。据此可以计算出核心企业与节点合作伙伴的复制方程分别为 $F(x) = \dfrac{dx}{dt} = x(1-x)[y(\mu L - G - F_2) + G - \nu C_3]$ 和 $F(y) = \dfrac{dy}{dt} = y(1-y)\{x[(1-\mu)L - F_1 - H] - (1-\nu)C_3 + H\}$。根据 $F(x)$ 和 $F(y)$ 构造雅可比矩阵并计算可以得到：

$$\begin{pmatrix} \dfrac{dF(x)}{dx} & \dfrac{dF(x)}{dy} \\ \dfrac{dF(y)}{dx} & \dfrac{dF(y)}{dy} \end{pmatrix} =$$

$$\begin{pmatrix} (1-2x)[y(\mu L - G - F_2) + G - \nu C_3] & x(1-x)(\mu L - G - F_2) \\ y(1-y)[(1-\mu)L - F_1 - H] & (1-2y)\{x[(1-\mu)L - F_1 - H] - (1-\nu)C_3 + H\} \end{pmatrix}$$

（1）当 $\mu L - \nu C_3 - F_2 < 0$ 且 $(1-\mu)L - F_1 - (1-\nu)C_3 < 0$ 时，可以计算出复制动态方程的平衡点有四个，分别为：①$x=0$，$y=0$，雅可比矩阵行列式的值为 $(G - \nu C_3)[-(1-\nu)C_3 + H] > 0$，迹为 $G - \nu C - (1-\nu)C_3 + F_2 < 0$，是 ESS 点；②$x=0$，$y=1$，雅可比矩阵行列式的值为 $(\mu L - F_2 - \nu C_3)[(1-\nu)C_3 - H] < 0$，迹为 $(\mu L - F_2 - \nu C_3) + [(1-\nu)C_3 - H]$，符号不确定，为鞍点；③$x=1$，$y=0$，雅可比矩阵行列式的值为 $(\nu C_3 - G)[(1-\mu)L - F_1 - (1-\nu)C_3] < 0$，迹为 $(\nu C_3 - G) + [(1-\mu)L - F_1 - (1-\nu)C_3]$，符号不确定，为鞍点；④$x=1$，$y=1$，雅可比矩阵行列式的值为 $[(\mu L - G - F_2) + G - \nu C_3]\{[(1-\mu)L - F_1 - H] - (1-\nu)C_3 + H\} > 0$，迹为 $-[(\mu L - G - F_2) + G - \nu C_3] - \{[(1-\mu)L - F_1 - H] - (1-\nu)C_3 + H\} > 0$，为非稳定点。在这种情况下，最终

均会走向不合作。

（2）当 $\mu L - \nu C_3 - F_2 < 0$ 且 $(1-\mu)L - F_1 - (1-\nu)C_3 > 0$ 时，可以计算出复制动态方程的平衡点有四个，分别为：①$x=0$，$y=0$，雅可比矩阵行列式的值为 $(G - \nu C_3)[-(1-\nu)C_3 + H] > 0$，迹为 $G - \nu C - (1-\nu)C_3 + F_2 < 0$，是 ESS 点；②$x=0$，$y=1$，雅可比矩阵行列式的值为 $(\mu L - F_2 - \nu C_3)[(1-\nu)C_3 - H] < 0$，迹为 $(\mu L - F_2 - \nu C_3) + [(1-\nu)C_3 - H]$，符号不确定，为鞍点；③$x=1$，$y=0$，雅可比矩阵行列式的值为 $(\nu C_3 - G)[(1-\mu)L - F_1 - (1-\nu)C_3] > 0$，迹为 $(\nu C_3 - G) + [(1-\mu)L - F_1 - (1-\nu)C_3] > 0$，符号不确定，为不稳定点；④$x=1$，$y=1$，雅可比矩阵行列式的值为 $[(\mu L - G - F_2) + G - \nu C_3]\{[(1-\mu)L - F_1 - H] - (1-\nu)C_3 + H\} < 0$，迹为 $-[(\mu L - G - F_2) + G - \nu C_3] - \{[(1-\mu)L - F_1 - H] - (1-\nu)C_3 + H\}$，符号不确定，为鞍点。在这种情况下，最终均会走向不信任。

（3）当 $\mu L - \nu C_3 - F_2 > 0$ 且 $(1-\mu)L - F_1 - (1-\nu)C_3 < 0$ 时，可以计算出复制动态方程的平衡点有四个，分别为：①$x=0$，$y=0$，雅可比矩阵行列式的值为 $(G - \nu C_3)[-(1-\nu)C_3 + H] > 0$，迹为 $G - \nu C - (1-\nu)C_3 + F_2 < 0$，是 ESS 点；②$x=0$，$y=1$，雅可比矩阵行列式的值为 $(\mu L - F_2 - \nu C_3)[(1-\nu)C_3 - H] > 0$，迹为 $(\mu L - F_2 - \nu C_3) + [(1-\nu)C_3 - H] > 0$，为非稳定点；③$x=1$，$y=0$，雅可比矩阵行列式的值为 $(\nu C_3 - G)[(1-\mu)L - F_1 - (1-\nu)C_3] < 0$，迹为 $(\nu C_3 - G) + [(1-\mu)L - F_1 - (1-\nu)C_3]$，符号不确定，为鞍点；④$x=1$，$y=1$，雅可比矩阵行列式的值为 $[(\mu L - G - F_2) + G - \nu C_3]\{[(1-\mu)L - F_1 - H] - (1-\nu)C_3 + H\} > 0$，迹为 $-[(\mu L - G - F_2) + G - \nu C_3] - \{[(1-\mu)L - F_1 - H] - (1-\nu)C_3 + H\} > 0$，符号不确定，为鞍点。在这种情况下，最终均会走向不信任。

（4）当 $\mu L - \nu C_3 - F_2 > 0$ 且 $(1-\mu)L - F_1 - (1-\nu)C_3 > 0$ 时，可以计算出复制动态方程的平衡点有五个，分别为：①$x=0$，$y=0$，雅可比矩阵行列式的值为 $(G - \nu C_3)[-(1-\nu)C_3 + H] > 0$，迹为 $G - \nu C - (1-\nu)C_3 + F_2 < 0$，是 ESS 点；②$x=0$，$y=1$，雅可比矩阵行列式的值为 $(\mu L - G - F_2 + G - \nu C_3)[(1-\nu)C_3 - H] > 0$，迹为 $(\mu L - G - F_2 + G - \nu C_3) + [(1-\nu)C_3 - H] > 0$，为非稳定点；③$x=1$，$y=0$，雅可比矩阵行列式的值为 $(\nu C_3 - G)[(1-\nu)C_3 - H] >$

0，迹为 $(\nu C_3 - G) + [(1-\nu)C_3 - H] > 0$，为非稳定点；④$x = 1$，$y = 1$，雅可比矩阵行列式的值为 $[(\mu L - G - F_2) + G - \nu C_3]$ $\{[(1-\mu)L - F_1 - H] - (1-\nu)C_3 + H\} > 0$，迹为 $-[(\mu L - G - F_2) + G - \nu C_3] - \{[(1-\mu)L - F_1 - H] - (1-\nu)C_3 + H\} < 0$，是 ESS 点。

⑤$x = \dfrac{\nu C_3 - G}{\mu L - G - F_2}$，$y = \dfrac{(1-\nu)C_3 - H}{(1-\mu)L - F_1 - H}$，雅可比矩阵行列式的值为

$$-\frac{(\nu C_3 - G)(\mu L - G - F_2 - \nu C_3 + G)[(1-\nu)C_3 - H][(1-\mu)L - F_1 - H - (1-\nu)C_3 + H]}{(\mu L - G - F_2)[(1-\mu)L - F_1 - H]} < 0,$$

迹为 0，此时为鞍点。根据以上讨论，可以画出此时基于善意的信任变化的相图，如图 6-4 所示。

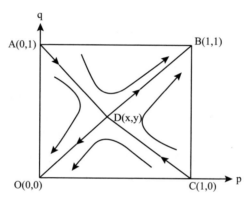

图 6-4 基于善意的信任变化的相位图

因此除了当 $\mu L - \nu C_3 - F_2 > 0$ 且 $(1-\mu)L - F_1 - (1-\nu)C_3 > 0$ 时，在其他情况下最终都会倾向于不信任，仅在 $\mu L - \nu C_3 - F_2 > 0$ 且 $(1-\mu)L - F_1 - (1-\nu)C_3 > 0$ 时，才有可能会出现基于善意信任的情形，画出基于善意的信任变化的相位图（见图 6-4），该演化博弈的相位图表现出了在初始时处于各种状态的核心企业和节点合作伙伴在长期演化博弈后处于的最终状态。采用与研究基于能力信任的演化模型相同的方式，可以得出与前文类似的结论，但是基于善意的信任与前文有所区别的是，收益的分享与成本的分担方式有所不同，因此需要对此做出进一步的研究。依然采用与研究建立能力型信任时的同样方法分析各个因素对善意信任演化的影响。四边形 AODB 的面积越小，越有可能建立起基

于善意的信任，此时 $S_{AOCD} = \dfrac{1}{2}\left[\dfrac{\nu C_3 - G}{\mu L - G - F_2} + \dfrac{(1-\nu)C_3 - H}{(1-\mu)L - F_1 - H}\right]$。

命题 6：建立基于善意型信任得到的收益越大，基于善意信任建立的概率越大。

这种收益分为两种，一种是双方建立起善意信任得到的收益 L，另外一种是单方面在建立善意信任中付出努力时，自身得到的收益 G 和 H。无论是哪一种，随着收益的上升，善意信任建立的概率都会上升。使用 S_{AOCD} 对 L 求导能够计算出 $\dfrac{dS_{AOCD}}{dL} = \dfrac{1}{2}\left\{-\dfrac{\nu C_3 - G}{(\mu L - G - F_2)^2}\mu - \right.$

$\left. \dfrac{(1-\nu)C_3 - H}{[(1-\mu)L - F_1 - H]^2}(1-\mu)\right\} < 0$。$S_{AOCD}$ 与 L 成反比，这就意味着随着

L 的上升，建立善意型信任的概率就越大。使用 S_{AOCD} 对 G 求导可得

$\dfrac{dS_{AOCD}}{dG} = \dfrac{1}{2}\dfrac{-(\mu L - G - F_2) - (\nu C_3 - G)}{(\mu L - G - F_2)^2} < 0$，对 H 求导可得 $\dfrac{dS_{AOCD}}{dH} = \dfrac{1}{2}$

$\dfrac{-[(1-\mu)L - F_1 - H] - [(1-\nu)C_3 - H]}{[(1-\mu)L - F_1 - H]^2} < 0$。可以发现在单方致力于

建立基于善意型信任时，自身得到的收益越大，越有可能建立基于善意型信任。

命题 7：建立基于善意型信任需要付出的成本越大，基于善意信任建立的概率越小。

这是因为 $\dfrac{dS_{AOCD}}{dC_3} = \dfrac{1}{2}\left[\dfrac{\nu}{\mu L - G - F_2} + \dfrac{(1-\beta)}{(1-\mu)L - F_1 - H}\right] > 0$，四边形

AODB 的面积与建立善意信任的成本成正比，随着成本的上升而变大，因此建立基于善意型信任需要付出的成本越大，基于善意型信任建立的概率越小。

命题 8：只有一方在建立基于善意型信任中付出努力时，对方得到的收益越大，基于善意的信任建立的概率越小。

使用 S_{AOCD} 分别对 F_1 和 F_2 求导可得，$\dfrac{dS_{AOCD}}{dF_1} = \dfrac{1}{2}\dfrac{(1-\nu)C_3 - H}{[(1-\mu)L - F_1 - H]^2} >$

0 和 $\dfrac{dS_{AOCD}}{dF_2} = \dfrac{1}{2}\dfrac{\nu C_3 - G}{(\mu L - G - F_2)^2} > 0$，$S_{AOCD}$ 与 F_1、F_2 成正比，随着对方收

益的上升，最终无法建立基于善意型信任。出现这种现象的原因可能是付出成本致力于建立基于善意型信任的企业发现自身付出的成本为合作

对方带来的收益更大，自身在牺牲一部分收益（$H - (1 - \nu)C_3 < 0$，$G - \nu C_3$）时，仅仅实现了对方收益的上升，这将使企业的善意信任下降，因为自身付出善意的信任没有得到对方的响应。在长期来看，无论是节点合作伙伴还是核心企业都不愿继续给予对方善意的信任。

命题9：在其他条件不变的情况下，存在最优的收益分配比例，使基于善意的信任建立的概率最大。

使用 $S_{AOCD} = \dfrac{1}{2}\left[\dfrac{\nu C_3 - G}{\mu L - G - F_2} + \dfrac{(1 - \nu)C_3 - H}{(1 - \mu)L - F_1 - H}\right]$ 对 μ 求导可以

计算出 $\dfrac{dS_{AOCD}}{d\mu} = -\dfrac{\nu C_3 - G}{2(\mu L - G - F_2)^2}L + \dfrac{(1 - \nu)C_3 - H}{2[(1 - \mu)L - F_1 - H]^2}L$，此

时 $-\dfrac{\nu C_3 - G}{2(\mu L - G - F_2)^2}L < 0$，$\dfrac{(1 - \nu)C_3 - H}{2[(1 - \mu)L - F_1 - H]^2}L > 0$，$\dfrac{dS_{AOCD}}{d\mu}$ 的符号

无法判断。使用 S_{AOCD} 对 μ 求二阶导可得 $\dfrac{d^2 S_{AOCD}}{d\mu^2} = \dfrac{\nu C_3 - G}{(\mu L - G - F_2)^3}L^2 +$

$\dfrac{(1 - \nu)C_3 - H}{[(1 - \mu)L - F_1 - H]^3}L^2 > 0$，因此当 μ 使 $\dfrac{dS_{AOCD}}{d\mu} = 0$ 时，S_{AOCD} 最小，即

满足 $\dfrac{\nu C_3 - G}{2(\mu L - G - F_2)^2} = \dfrac{(1 - \nu)C_3 - H}{2[(1 - \mu)L - F_1 - H]^2}$ 条件的 μ 能够使基于善意型信任建立的概率最大。

命题10：在其他条件不变的情况下，最优的成本分担比例存在多种情况。

利用 $S_{AOCD} = \dfrac{1}{2}\left[\dfrac{\nu C_3 - G}{\mu L - G - F_2} + \dfrac{(1 - \nu)C_3 - H}{(1 - \mu)L - F_1 - H}\right]$ 对 ν 求导可以计算

出 $\dfrac{dS_{AOCD}}{d\nu} = \dfrac{1}{2}\dfrac{[(1 - \mu)L - F_1 - H] - (\mu L - G - F_2)}{(\mu L - G - F_2)[(1 - \mu)L - F_1 - H]}C_3$，当 $(1 - \mu)L - F_1 -$

$H > \mu L - G - F_2$ 时，S_{AOCD} 与 ν 成正比，在这种情况下，随着核心企业承担的成本上升，建立基于善意型信任的概率越低。当 $(1 - \mu)L - F_1 - H <$

$\mu L - G - F_2$ 时，S_{AOCD} 与 ν 成反比，在这种情况下随着核心企业承担的成本上升，建立基于善意型信任的概率上升。当 $(1 - \mu)L - F_1 - H =$

$\mu L - G - F_2$ 时，$S_{AOCD} = \dfrac{1}{2}\left[\dfrac{-G}{\mu L - G - F_2} + \dfrac{C_3 - H}{(1 - \mu)L - F_1 - H}\right]$，$\nu$ 的变化

对 S_{AOCD} 的变化不产生直接影响。

命题11：在其他条件不变的情况下，无法同时计算出最优的收益

分配比例和成本分担比例。

$$由于\frac{dS_{AOCD}^2}{d\nu^2}=0,\ \frac{dS_{AOCD}^2}{d\mu d\nu}=-\frac{C_3}{2(\mu L-G-F_2)^2}L-\frac{C_3}{2[(1-\mu)L-F_1-H]^2}$$

$L<0$，因此$\frac{dS_{AOCD}^2}{d\nu^2}\times\frac{dS_{AOCD}^2}{d\mu^2}-\left(\frac{dS_{AOCD}^2}{d\mu d\nu}\right)^2<0$，因此无论根据极值公式求出

的点为何值，均不存在一个最优的（μ，ν）使S_{AOCD}最小。这就要求节
点合作伙伴与核心企业在建立基于善意的信任时，在实际中探寻彼此能
够接受与合适的收益分配比例与成本分担比例。

6.3　结论和讨论

福塞特等（Fawcett et al.，2012）在对多个企业经营者进行访谈后
得知，企业经营者们都认为信任是合作成功的关键，信任在农产品供应
链合作中发挥重要作用，关系和信任对维系农产品供应链节点间的合作
以及促进农产品供应链的形成具有重要意义。

本研究构建了引入关系和信任的收益函数，利用该函数分析说明了
核心企业与节点合作伙伴在供应链中收益的变化情况，研究了核心企业
与节点合作伙伴在单次合作违约时的策略变化，并据此说明了核心企业
更倾向于同实力更强的节点合作伙伴建立长期合作，以实现共赢。核心
企业与实力更强的节点合作伙伴合作可以有效地降低风险，获得更大的
利润，节点合作伙伴在合作中也可以得到核心企业的支持，调整自身产
品结构，提高自身的利润。核心企业和节点合作伙伴都应积极维护已经
建立的信任和关系，谋求形成长期合作，长期合作将对二者带来更大的
竞争优势。

本研究旨在分析核心企业与节点合作伙伴的各主体关系和信任演化
及其对农产品供应链发展影响，作为时间纵断研究与实证调查部分的横
断研究共同揭示关系和信任对农产品供应链的影响。本研究引入的关系
和信任的企业收益函数分析只说明了当核心企业与节点合作伙伴建立长
期信任合作关系时能够增加收益，但由于非理性的存在使核心企业与节
点合作伙伴难以在最初确定最优的合作方式，二者的关系也需要在重复
博弈中加深彼此了解，并在一系列试错的过程中实现自身的最优化，能

否由契约信任达到能力信任并最终达到善意信任以及是否还要受到其他条件的约束和限制，本文利用较为抽象的演化博弈的方法对此进行说明并构建模型。本研究认为：农产品供应链是一种位于市场和企业之间的中间性质组织，它是由核心企业与上下游的拥有独立产权的各主体为了实现一定战略目标以显性经济合同以及隐性社会信任相衔接的一种虚实结合方式进行比较稳定交换的自组性组织。由于在我国农产品供应运作过程中核心企业与其合作的各主体，特别是与上游农产品的生产者农户合作时常会出现毁约失信的情况，这给供应链发展带来极大的不确定性以及较大的损失。如果供应链中的核心企业与节点合作伙伴仅依靠市场交易维系双方的经济活动，就可能面临较大的风险。假设不存在订单契约时，核心企业即使与节点合作伙伴达成一定的价格协议，但可能由于市场波动带来产品价格波动，导致其中一方违约，为了降低机会主义可能带来的潜在影响，核心企业与节点合作伙伴在最初合作时需要签订合约，以契约为纽带对两者的责任进行划分，此时的契约主要是用来约束因为市场收益变化而产生机会主义动机和行为，使其在违约时付出一定的成本，从而弥补未违约一方的损失。契约虽然能够在节点合作伙伴与核心企业间建立基本的信任和合作关系，确保了农产品供应链合作的基本秩序和框架，特别是在环境风险加大和产品质量提升诉求强化背景下，契约确保了合作各方共同聚力增加供应链"剩余"，但是仅仅是依赖契约建立的关系依然相对不足，因为每次对契约的签订和对合作对象的筛选都需要付出一定的成本。在农产品供应链中，核心企业往往掌握更多的市场信息与资源甚至是生产技术，只有当核心企业与节点合作伙伴相互了解与互信程度更深时，核心企业才有信心与动力将拥有的资源更多地向节点合作伙伴倾斜，节点合作伙伴也更愿意按照核心企业的要求完成订单，使双方在合作过程中创造更大的收益。这种更深入的信任包含两个阶段：第一个阶段是能力信任。能力信任是伴随着双方契约的执行而逐步加深的。第二个阶段是善意信任。在双方达到能力信任后，在一定条件下会进一步向更高层次的善意信任发展，随着信任水平的提高，双方的收益也会逐渐提高，特别的是，该阶段供应链合作各方会主动增加创新投入以提升农产品质量和市场竞争力，尽管这在一定程度上增加了合作成本。在高信任氛围下合作各方将主动追求农产品市场溢价，扩大农产品供应链"剩余"。但是在农产品供应链中，契约信任不一定总能达到能力信任和善意信任，无论是能力信任还是善意信任的形成都需要一定的条件，这些条件涉及成本的分担、利益的让步与供应链的具体情况。因此虽然一般认为基于能力信任和善意信任能够增加收益，但是也要考虑到农产品供应链所面对的具体市场情况与发展阶段，当条件满足时再逐步使供应链内部的关系升级，逐渐形成能力型信任和善意型信任。

根据该部分研究还可以得到两个启示：一是对于农产品生产者来说，为了加入农产品供应链谋取更大的收益，就有必要加强自身实力，要强化"一村一品"的发展理念，降低生产成本，获得核心企业更大的信任，建立更密切的关系。作为以家庭为单位的农产品生产者可以加强彼此之间的联系，联合生产，以村为集体共享种植技术，降低产品的单位成本和契约的谈判成本，在与核心企业谈判的过程中取得有利地位，在进入供应链的过程中更具有优势。对于以农场、企业为单位的农产品生产者来说，要注意"供给侧"改革，要加强特色化、产业化发展，在适应市场需求的基础上，侧重农产品生产的异质性，扩大规模，形成自身竞争优势。农产品生产者还应具有长远的发展眼光，在获得核心企业的信任后，面对市场价格变化，不轻易改变自身策略，不因为短期利润变化的诱惑而做出违约等决策，充分履行契约和承诺，以获得核心企业的进一步信任，与核心企业建立更紧密的关系，以谋求在长期合作中获得更大收益。二是对于核心企业来说，虽然供应链变化的趋势是减少节点企业数量、加强对节点企业的支持、强化长期合作、加大合作创新投入，提高农产品供应链的整体竞争能力，但要注意该过程的风险管控。因为随着对节点企业进一步筛选，某种产品或服务的供应将以一个或某几个实力较强的节点为主，发生违约风险的概率将会降低，但这并不意味着违约的破坏性就会下降。在这种情况下，一旦违约，对核心企业的破坏和冲击将会更大。因此核心企业要有风险防范和应急措施，加强与节点合作伙伴的联系，未雨绸缪，将风险消灭于萌发之时。同样，节点合作伙伴也有必要开拓市场，以防范核心企业违约带来的危害。

需要说明的是，现实中农产品交易价格和供应链主体组合模式存在多样性，本研究基于农产品供应链一般演化规律设定了部分假设条件，将复杂和异质性的农产品供应链成长进行抽象，揭示其成长阶段演化及关键因素，特别是关系和信任在其中发挥的作用，这对于指导动态环境下的复杂农产品供应链业态具有启示价值。

6.4　本章小结

本章为关系和信任导向下的农产品供应链成长演化博弈分析。通过构建关系和信任对农产品供应链作用的基本模型和农产品供应链成长演化博弈模型，将关系和信任引入到核心企业和节点企业的收益函数中，分析了合作主体的选择和合作方式的倾向，证实了主体间倾向于选择生产能力和自身实力更强的伙伴，也倾向于建立长期合作关系；揭示了农产品供应链核心企业与节点合作伙伴间的动态博弈及信任和关系在供应链不同发展阶段的演进规律，表明合作关系需要在重复博弈中改善；证实了关系和信任特别是能力信任和善意信任在农产品供应链成长中的关键作用；探析了实现基于契约信任、能力的信任与善意的信任的因素及条件，提出当条件满足时再逐步使农产品供应链内部的关系升级，逐渐形成能力型信任和善意型信任。

第7章 关系和信任导向下我国农产品供应链优化机制研究

前述基于文献研究及田野深度访谈总结分析、实证分析和博弈研究证实了关系和信任在农产品供应链成长的中基础性作用。本章将结合前述研究和我国农产品供应链实际情况，探究如何通过培育关系和信任塑造具有一般性的农产品供应链成长长效机制。

7.1 农产品供应链关系和信任与合作绩效相互作用机理

农产品供应链节点合作关系是经济契约关系和社会信任关系的结合体。基于供应链理论的理解：农产品供应链要想达到整链的资源最优配置，获得更大的整体收益，必须要对供应链进行整合；农产品供应链要想最大限度地挖掘其潜在的利益，形成集成优势，节点企业间必须建立目标一致、资源互补、共担风险、同心协力、共同行动和利益共享的紧密合作伙伴关系；整合和紧密合作关系的前提和基础是农产品供应链节点企业间要彼此信任。

农产品供应链节点间的交易具备信任，意味着确认了交易双方合作的诚意和信心，减少了重新更换合作伙伴和收集信息而产生的成本，减少了激励和监管成本。信任充当农产品供应链节点企业间交易的虚拟媒介，成为交易的核心，是交易契约签订的根本保证。信任赋予农产品供应链节点间和谐履行优势互补、共享与合作创新的信心，使其交易行为变得可以预测，促使各节点企业自愿合作，提高自我约束力，减少机会主义行为，能使农产品节点企业间的合作交易关系更紧密。信任化为合作的润滑油，在农产品供应链节点企业之间存在着组织、结构、地域及文化等诸多差异的情况下，化解农产品节点企业间的猜疑及冲突，增强节点企业间的沟通融合，营造出社群的气氛，提高其共同约束力，让合作变得更加简单，从而达到合作共享和协同共赢的目标。信任使农产品供应链各节点都能意识到合作的潜力，进而采取紧密合作方式。只有当相互信任达到一定的程度时，核心企业才能做到构建定制现代化物流和信息系统，最大限度地与各节点企业达成共识，并最终形成共享的价值观和共同遵循的关系行为规范，相互间没有必要进行监督控制，节省了农产品供应链控制成本，开拓了沟通渠道，提高了供应链性能，缩短了产品开发周期，从而更好地进行彼此满足，能够有效地提高农产品供应链绩效。

农产品供应链节点间紧密的合作伙伴关系是建立在节点企业之间充分的信息与情感交流和成员组织间高度的人际认同以及形成共享的价值理念和关系规范的基础之上的。农产品供应链节点企业间只有具备足够的信任时，彼此间才能建立紧密的合作伙伴关系，而随着合作伙伴紧密关系的提升还会进一步增加节点企业之间的信任。农产品供应链节点企业间建立的这种彼此信任和长期稳定的合作关系是企业独特的关系资本。农产品供应链节点企业间的信任和关系这样循环往复不断地升级，会极大地提升这种关系资本。这种资本可以形成供应链独特的关系资本收益，能极大地提升农产品供应链外在竞争力，其主要表现在能促使节点间进行难以言述的隐性知识的互换、削减农产品供应链的监管成本、提高企业合作创新能力、提升解决合作企业之间猜疑以及冲突的能力等，从而提高农产品供应链的合作绩效。反过来农产品供应链合作绩效的提高又强化农产品供应链的信任程度，推进农产品供应链节点间的合作关系的发展，提升农产品供应链整体竞争能力，进一步提高农产品供应链合作绩效，如此往复地演进"信任—关系资本收益—农产品供应链合作绩效"的循环，如图 7-1 所示。

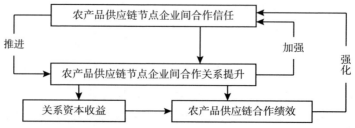

图 7-1 农产品供应链节点企业间关系和信任与合作绩效的相互作用

农产品供应链节点间战略合作伙伴关系是一种始终处在动态的协同竞争的合作关系，它们之间是既竞争又合作，这就要求各节点企业在彼此依赖与各自独立当中寻找平衡。相互依赖要求节点企业间要彼此信任、忠实履行契约和承诺，为农产品供应链节点企业长期合作发展打下夯实的基础；各自独立要求节点企业面对农产品供应链不稳定性时，能依据企业自身的具体情况快速做出既有利于企业自己利益又不损害其供应链整体利益的调整。通常认为农产品供应链节点企业之间的合作关系时间越长，信任程度越高，关系资本越易形成。长期合作关系中形成的信任，能补充契约合同难以兼顾的人格化交易，进一步促进节点企业商品交换的发展，维持节点企业合作伙伴关系的持久平衡。

7.2　强化农产品供应链节点间的合作信任

181

由于农产品供应链是由具有不同经济利益的各节点实体企业组成的，节点企业间存在着利益上的纠结与冲突，这种纠结与冲突往往会导致各节点企业间产生对立或抵触行为，形成供应链困境，影响农产品供应链的有效协调和整合。供应链困境是指供应链中的每个参与者都需要在个体利益和群体利益之间进行选择，实质就是抉择是否遵守群体规则，选择遵守和顺从规则的为信任和合作，不遵守或违反规则的则为背叛和不合作。由此，在农产品供应链复杂的系统中，两种行为存在着天生的矛盾，一种是为获得群体利益进行信任和合作的行为，另一种是为追求个体利益而同群体利益相背叛和不合作的行为。其实在大多数情况下，个体利益与群体利益是一致的，但也不可避免地存在机会主义行为，为此，农产品供应链需要强制建立群体内部信任，对个体投机行为进行约束，保证其成员遵守群体规则。群体社会压力就是以强制力量建立或获取群体内部信任的重要手段，主要包含道德压力、名誉压力、制度压力和防护压力四种（布鲁斯·施奈尔，2013）。本研究认为我国农产品供应链需要通过这种群体社会压力手段来唤起、引导、强迫和鼓励农产品供应链节点成员企业为供应链群体利益以及个体的长期利益而行动，遵循供应链群体的规则，从而使它们可以在农产品供应链困境中达成信任和合作，摆脱供应链困境。但是，像物理学压力一样，群体社会压力应限制在可控范围内的，是在能实现农产品供应链群体成员共赢的前提条件下发挥作用，并不是在所有情况下都能发挥作用，压力是有限度的，超过一定程度也会失效。因此，农产品供应链要最大化效益的运转，需要在农产品供应链节点企业间建立起相互信任、共担责任和风险以及共享资源与收益的担当，建立起以实现农产品供应链效率为核心的彼此信任的紧密合作关系。一方面，从防御的角度，需要通过群体社会压力来限制部分个体的机会主义行为，迫使农产品供应链成员企业遵守群体规则，促成农产品供应链节点企业间的信任和合作；另一方面，如果从进取和创新的角度来讲，农产品供应链还需要通过提升整体竞争能力来加强成员企业间的资源共享、有效沟通，提高其长期合作的期望，增强农产品供应链的能量应对不断变化的运营环境，从而强化农产品供应链节点企业间的合作信任。本研究认为促成和强化农产品供应链节点企业间合作和信任的关键是要构建农产品供应链强化信任模型，即通过群体社会压力和提高农产品供应链整体竞争能力在农产品供应链困境中促成和强化节点企业的信任合作，如图 7 - 2 所示。

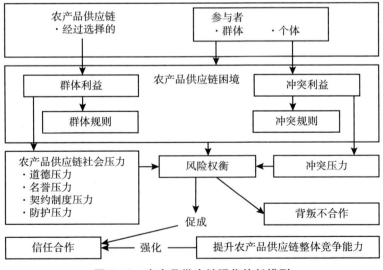

图 7 - 2　农产品供应链强化信任模型

7.2.1 增加农产品供应链群体社会压力

1. 道德压力

道德是以善恶和好坏为准绳,借助于社会舆论、约定俗成和个人信念来调整个体之间以及个体与社会之间相互关系的行为规范。本研究所谓的道德压力主要指来自农产品供应链成员企业个体的头脑中,绝大多数农产品供应链成员企业不进行机会主义行为不是因为农产品供应链有其防卫机制或制度约束,而是它们认为那是错误的和令其感到愧疚的行为。农产品供应链节点企业间战略合作关系需要有共同认可的伦理道德规范与行为准则,尤其要强调每个节点企业经营者的信誉和诚信意识,要把农产品供应链组织看成是基于道德、文化、信用、情感和商誉的市场主体。农产品供应链各节点企业必须认识到,如果无信失约,就会造成农产品供应链产品库存积压或者断货,甚至导致整个农产品供应链解体。农产品供应链各节点企业应当具有全局意识和长期发展眼光,不能为个体微小私利而失去信用,使企业自身失去发展机会,使整个农产品供应链遭受巨大损失。由此,农产品供应链核心企业在选择合作伙伴时,应尽量选择文化、价值理念以及社会背景等与自己相似的企业合作,避免或降低因为文化相异和理念不同而引起的怀疑和冲突,同时,也应正视合作伙伴之间的差异,共同学习、不断增进彼此的了解,使合作企业在道德规范和行为准则上达到最大共识。

2. 名誉压力

企业名誉是社会对企业行为的客观公正的评价。良好的企业名誉不仅能使企业赢得更多社会尊重,还能为企业获取更长期的经济效益;不良的企业名誉使企业寸步难行。名誉来自他人对自身行为的评价,名誉压力是十分强大的压力,特别是在当今大数据、移动化和社交媒体时代,名誉作为一种信号具有传播的真实性、及时性、快速性以及辐射范围广的特征,企业的任何机会主义行为,都会被迅速传播到社会网络的每一个角落,任何企业都会关注搜集其合作企业有关名誉的信息,会谨慎做出是否进行合作的选择。无论是个人还是农产品供应链成员企业乃至整个农产品供应链组织都会有失去名誉和信任的恐惧感，都会尽力避免践踏农产品供应链群体规则而影响名誉的行为。

名誉是可相信的承诺，这种承诺能提升农产品供应链战略合作伙伴的可信任程度，能有效控制信息扭曲，使交易更透明，抑制道德风险的产生。在农产品供应链合作的过程中，企业名誉可以被看成是企业的一种长期投资，良好的企业名誉不仅能赢得其合作伙伴更多的信任，还能有效地约束自身以及合作伙伴的机会主义行为。当农产品供应链拥有如良好的形象、商誉、驰名商标等名誉，尤其是农产品供应链在整个农产品行业中占有非凡的名誉地位时，更能收获超额的合作收益。

3. 契约制度压力

制度都有其自身的规则章程，契约制度是指人们要共同遵守的规定、法规或行动准则，这些规范和法则的颁发与实施都是带有强制性的。契约制度压力主要是对违反法律规则的成员企业进行惩罚或对遵守法纪的成员企业进行表彰奖励，促使农产品供应链成员企业共同遵守行为规范。

农产品供应链合作企业间进行交易活动时，一般都通过相关的保护性或规定性的契约合同来相互约束，这些合同条文让合作企业明确自己行动方向和行为预期后果，消除其投机取巧的侥幸心理，提高对合作企业的行为诚信度。契约制度压力既能从正面激励节点企业间诚信和合作，又能对不履行契约和义务的成员企业加大惩罚行为的成本，从正反两方面来稳定农产品供应链节点间的合作信任，确保农产品供应链实现多赢的局面。另外，从长期来看，由于契约的不完备性，不可能涵盖所有的不确定或未知的因素，这使得契约只能对农产品供应链合作企业起到局部的约束作用。我们必须要认识到非正式的理解和良好的沟通也会加强农产品供应链运作过程中的合作企业间的信任。

4. 防护压力

防护是一种可以促成合作的群体社会压力，是群体社会压力的独特一类。防护与其他类型的群体社会压力相异，是对背离叛变的最后一层的防御，是最具伸缩性的，它可以增强道德压力、名誉压力以及制度压力。因此防护压力既是单独一类群体社会压力，也是其他三种压力的补充。本研究所谓的防护压力主要是指农产品供应链为了促成节点企业间合作、避免背离叛变行为发生、建立合作信任以及强制合作企业共同遵守契约制度而设计的防护机制。它既包括用以防止背离叛变的规则，也包含了用以制止背离叛变的规则，还包含用以事后处理的机制。从微观层面上看，农产品供应链通过制定保护性契约合同来防止其成员企业机会主义行为的出现，对违约行为进行惩治，甚至进行驱除；从中观层面上看，农产品行业协会等组织机构要对协会成员建立信息库，进行监督和管理，一旦发觉有不良信誉记载的企业，立即进行惩责，使协会成员自始至终处在比较完善透明的监督机制的管束当中，定期清理非诚信行为的企业和个体，限制其交易活动；从宏观层面上看，政府要对农产品经营者进行监督与控制，加强市场监督管理，制定有关农产品生产加工标准和农产品可追溯体系等法律法规，执法部门和政府有关部门应以强制手段加大力度惩罚有欺骗行为的企业和个体，并没收其额外所得。因此，农产品供应链节点间的信任之所以能够维持，就在于防护机制的存在，使之付出的成本大于失信而获得的收益，让农产品供应链成员企业感觉到做出投机行为是得不偿失的。当然，防护机制可以是非常昂贵的，在防护机制的支出超过收益时，也就是说当防护手段增加更多的开支，而获取的额外防护回报却越来越少时，农产品供应链成员企业的预期就会逐渐降低，其节点企业间的信任也就越来越低，防护机制就逐渐失效了，如 7 - 3 图所示。

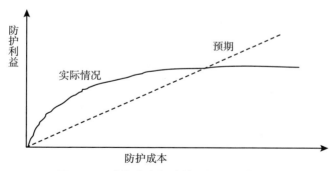

图 7 - 3　防护成本与防护利益之间的关系

　　资料来源：布鲁斯·施奈尔著，徐小天译：《我们的信任：为什么有时信任，有时不信任》，机械工业出版社 2013 年版。

7.2.2 提高农产品供应链整体竞争能力

蒂斯（Teece，1997）提出了动力能力理论，他把企业的资源分为公共资源、专有资源、组织与管理能力以及创新能力四个层次。公共资源是指企业购买的生产要素和获得的知识；专有资源主要指企业拥有的商业秘密和专利技术等无形资产的战略性资源；组织与管理能力是指能够把企业的生产要素和获得的知识以及专有资源进行有机的整合，它是一种在企业生产运营历程中积累而成为企业的无形资源，是体现企业竞争优势的主要资源，是企业能力的基础，极大地降低了企业的交易费用；创新能力是指企业面对当下高新科技产业的迅速发展和变幻莫测的市场环境下必须具有的创建、整合以及重新配置的能力，是企业成功发展最为关键的能力。

蒂斯等人把改变现有能力的创新能力定义为动态能力，他们强调动态能力是能够让企业在依靠预先规定的路径以及市场位势的前提下持续获取新的竞争优势。动力能力理论关注企业在面对瞬息万变的外部环境条件下形成和维持动力能力的组织过程以及获取专有资源的能力的路径。基于静态的角度理解组织过程是整合和协调的过程，体现出企业持续做事的能力；基于动态的角度理解组织过程是开发学习和不断获取新资源或能力的过程；基于转换的角度理解组织过程是企业依据市场环境的变化把内部和外部资源有机结合进行有利于企业发展的资源与能力的重组。

本研究在梳理专家学者理论观点的基础上，认为农产品供应链核心企业与战略伙伴企业皆要通过不断学习积累提升各自的核心竞争能力，充分发挥自身的竞争优势，有效利用企业的外部相关资源，并由核心企业在整合各个节点企业的核心业务能力的基础上，进行强强联合和优势互补，通过专用性资产投资、信息与知识的互换以及跨组织的联合创新和协作途径参与竞争，并争取政府的支持，共同增强农产品供应链竞争能力，快速响应市场需求。在这种情况下，为了获取长远的收益，农产品供应链中各节点企业一般不会对其合作伙伴采取机会主义行为，它们会在各自不断提升自身竞争优势的过程中不断增强彼此的了解，深入交融，不断提高彼此之间的信任度，形成相互依赖、更加紧密的信任合作关系，最终创造出更大的农产品供应链的整体价值。

7.3　提升农产品供应链节点间紧密合作关系

7.3.1　构建和强化核心企业主导的农产品供应链合作模式

由于农产品生产扎根于土地以及我国农村独有的分田到户和土地承包政策，再加上农产品供应链的分散性、复杂性、脆弱性、敏捷性、储运的独特性以及不稳定性，使得我国农产品供应链相对于其他产品供应链有自己的特点，即每一条农产品供应链必须要有一个实力较强的企业作为核心企业，并从产业的角度来优化整合供应链，而且每条农品供应链的竞争力基本取决于核心企业的实力和影响力。农产品供应链不仅是由各节点企业通过契约和承诺关系建立的利益分配体，还是一个相对稳定的利益共同体。利益共同体的建立与维持不能仅仅依赖于契约和信任关系，在外部利益的激励下，农产品供应链各节点都有违约的动机，所以，农产品供应链迫切需要具有非常强的供应链管理能力的权威领导者，统领上下游节点企业，在构建的信息交易平台上实现信息和情感的顺畅互动，提高应对市场的反应速度，减少浪费，降低成本，保证产品品质，满足客户需求，提高农产品供应链整体竞争力。因此，构建基于不同类型的核心企业主导的农产品供应链战略合作关系模式，是提高我国农产品节点企业间的关系合作紧密度和提升农产品供应链合作绩效的关键所在。

农产品供应链上的成员企业包括农资企业、农户、农村专业合作组织、加工企业、配送商、批发商、零售商和消费者等组织和个人。从理论上讲，农产品供应链中的核心企业可以是农资产品供应商、农产品生产者、农村专业合作组织、加工企业、批发商和零售商、第三方农产品物流企业或电商企业等。就目前我国农产品供应链上成员企业的现状来看，由于我国规模较大的农资企业多为国资背景，存在地方分割，服务能力不高，难以成为市场的领导者。上游农产品生产环节的生产者主要是农户，虽然家庭农场和种养殖大户在蓬勃发展，但以目前的规模和能力还不足以承担核心企业的任务。农产品销售末端的农贸市场和个体商贩，其整体销售能力也很有限，难以承担核心企业的角色。

本研究认为我国只有少量有实力的农村专业合作社、农产品加工企业、第三方物流企业、专业批发市场和大型连锁超市等有能力来承担供应链中核心企业的重任，但由于地域和政策的限制和约束，形成全国性的农产品供应链还较少。随着电子商务蓬勃发展，电商平台加快崛起，物流配送体系逐渐完善，互联网助推农业产业升级，大型电子商务企业也可以作为农产品供应链的核心企业，使农业产业集聚效应逐渐显现。因此，依据当前我国农产品供应链的实践，我们可以主要加强建构和优化包括农产品加工企业、批发市场、连锁超市、第三方物流企业、农民专业合作社和电商企业六种类型的核心企业主导的农产品供应链合作模式来提升农产品供应链节点企业间关系合作紧密度。

7.3.2 基于关系和信任视角的农产品供应链分类基础上的合作关系形式及策略选择

本研究认为提升农产品供应链合作效益的根本是要对农产品供应链错综复杂的关系做更深入的梳理，要科学合理地对农产品供应链进行分类，并应针对不同类型的农产品供应链选择紧密度合适的合作关系形式以及相对应的行之有效的策略手段。

1. 基于关系和信任视角的农产品供应链分类

在既有研究中，李（Lee，2002）把需求与供应都划分为稳定型与不稳定型两大类别，把产品划分为功能型与创新型两种类型，认为功能型产品是普通型产品，创新型产品主要包括定制型、专利型和顾客设计型三种产品。从需求来看，认为功能型产品的需求可以推算预测，是相对稳定的；创新型产品需求难以推算预测，是相对不稳定的。从供应来看，认为功能型产品是稳定的，创新型产品是变动的。以此将供应链区分为供应稳定功能性产品相对应的高效型供应链、供应不稳定功能性产品相对应的风险规避型供应链、供应稳定创新性产品相对应的响应型供应链以及供应不稳定创新性产品相对应的敏捷型供应链四种。张向阳等（2013）根据供应与需求的不稳定性把农产品供应链区分为四种类型，即供应与需求都稳定供应链、供应稳定而需求不稳定的供应链、供应不稳定而需求稳定的供应链以及供应与需求都不稳定的供应链。

本研究为加强我国农产品供应链的可操控性，结合我国农产品供应链节点企业间合作关系现状与特点，基于国内外专家学者文献研究，依据两大消费方式、产品供需特点、供应链节点企业间的经济关系和社会关系四维度的相关要素，将农产品供应链划分为供应稳定功能型加工农产品供应链、供应不稳定功能型生鲜农产品供应链、供应稳定创新型加工农产品供应链和供应不稳定创新型生鲜农产品供应链四种类型，具体如表7－1所示。

表7－1　　　　基于关系和信任视角的我国农产品供应链分类

<table>
<tr><td rowspan="11">类别</td><td rowspan="5">经济关系</td><td>交易不确定性</td><td>供应稳定
需求稳定</td><td>供应不稳定
需求稳定</td><td>供应稳定
需求不稳定</td><td>供应不稳定
需求不稳定</td></tr>
<tr><td>交易频率</td><td>低</td><td>高</td><td>高</td><td>高</td></tr>
<tr><td>专用投资程度</td><td>低</td><td>高</td><td>高</td><td>高</td></tr>
<tr><td>交易时间</td><td>短期</td><td>中期</td><td>长期</td><td>长期</td></tr>
<tr><td>交易形式</td><td>市场交易、
契约交易</td><td>契约交易</td><td>契约交易</td><td>契约交易、
企业内部交易</td></tr>
<tr><td rowspan="3">社会关系</td><td>沟通的充分度</td><td>不充分</td><td>较充分</td><td>充分</td><td>充分</td></tr>
<tr><td>关系紧密程度</td><td>疏离或半紧密</td><td>较紧密</td><td>紧密</td><td>最紧密</td></tr>
<tr><td>信任强度</td><td>弱</td><td>较强</td><td>强</td><td>强</td></tr>
<tr><td colspan="2">产品特点</td><td>功能型</td><td>功能型</td><td>创新型</td><td>创新型</td></tr>
<tr><td colspan="2">消费方式</td><td>加工农产品</td><td>生鲜农产品</td><td>加工农产品</td><td>生鲜农产品</td></tr>
<tr><td colspan="2" rowspan="2">类型</td><td>供应稳定功能型加工农产品供应链</td><td></td><td>供应稳定创新型加工农产品供应链</td><td></td></tr>
<tr><td></td><td>供应不稳定功能型生鲜农产品供应链</td><td></td><td>供应不稳定创新型生鲜农产品供应链</td></tr>
</table>

2. 不同类型农产品供应链应节点合作关系形式及应对策略选择

（1）供应稳定功能型加工农产品供应链节点合作关系形式及应对策略选择。

供应稳定功能型加工农产品主要指能够满足人们必需的基本生存的粮食和油料等加工农产品。它属于国家战略性的物资，具有不可替代性，国家通常会通过战略储备库存来调度其供需平衡。相对于生鲜农产品来说，供应稳定功能型加工农产品具有生命周期长、同质性强、稳定性高、易保存、难以替代、供需规模大、交易频率不高、节点间转换成本不高等特点。因为该类产品的消费者需求基本雷同，产品的同质性强，对农户生产、加工企业加工以及流通的过程与操作流程没有特殊的要求，农户投入的生产要素仅仅受制于一个生产周期，接下来就可以转换种植其他农产品，其资产专用性相对比较弱。因此，基于现阶段的我国小农户生产依然居于主导的前提下，市场交易关系依然是供应稳定功能型加工农产品供应链上下游企业比较恰当的合作方式。此外，加工企业还可以直接或基于农民专业合作社与农户（包括专业大户或家庭农场）以市场契约合同的形式建立比较紧密的合作关系，提升农户的组织化程度，提高生产规模效益，降低交易的耗损，提高交易成交效率。农产品的交易形式以及渠道环节的数量是取决于市场机制的，而人为减少渠道环节与特意转换交易方式都可能招致不能完成流通任务或白白增加交易成本。

一直以来，我国粮食和油料等农产品生产都是以分散的农户为主导进行的，由于该类农产品供应链上游是数量众多且分散的个体农户和收购商，交易环节较多且合作关系松散，农户难以获得完整精准的市场信息，生产者和收购商之间大多是单次交易中钱货两清的交易方式，其交易成本高，"牛鞭效应"非常明显。因此，减少"牛鞭效应"、降低交易成本、提高生产效率的高效型策略最匹配供应稳定功能型加工农产品供应链。为此，一方面，农产品加工企业要设法与其上下游企业进行有效的信息交流与沟通，通过运用 CPFR[①] 和 VMI[②] 技术，尽力减少库存

[①] CPFR 是"协同规划、预测与补货"（collaborative planning, forecasting, and replenishment）的简称，强调供应商及零售商的协同合作流程及资讯分享，并借由所共享的资讯适当补货以减少库存、物流及运输成本，使供应链的流程更有效率，进而提升供应链价值。

[②] VMI 是供应商管理库存（vendor managed inventory）的简称。供应商等上游企业基于其下游客户的生产经营、库存信息，对下游客户的库存进行管理与控制。

成本和整个供应链运作的总成本。另一方面，加工企业可以基于土地流转政策，通过与农民合作社等中间组织签订订单契约，把分散的小农户的土地科学合理地流转到农民合作社等中间组织，提升农户经营组织化程度，实现生产规模效应，紧密农产品供应链节点企业间合作关系，提高农产品供应链的运行效率。

（2）供应不稳定功能型生鲜农产品供应链节点合作关系形式及应对策略选择。

供应不稳定功能型生鲜农产品主要指能满足居民必需的基本生活的生鲜农产品。它具有种植和养殖技术高、节点间转换成本高、交易频率高、难保存、贮存与运输条件高、稳定性差以及需要长期的专用资产投资等特点，农户感觉该类农产品的生产风险性大，不愿意进行长期投入。核心企业要使该类农产品供应链正常运营，必须要建立信息交易平台和冷链设施，核心企业资产专用性特别鲜明，其投资和运营的风险非常大，极容易被深深套牢，也可能导致被农户"敲竹杠"。所以，核心企业与其上下游企业建立比较紧密的合作关系是供应不稳定的农产品有效运转的关键。通常核心企业会主动与农产品生产者签订契约，将交易双方的权利与义务进行具体、详细和明确的规定，最大程度防止交易对方钻契约合同的空子而产生机会主义行为，通过契约信任来保证上游农产品供应。市场契约（销售合同）或横向一体化的合作关系形式较为合适，具体采用哪种合作方式，主要根据消费者对农产品的品质要求以及核心企业的掌控力和节点企业间合作信任程度的差异来抉择。

由于供应不稳定功能型生鲜农产品的需求比较稳定，核心企业愿意冒风险与上游生产者合作获取长期稳定的利益。然而，该类农产品极容易受到不可控的自然灾害与人为操控等因素影响，其供应的限制条件比较多，可能会出现供应极不稳定或者供应中断的现象，因此，风险规避策略最适合供应不稳定功能型农产品供应链。为此，一方面，对于比较容易保存的生鲜农产品，可以通过节点间建立联合库存管理方式尽量减少因为各自独立库存而导致需求放大情况的出现；另一方面，对于比较容易腐蚀的生鲜农产品，核心企业可以通过提前锁定价格、提前签订定额采购合约、扩展范围物色更多的供应源、优化冷链物流等方式延长其保存时间、降低损耗、确保品质。

（3）供应稳定创新型加工农产品供应链节点合作关系形式及应对策略选择。

供应稳定创新型加工农产品主要指粮食和油料以及果蔬、禽蛋和鱼肉类等品牌加工农产品。一方面，由于有诸多供应商能够提供该类产品的供给，其市场竞争异常激烈；另一方面，由于消费者对该类产品的品质价值有较高个性化要求，通常此类产品要获得国家有关产品质量认证。由于该类产品的消费者需求的不确定，产品的异质性强，对农户的田间生产管理，加工企业的加工技术、设备与操作流程以及流通过程中的冷链物流信息技术与管理都有比较特殊规范的要求，其资产专用性相对比较高。所以，该类产品的供应商和核心企业都有比较强烈的意愿建立紧密的合作关系。特别是核心企业因为投资力度大，希望直接或通过农村专业合作组织以契约订单的形式与分散的农户进行有效衔接，并且试图通过契约和承诺信任来约束农户，确保上游农产品供给稳定且有安全质量保证。生产契约关系或者横向一体化关系的合作方式比较适合，具体选择哪一种合作方式主要依据消费者对该类农产品品质价值的个性要求程度以及核心企业的掌控力和节点间合作信任的程度来抉择。

由于在供应稳定创新型加工农产品供应链中，供应商竞争激烈、品牌差异性比较大、替代性比较强、市场的不确定性比较大等因素往往会导致该类产品需求波动性与价格波动性都比较大，甚至会出现因农产品市场分割现象的出现而引发整个农产品供应链的断裂，所以，供应稳定创新型加工农产品供应链应选择快速响应策略。为此，核心企业必须构建现代化信息交易平台和冷链物流，通过物流延迟方法将该类农产品分为规模化通用半成品与个性化顾客最终定制产品两个阶段进行生产加工。一方面，尽力把无差异的通用半成品的生产做到规模最大化，达到规模经济效益；另一方面，尽一切可能把差异化的终极产品生成于最靠近消费的时间和地点，当接到顾客订单时，能够最快速且最有效率地完成顾客个性化定制产品的定做与交付，努力追求以不变应万变，降低不确定性，收缩产品的交货期，降低交易成本，提升顾客价值，增强供应链的整体竞争优势。

（4）供应不稳定创新型生鲜农产品供应链节点合作关系形式及应对策略选择。

供应不稳定创新型生鲜农产品主要指具有地理标志以及独特品牌特

色的生鲜农产品。由于该类产品的种植和养殖的自然条件特殊，再加上消费者对此类产品的品质价值的个性化要求非常高，通常要求其有国家有关质量认证，且要求其购买地点是专卖店以及超市等，所以，此类产品的供应约束条件非常苛刻。由于该类产品的消费者需求个性化要求非常高，产品的异质性非常强，对农户生产、加工企业加工以及流通的整个过程的各个环节都有特殊严格的要求，其资产专用性非常高，所以，核心企业主导的一体化合作关系形式最合适。一般来说，其资产专用性以及市场风险越高，选择一体化的愿望就越浓烈。其中，当交易双方的资产专用性都非常高且互补时，交易双方往往会选择以产权形式进入同一组织的纵向一体化的合作关系方式，如果在此情况下还要选择基于契约形式的横向一体化合作关系形式，那么，由于任何一方都存在违约的可能性，无论是哪一方掠夺另一方的专用性资产准租金的投机主义行为，都会带给对方重大挟制和灾难性的损失。当交易双方的资产专用性都非常高且互为独立时，交易双方以契约形式的横向一体化合作关系方式最为适合，核心企业可以通过契约与上游生产者创建生产直供基地，进行统一标准、统一生产、统一加工、统一配送等。如果在此条件下还选择基于产权形式的纵向一体化合作关系方式，则会白白增加监督和管理的成本。

　　供应不稳定创新型生鲜农产品供应链的供应约束条件非常苛刻，而且消费者对该类产品的品质价值的个性化需求非常高，从而导致供应不稳定创新型生鲜农产品供应链一直处在动态的变化当中，迫切需要核心企业与节点企业间进行最紧密的合作，所以，选择敏捷性策略最适合。为此，一方面，核心企业可以通过联合库存方式、提前锁定价格、提前签订定额采购合约、扩展范围物色更多的供应源以及优化冷链物流等方法来规避上游生产供应的不确定性带来的风险；另一方面，核心企业可以通过构建现代化信息交易平台和冷链物流系统、物流延迟等方法使农产品供应链更加柔性化，致力于实现无差异通用半成品生产的规模化经济效益，然后，当接到顾客订单时，又能最快速且最有效率地完成顾客个性化定制产品的定做与交付，快速响应市场需求，减少市场的不确定性。这样，既能够有效降低交易成本，又能够最大限度地提升顾客价值，从而提高供应链的整体竞争优势。

7.4 基于关系和信任导向下的
农产品供应链优化模型

本章在厘清关系和信任对提升我国农产品供应链竞争力的作用机理分析以及通过培育关系和信任塑造具有一般性的农产品供应链成长长效机制的基础上，构建关系和信任导向下的优化机理模型，如图7-4所示，该模型为我国农产品供应链有效实施提供了基本的路径与方向。

我国农产品供应链节点企业间关系和信任与合作绩效之间的相互作用是沿着"信任—关系提升—关系资本收益增大—农产品供应链合作绩效提高—信任强化"进行循环往复的演进的，这使得农产品供应链节点企业间的关系与信任不断升级，也使得农产品供应链合作绩效不断得到提升。由于我国农产品供应链上的产权独立的各节点企业之间存在利益上的纠结与冲突，因此，基于关系和信任导向下的农产品供应链优化的本质就是要从防御和创新双重视角构建系统化的农产品供应链多主体间的信任培育机制。一方面，从防御的角度来看，通过道德压力、名誉压力、制度压力和防护压力等群体社会压力限制寄生个体的机会主义行为，迫使供应链成员企业遵守群体规则，调节农产品各节点企业个体利益与供应链整体利益之间的关系，以此促成合作信任；另一方面，从进取和创新的角度来讲，通过提高农产品供应链整体竞争能力，加强成员企业间的资源、信息和知识等共享，增强农产品供应链的能量，应对不断变化的运营环境，以此强化节点企业信任合作。由于我国农产品供应链的特殊性，每条农产品供应链都需要核心企业将众多的节点企业通过某种共同目标和利益所产生的凝聚力而联系起来优化整合供应链，因此，应构建基于不同类型的核心企业主导的农产品供应链战略合作关系模式以及基于关系和信任的视角科学合理地对农产品供应链进行分类，并应针对不同类型的核心企业主导的农产品供应链选择合适的合作关系形式和相对应策略手段，这是紧密节点企业间的关系和提高我国农产品供应链合作绩效的关键所在。

不过需要注意的是，农产品供应链中关系和信任的培养也有可能产生"硬币的另一方面"，如低水平关系锁定、强信任抑制创新选择、

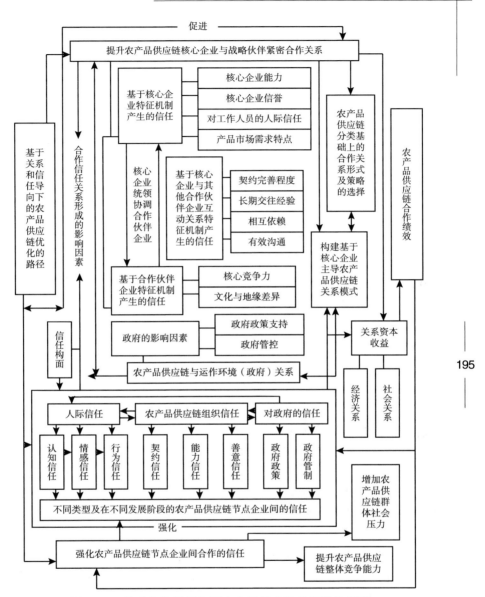

图 7 - 4　关系和信任导向下农产品供应链机理优化模型

部分问题快速传染等，其削弱了农产品供应链成长潜能，不利于构建农产品供应链的创新机制，这需要供应链节点企业和参与主体妥善识别和应对。

总之，通过强化农产品节点企业间的信任和提升农产品供应链节点企业间紧密合作关系来塑造具有一般性的农产品供应链成长长效机制，是保障农产品供应链节点企业获得群体利益的根本，是农产品供应链稳定有效运转的前提。农产品供应链节点间的彼此信任能提高各行为主体对合作关系对方行为的事先预测性，有助于建立更稳定紧密的合作关系，不仅能提高供应链的整体竞争能力，而且还能使农产品供应链节点企业间的交易简单化，降低交易风险与成本，从而提升农产品供应链的合作绩效和成长性。

本研究基于多理论基础全面解构了农产品供应链关系和信任内涵、维度和影响因素并借助实地调查和博弈模型等系统厘清了关系和信任导向下的农产品供应链成长机制，面对目前我国既有的六种核心企业主导的不同供应链运作模式的关系和信任现状、特点以及运作效率低的难点问题，我们认为：关系和信任导向下的我国农产品供应链合作绩效和成长性的提升，不仅要通过构建农产品供应链多主体间的信任培育机制和构建农产品供应链多主体间关系培育机制的分析框架塑造的具有一般性农产品供应链成长长效机制来实现，更需要具体针对前面分析的我国既有的加工企业、批发市场、连锁超市、第三方物流企业导、农民专业合作社和电商企业等核心企业主导的六种不同供应链运作模式的关系和信任的现状与特征以及结合我国农产品供应链的关系和信任作用机制进行异质性优化策略来实现，即围绕提升核心企业竞争力、基于不同供需特征优化契约信任合作关系、基于积累交往经验和专用资产投资优化能力信任合作关系、基于有效沟通优化善意信任合作关系和完善政府支持体系等，分别给出我国既有的加工企业主导、批发市场主导、连锁超市主导、第三方物流企业主导、农民专业合作社主导和电商企业主导的农产品供应链异质性优化策略，探索与之相匹配的关系和信任的培育机制和行之有效的发展对策。这不仅能够为提高我国不同类型的核心企业主导的农产品供应链竞争力以及提升我国农产品竞争力提供具体科学性的指导，还能够在一定程度上为目前我国不同类型的核心企业主导的农产品供应链明确发展方向。

7.5　本章小结

本章为关系和信任导向下我国农产品供应链优化机制研究。在厘清农产品供应链节点间关系和信任与合作绩效相互作用机理的基础上，建立了以强化农产品供应链节点企业间的信任和提升农产品供应链紧密合作关系为基础的分析框架，提出了通过培育关系和信任塑造具有一般性的供应链成长长效机制，即基于防御和创新双重视角构建系统化的农产品供应链多主体间的信任培育机制，基于确立核心企业的领导地位和科学分类选择与战略伙伴间的合作关系形式及策略的双重视角构建农产品供应链节点间紧密合作关系的系统化培育机制；构建了基于关系和信任导向的农产品供应链优化分析模型，为我国农产品供应链有效实施提供了借鉴；进而指出对于存在诸多原子式种植户的我国农产品供应链而言，关系和信任导向下的我国农产品供应链绩效的提升，不仅要通过构建农产品供应链多主体间的信任培育机制和构建农产品供应链多主体间关系培育机制的分析框架塑造的具有一般性农产品供应链成长长效机制来实现，更需要具体针对前面分析的我国既有的六种不同核心企业主导的农产品供应链模式和业态的关系和信任的现状进行异质性优化策略来实现。

第8章 关系和信任导向下的我国农产品供应链优化策略：不同供应链模式视角

通过前文对关系和信任对我国农产品供应链当前绩效和成长的作用机理以及我国农产品供应链关系和信任的构造机制研究，明确基于关系和信任导向下农产品供应链优化是实现我国农产品资源优化配置的有效路径。本章将针对我国既有的加工企业主导、批发市场主导、连锁超市主导、第三方物流企业主导、农民专业合作社主导和电商企业主导等六种不同农产品供应链模式对我国农产品供应链关系和信任的培育机制提出相应的对策建议。

8.1 关系和信任导向下加工企业主导农产品供应链优化模式与对策

加工企业为主导的农产品供应链是一种推动式供应链，是基于需求预测来进行运营的，相对来说，难以准确地把握市场，产生"牛鞭效应"的风险较大。关系和信任导向下的加工企业主导的农产品供应链优化模式是以加工企业为核心企业，以市场导向为驱动，基于契约和承诺等合作形式，把农资产品供应者、生产者和下游的经销商直到消费者连接起来，借助于新一代的信息技术，通过现代化信息网络平台建立直接互动关系，以共享资源、信息、知识和情感等整合成为共利多赢的利益共同体，以经济性、社会性和权威性等交互形成多种治理方式的叠加效应进行自我约束和共同约束，加大合作主体对败德行为的抵制，建立起长期稳定的合作关系，实行产、供、销一体化经营，从而提高农产品供应链合作效益的供应链优化模式，如图 8-1 所示。

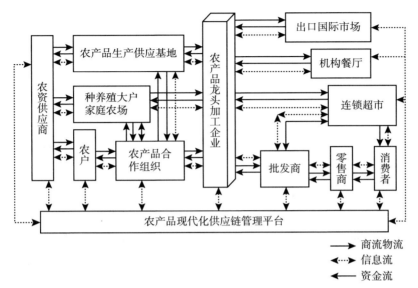

图 8-1 关系和信任导向下加工企业主导的农产品供应链优化模式

8.1.1 提升加工企业品牌实力

我国已成为世界农产品加工厂，目前生产加工龙头企业在我国农产品供应链的实施中正起着中流砥柱的作用。农产品加工企业上游连接农户，下游连接市场，它在供应链运营中起着承上启下的桥梁作用，承担集搜寻市场信息、生产加工销售以及推广科技服务为一身的角色，能把市场信息及时传递到农户，让农户掌握市场的变化，从而及时有效地满足市场需求。

1. 塑造加工企业良好的品牌形象

基于关系和信任导向下的加工企业主导的农产品供应链优化模式中，加工企业作为供应链的核心企业必须要拥有市场普遍看好的知名或特色品牌产品以及良好的企业口碑和信誉，其产品或品牌要拥有强大的市场影响力和角逐力，要依靠产品的品质特色及品牌声誉将上下游的节点企业连接在一起，要依靠产品的品牌效应来提高市场份额。

2. 以驱动供应链和拉动市场为导向提高加工企业核心竞争能力

基于关系和信任导向下的加工企业主导的农产品供应链优化模式中，农产品加工企业的能力素质是供应链成功的根本。农产品加工企业要承担起整个农产品供应链的驱动与市场的拉动。农产品加工企业必须要具有开拓市场、设计产品与用户服务、制定生产加工与分销配送计划以及跟踪控制等方面的能力；能够在资金、技术、管理和农资等方面为农户提供支持，使其提供的初始农产品有质量保证且供应稳定；需要具备充足的冷藏和运输能力，保证其加工的农产品能够安全有效送达消费者。农产品加工企业是农产品供应链的物流调度和信息管理中枢。农产品加工企业需要掌控着农产品供应链的生产、采购、加工和分销整个过程中的物流、商流、资金流和信息流，操控着大批量农产品与批发市场以及终端零售集团之间的物流链接，需要及时向节点企业发出需求和供货指令，保证其货畅其流；需要掌控着农产品供应链信息交互与集成以及各业务流程、各节点间职责和利益的协调与控制，使各节点企业能最大程度挖掘各自最擅长的核心业务优势，创造出自身特定价值，提升供应链整体合作价值。农产品加工企业的实力和核心竞争力愈强，对农产品供应链的驱动能力以及对市场的拉动能力就愈大，农产品供应链就越能平稳运行，农产品供应链总成本越低，农产品供应链组织整体效果就最优。

8.1.2 基于供需特征优化加工企业主导的农产品供应链建设

根据前文分析，关系和信任导向下的加工企业主导农产品供应链分为供应稳定功能型的加工农产品供应链和供应稳定创新型的农产品供应链两种类型。

1. 供应稳定功能型加工农产品供应链选择半紧密市场契约合作关系形式和效率型策略

关系和信任导向下的加工企业主导的供应稳定功能型加工农产品供应链的源头和末端基本是分散的小农户、运销户和零售摊贩，他们之间的交易关系基本是由市场决定的，其关系水平比较低，即使他们也期望其交易关系能长期持续进行，但是由于交易者都谋求本身利益最大化，特别是市场价格降低到了让运销户要亏本收购时，运销户基本就会停止收购，而农户无力规避市场风险，将遭受极大损失，供应链效率极低。供应稳定功能型加工农产品供应链是目前我国农产品供应链中参与者最多、环节最多、关系最复杂和最松散的一种供应链，其成员组织化程度低，信息极端不对称，节点间难以有效地共享信息，尤其是农户较难搜寻到精准的市场信息，其交易成本比较高，效率型策略是供需稳定功能型加工企业主导农产品供应链优化的关键。由于功能型加工农产品是普通加工农产品，是满足居民日常生活的最基本必需品，消费者对此类产品没有特殊的要求，几乎所有的种植者和加工企业都能满足，交易双方的专用性资产投资弱，很难进行机会主义行为，所以，提高农户经营组织化程度、缓解信息不对称和紧密供应链合作关系是供应稳定功能型加工农产品供应链优化的最有力抓手。由此，作为供应链核心企业的加工企业可以以市场契约合同形式通过中间组织或直接与分散的小农户、专业户、家庭农场等联结成半紧密的合作关系形式，建立供应链基本合作框架，让农户尽量获取更多的准确的市场信息，适当地调节市场供求结构。这样即使市场处于低谷，居于核心企业主导地位的加工企业仍然能以销售合同对农户的农产品进行收购，有效降低农户所面临的市场风险，同时，在农产品歉收的情况下，合同也可保障加工企业的产品供给，不仅解决农户进入市场组织能力弱问题，同时也扩大农产品流通半径，实现农产品价值增值。可借鉴的市场契约合作模式主要有两种：一是"加工企业＋生产基地＋农户"，农户自主生产，加工企业以销售合同形式对其基地农户的生产与管理给予指导，并按其签订的市场契约合同要求来收购农户生产的农产品；二是"加工企业＋合作组织或经纪人＋基地＋农户"，加工企业与中间性组织签订收购订单合同，合作组织或经纪人按加工企业要求组织农户来生产，中间性组织代表农户与加工企业来打交道，这种模式是由中间性组织扮演"协调人"角色，保证了农户生产的农产品的销售，使农户可以少操心，加工企业也可以节省力量。农户可自主决定是否从加工企业购买种子、化肥、农药等农资产品，如果购买也按市场价格。因为消费者对此类产品没有特殊的要求，供应稳定功能型加工农产品供应链不需要建立紧密合作关系，否则很容易造成规模不经济，徒增交易成本，反而降低供应链效率。

2. 供应稳定创新型加工农产品供应链选择紧密多种契约合作关系形式和响应型策略

关系和信任导向下的加工企业主导的供应稳定创新型加工农产品供应链，一般都有众多的厂商可以提供不同层次的品牌产品且有很强的替代性，供应商竞争激烈；同时消费者对品牌产品在质量安全和品质内涵方面有较高的要求且政府对此类产品也有相关的质量安全规定。供应稳定需求不稳定导致该类农产品有可能会出现库存过量或市场分割现象，农产品供给与价格波动较大，因此，快速响应策略是供应稳定创新型加工农产品供应链优化的关键。创新型加工农产品从农资供应到田间生产与管理以及加工企业操作流程直至冷链物流的运作都有相关的规定要求，需要农产品供给者、加工企业和物流企业都要投入较高的专用资产，特别是加工企业作为核心企业更是要有很高专用资产的投入，他们都有强烈的愿望通过契约合同确定合作关系，以稳定有质量保证的农产品供给来满足消费者不断变化的需要。由此，加工企业可以选择生产契约或横向一体化的形式与节点间建立紧密型合作关系，并基于信息技术与冷链物流技术选择物流延迟方法，提高农产品供应链的柔性化，既能提高通用化的半成品生产的规模化效益，又能在接到客户订单后快速完成定制品的加工，尽量满足消费者个性化和多样化需求，提高供应链运作的稳定性和有效性。可借鉴的生产契约合作模式主要有："加工企业 + 合作社或经纪人 + 基地 + 农户"或"加工企业 + 直供基地 + 农户"，加工企业按合同要求直接对农户或通过中间性组织对农产品的生产和管理全过程进行严格的指导和监督，并按合同收购。可借鉴的加工企业主导的横向一体化合作模式主要是"加工企业 + 直供基地 + 农业工人"，加工企业通过较长期和大面积的租赁农民土地建立直供基地，并对直供基地农民进行生产实行一体化管理。

8.1.3 基于长期交往和专用资产投入建立加工企业主导的信任合作关系

商业交往的信任主要源于交易双方在长期交往中的累积，极少是自然产生的。一般来说，有广大分散的农户和贩运商参与的农产品供应链的各主体的价值观念以及行为方式存在着很大差异。通常在农产品供应链节点间合作关系建立的初期，由于加工企业与农产品提供者以及销售者之间缺乏了解，交易合作者的信任是建立在契约合同的基础上。随着农产品供应链节点企业间商品交易的持续重复进行，节点企业之间也处于不断地进行沟通交流中，尤其在合作时间越长、合作过程中的双方专用投资程度越深以及得到的利益报酬越多的情况下，农产品供应链节点企业间更容易建立起较高程度的相互依赖信任关系。供应稳定功能型加工农产品虽然是普通型的产品，消费者的需求基本雷同，交易双方处在竞争充分的市场结构中，但是在我国绿色消费水平不断提高前提下，为了产品供给的质量安全保障，加工企业与节点企业在彼此了解对方的经营情况下，在基于契约信任的基础上会理性地做一些适当的专用资产投资，使节点间渐进产生基于能力的相互依赖信任，这样供应链结构会得到进一步稳定，会减少交易的耗损时间，提升产品产量和质量以及成交效率，降低市场风险，农产品供应链合作效益就会逐步得到提升。供应稳定创新型加工农产品主要包括定制型、专利型和顾客设计型产品。定制型加工农产品，一般来说是顾客对产品有特殊的要求，往往能满足这些要求的农产品供应商很多，加工企业与产品供应商都希望建立长期的契约合作关系，并随着交易双方在重复交易中逐渐了解，都会逐渐加大专用资产的投入，甚至愿意共同分享或共同拥有部分知识、技术与管理经验，从而建立起长期的彼此信任的合作关系，获得稳定的竞争优势，稳定其顾客群。专利型的产品，常常是技术专利权由独家农产品供应商拥有，而众多加工企业的顾客对此类型产品有比较强烈的需求，加工企业也有非常强烈的愿望与拥有专利权的产品供应商建立长期契约合作关系，会投入大量精力深入地了解农产品供应商，准确把握其行为预期，也会通过加大专用资产投入程度来吸引农产品供应商，使交易双方进行最深入的交融，建立起最紧密信任的合作关系来抓住顾客群。顾客设计型的产品，一般来说，加工企业的顾客要求很特殊，能达到其要求的农产品供应商也是不多的，双方往往都有强烈的合作愿望，愿意共同进行深入的专用资产的投入交融，准确把握对方的行为预期，降低合作的风险，通过联合设计和投资等合作方式建立起紧密信任的合作关系，来取得共同的竞争优势。因而，供应稳定创新型加工农产品供应链节点企业从开始合作时其关系水平就比较高，各主体都比较重视建立长期信任关系和投入更多的专用资产，建立基于能力的相互依赖关系，并在提升农产品供应链整体合作绩效的过程中获取自身更多的利益。

8.1.4 基于有效沟通建立加工企业和战略伙伴间善意信任合作关系

关系和信任导向下的加工企业主导的农产品供应链优化模式中，加工企业通过构建农产品供应链现代化信息平台，让农产品供应链从种苗培育、种植管理、采购加工、冷链物流配送、销售至消费者的每一环节都能充分共享各种相关信息并有效地进行沟通与交流。加工企业通过建立的一定协调机制和相关关系管理方法等，协调供应链内部利益关系，减少彼此间的谈判成本，从而使农产品的生产、加工、销售和消费紧密结合和有效对接，让整个农产品供应链合作伙伴间表现出对合作方的理解并让合作方了解自己的诚意，每个成员企业都尽可能地了解合作者的策略和行为，明确自己在供应链中的地位和作用，提高合作的透明度，使合作伙伴更看重彼此之间信息和技术交换的力度、履约的能力以及经济利益互惠程度，更注重在对合作方能力认可的基础上建立起善意合作关系，强化各节点与核心企业形成的彼此依赖。另外，加工企业与农产品提供者和销售者在重复交易过程中，其成员组织的工作人员之间由于频繁的接触也会逐渐建立起人际交往关系，而且这种人际感情的投入会产生超越经济交易的情感认同，这种人际间的社会性投入会表现出不同于经济性投入的特性，特别是扎根乡村社会里的我国传统文化中的"报[①]"关系规范将极其深刻地影响着农产品供应链节点企业间的交易。如加工企业和农产品提供者一旦成为"自家人"，如果他们出现有不符合乡村社会里传统诚信文化中的失信行为，就会受到乡村邻里的道德和信誉双重压力。当农产品供应链中的成员组织间人际关系发展到彼此间都能够适应对方的行为和习惯时，更多地从对方的立场以及全局角度来考量，就会使得交易中的投机行为得到自发抑制，

---

① 回报、报答、报恩等。

就会推动合作各方进行更大的经济性和社会性投入，也就是同时在经济和社会两个层面力促其合作关系升级，此时，以加工企业主导的农产品供应链节点企业成员之间真正建立起善意信任关系，可以减少各节点间因行为的不一致给农产品供应链带来的不确定性和脆弱性，达到实现农产品供应链节点企业长期紧密合作的境界，农产品供应链就会实现价值最大化。

8.1.5　完善政府对农产品加工企业主导的农产品供应链的支持机制

由于我国政府对农产品加工业的重视与扶植以及在全球供应链中的国家比较优势，我国已成为世界农产品加工厂，农产品加工产值占据世界第一，与此同时也就造就了一批实力比较强的生产加工企业，从这个意义上来说，加工企业要构建和优化农产品供应链离不开政府在各方面的扶植。政府可以通过加大农产品流通基础设施的配置，健全粮油等主要农产品市场信息体系，定期和及时发布政府权威信息并使其制度化，让农户和终端消费者以较低的成本及时获取准确市场信息，改善农产品供应链中的信息不对称以及其销售不畅的状态。政府可以通过加快发展农产品期货市场，充分发挥其"价格发现和风险转移"的职能作用，建立大宗农产品托市价格收购激励机制，减少由于农产品价格信息的不对称而引起的农产品价格大振幅波动，减少农户的信息盲点。政府可以通过优化粮食储备结构和区域布局，采取投资和补贴等支持手段，吸引社会资本投入粮食储备体系，使承储主体多元化，保证国家粮油储备充足。政府要积极扶持农户、农村专业合作社、农产品经纪人以及农产品流通中介组织的发展，科学合理落实 2013 年以来的中央一号文件关于承包土地向专业种植大户、家庭农场和农民合作社流转，积极扶持加工企业通过与农民合作社或直接与农户建立契约合同共同塑造农产品原产地品牌和区域品牌。这些都有助于提高农户的组织化程度，有助于实现上游生产环节的规模化经营，从而改变农户在农产品供应链上的弱势地位，增强农户抵挡市场风险的能力，为加工企业奠定稳定的供给基础，带动农产品供应链整体绩效的提升和区域农业效益的提高。

8.2 关系和信任导向下批发市场主导的
农产品供应链优化模式与对策

　　批发市场主导的农产品供应链是"推—拉"式供应链，批发市场在供应链中处在上连接着生产者与加工企业、下连接着各种类型零售商的中间位置，批发市场成为农产品生产加工推动进程和市场需求拉动进程之间的静态分界点，这个静态分界点实际上就是顾客需求的切入点。关系和信任导向下的批发市场主导的农产品供应链优化模式是批发市场作为农产品供应链的核心企业，基于市场需求的拉动力和农产品提供者的推动力，以契约和承诺的形式将节点企业整合起来，借助新一代信息技术构建的现代化信息交流平台，与节点企业间建立起共同分享收益与共同承担风险的彼此信任的产供销一体化长期合作的运行机制，把市场需求拉动和生产加工推动这两个阶段有效衔接这起来，以此引导和推动生产与销售两端协同发展的农产品供应链合作模式，如图 8-2 所示。

206

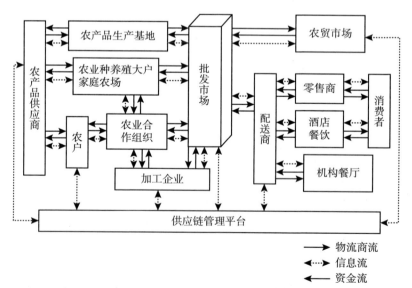

图 8-2　关系和信任导向下批发市场主导的农产品供应链优化模式

8.2.1　提升批发市场自主品牌实力

批发市场在我国乃至世界很多国家和地区的农产品流通中都处在主导地位，不仅仅是因为它能通过为农产品交易双方提供交易的场所、汇集信息以及对商品集散和交易过程进行管理来帮助其完成交易，承担着上连接农产品生产与加工企业下连接终极零售商的职能位置优势，更因为它具有承上启下的组织协调、价格形成、发现和结算功能。不管从世界各国经验的角度，还是从我国的国情以及农情来看，在未来的很长的时间里，批发市场在我国农产品特别是生鲜农产品流通中的主导地位是无可动摇的。

1. 提升批发市场自主品牌声誉

企业的品牌声誉和市场影响力对企业选择合作伙伴以及被合作伙伴选择有很大的关系，批发市场作为农产品供应链的组织者与管理者，必须通过优质的管理和服务建立强大的自主品牌，必须具备较好的知名度以及良好口碑和信誉，才能吸引上下游生产加工企业、零售商和消费者加入此供应链中，才能保障其在整个农产品供应链中的核心地位，并与其他合作伙伴建立共同承担风险、互惠共赢的合作关系，提升农产品供应链的整体竞争能力。

2. 以扩大规模和提升物流信息技术为核心优化批发市场能力

批发市场要有规模化。规模就意味着提高自身的组织化程度、实现规模经济、降低经营成本和提高经营效益；规模标志着形成"大进大出"的自主品牌大批发市场，向上游延伸到控制农产品生产领域，向下游延伸到与大零售商联盟控制农产品渠道终端，建立起区域乃至全国范围的农产品流通网络，并向国际市场延伸发展。农产品批发市场要成为农产品供应链中的核心企业，必须拥有自己的竞争优势和能力，其主要表现在依托现代信息技术、物流技术和管理技术构建物流服务系统。即建立和完善批发市场与农产品生产者、加工厂商、零售商之间的一体化信息系统，使批发市场真正成为农产品的信息咨询和服务中心，实现整个农产品供应链合作伙伴都能充分共享信息；建设贯穿于农产品生产加工、运输储存、销售配送全程的冷链物流体系，高效率和低成本将农产品从产地向销地进行流动；基于线上和线下相结合的经营方式，使农产品批发市场线下实体交易与线上电子商务交易协同发展，不断拓展服务功能，形成集批发交易、区域集散、产品展示、信息发布、价格形成、质量检测、电子交易结算、融资服务、扶持生产、储备调节及物流配送等综合一体化物流服务体系，实现农业生产与市场的紧密对接，实现供应链整体高效。

8.2.2 基于供需特征优化批发市场主导的农产品供应链建设

批发市场既可销售加工农产品，也能销售生鲜农产品，从理论上说，批发市场主导的农产品供应链包括供应稳定功能型加工农产品供应链、供应不稳定功能型生鲜农产品供应链、供应稳定创新型加工农产品供应链和供应不稳定创新型生鲜农产品供应链四种类型。因此，批发市场主导农产品供应链比较复杂。

1. 供应稳定功能型加工农产品供应链选择半紧密市场契约合作关系形式和效率型策略

关系和信任导向下的批发市场主导的供应稳定功能型加工农产品供应链的合作成员主体复杂多样，主要包括农产品最初供应者、中间加工厂商以及终端零售商，它们中有龙头企业和大零售商，而加工小作坊、分散的个体小农户、临街商铺以及农贸市场等占主导，这使得发展极不平衡的供应链各节点主体在搜集、运用以及处理信息的方法和能力上有很大的差距，在交易中呈现出信息极不对称问题，交易成本高，提升效率是供应稳定功能型批发市场主导的加工农产品供应链优化的关键。为此，批发市场可以通过市场契约形式与农产品供应链节点间建立半紧密合作关系，即在农产品供应链前端以市场契约形式直接或通过加工企业或农民专业合作组织等与分散的农户联结成半紧密的合作关系，在终端以市场契约形式直接或通过专业配送中心与餐饮店、企事业单位食堂、零售商、农贸市场经营户等商家建立半紧密的合作关系，使合作伙伴可以比较规模化和组织化地加入农产品批发市场主导的加工农产品供应链中，增强农户、农村专业合作社以及零售终端等相关组织的实力，缓解信息的不对称性，减少供应链环节，提高农产品质量安全的可追溯性，增强农产品供应链合作关系的稳定性，提高农产品供应链价值和运作效率。可借鉴的合作模式主要有："批发市场＋农户＋农民合作组织＋加工企业＋零售商""批发市场＋农户＋加工企业＋零售商"模式。对于功能型加工农产品，市场需求几乎是无差异的，批发市场与节点企业不需要建立紧密合作关系，批发市场主要发挥农产品交易集散和信息交汇中心的作用，通过价格发现、商品分拣和配送等服务协调产销关系以及调节供求关系的基础上，采用相对松散的市场交易方式或半紧密的市场契约的交易合作方式，这样可减少批发市场的负担，降低农产品供应链管理费用。

2. 供应不稳定功能型生鲜农产品供应链选择半紧密市场契约合作关系形式和风险规避型策略

关系和信任导向下的批发市场主导的供应不稳定功能型生鲜农产品供应链，一方面，由于生鲜农产品的特性以及市场环境和人为控制因素的影响，作为主要生产者的广大分散农户需要有较大的投资以及面临较大风险性，但其承担风险和加大投入的意愿较低；另一方面，因为需求稳定，批发市场对于建立和维持节点企业间的合作关系非常热衷，但因生鲜农产品需要冷链物流，专用资产投入较大的同时收益也不稳定，更要承担很大的运营风险。因此，风险规避策略是批发市场主导的供应不稳定功能型生鲜农产品供应链优化的关键。为此，批发市场可以通过与农产品生产者以及销售终端签订市场契约建立半紧密合作关系，通过联合库存、提前订单合约、扩展供应商范围以及采取冷链物流优化方法，保证稳定供给来有效地满足市场需求。可借鉴的市场契约合作模式主要有："批发市场＋农村专业合作组织＋生产基地＋农户＋零售商"或"批发市场＋直属农场＋零售商"模式等。对于功能性生鲜农产品，市场需求差异小，批发市场可以继续采用松散的市场交易或半紧密的市场契约交易合作方式，这样可降低批发市场的管理成本，提高农产品供应链整体绩效。

3. 供应稳定创新型加工农产品供应链选择紧密多种契约合作关系形式和响应型策略

关系和信任导向下的批发市场主导的供应稳定创新型加工农产品供

应链，一方面因供应稳定，品牌供应市场竞争很激烈，会导致农产品生产者库存过量；另一方面，因需求不稳定，顾客对产品需求多样化且始终处于不断的变动中，可能会引起农产品市场分割，农产品价格剧烈波动，所以，快速响应策略成为批发市场主导的供应稳定创新型加工农产品供应链优化的关键。为此，批发市场主导的供应稳定创新型加工农产品供应链的主要任务是选择物流延迟方法，提高供应链的柔性化，不仅保证规模效益的通用化中间产品的生产加工，而且要及时准确地抓住顾客个性化的需求信息，迅速把通用化的中间产品加工成定制产品快速响应市场变化，以此稳定农产品供应链节点合作关系。由于该类产品供应链交易双方的专用性资产投入都比较高，特别是批发市场需要更多的投入，批发市场可以支持和鼓励市场内的经营主体依据消费者对产品安全质量特性要求的程度和产品供应的情况与上游供应商签订生产契约（生产合同）或通过横向一体化形式建立紧密合作关系。可借鉴"批发市场＋农民合作组织＋农户＋零售商"模式、"批发市场＋加工企业＋农户＋零售商"模式、"批发市场＋加工企业＋直属农场＋零售商"模式。对于创新型加工农产品，顾客需求呈现出个性化和多样化，农产品批发市场可以基于农村中间组织或者加工企业通过订单农业的合作形式实施产销直接对接，及时有效满足消费者需求，提高农产品供应链合作效益。

4. 供应不稳定创新型生鲜农产品供应链选择紧密一体化契约合作关系形式和敏捷型策略

关系和信任导向下批发市场主导的供应不稳定创新型生鲜农产品供应链，由于供应和需求都不稳定使供应链处于极其不稳定的变化中，而且消费者对产品的个性特色和质量安全等要求很高，也使产品供应约束条件苛刻，交易双方的资产专用性都非常高。因此，迫切需要批发市场与其上下游节点企业进行紧密协作，选择有效规避风险和快速响应相结合的敏捷型策略成为批发市场主导的供应不稳定创新型生鲜农产品供应链优化的关键。由此，一方面通过选择联合库存、提前订单合约、扩展供应商范围以及采取冷链物流优化方法，有效规避风险；另一方面通过及时全面了解市场需求信息，选择物流延迟方法，提高供应链柔性化，对市场变化做出快速反应。批发市场可根据资产专用性是互为独立还是严格互补分别采用横向一体化或垂直一体化合同关系形式。横向一体化可以借鉴"批发市场 + 直属农场 + 农民 + 零售商""批发市场 + 合作社 + 直属农场 + 农民 + 零售商"等模式，垂直一体化可以借鉴"批发市场 + 合作社 + 生产基地 + 零售商""批发市场 + 直属农场 + 零售商"等模式等。对于创新型生鲜农产品，供应与需求都不稳定，批发市场作为核心企业必须给予合作伙伴足够的支持，通过核心企业的权威治理、契约治理和关系治理机制等多种治理形式抵制机会主义行为的发生，充分运用信息技术平台和现代物流体系将创新型生鲜农产品的产供销完全纳入在高效率、快速敏捷反应、具有可追溯性的特色生鲜农产品供应链的体系中，实现其实时共享，提升农产品供应链整体效能。

8.2.3　基于长期交往和专用资产投入建立批发市场主导的信任合作关系

批发市场主要依靠市场供求机制吸引大批量农产品供应和发散做大市场交易量，批发市场必须致力于与经营商户和零售商建立相互依赖信任合作关系，保障农产品供应量和销售量有一定的基础性。农产品供应链节点企业间的信任主要源于交易双方在长期交往中的累积，这与合作伙伴在其合作的时间里彼此了解程度以及其合作过程中获得利益的多少有关。一般来说，在供应链运营初期，批发市场与经营商户和零售商之间仅仅是契约信任关系，但是经过一定时间的重复交易，批发市场要与大客户在经营上展开实质性的合作，此时交易双方更看重对方的能力。批发市场是由众多经营商户组成，它是通过为经营商户服务、实行共同投资和共同分享收益的运营机制吸引市场内大客户投资建设批发市场，这种合作共赢的经营方式可以将规模化的商户留在批发市场，这种投资无疑起到了专用资产的绑定作用，这种为经营商户服务和实现双方共赢理念，可以让批发市场根据信誉记录，对讲信用的商户少收或免收交易费以及对外地经营商户在住房租金方面给予优惠等手段提升商户的忠诚度，客观上对商户也起到一定的锁定效应，从而保证优质商户队伍的稳定。批发市场还可以通过鼓励支持市场内的大商户到外埠地区建设产地批发市场生产基地的方式建立专用资产更深度的融合关系；面对供应不稳定的农产品市场，批发市场内的大商户可以通过与产地批发市场的大批发商以市场契约方式与农民合作组织或农户建立稳定合作关系；面对需求不稳定的农产品市场，批发市场可以依据消费者对产品质量和安全的要求程度，通过生产契约或一体化等多种契约方式与产地批发市场的大批发商合作建设产地批发市场生产基地。这样不仅能及时满足零售客户以及消费者不断变化的需求，而且能在供应短缺的情况下为保证自身批发市场的供应量提供基础。这些与产地批发市场签订订单合作的农产品在供应稳定时可以遵循市场机制来运营，但在供应不稳定时可以将契约订单合作的产地批发市场生产的农产品优先保证满足自身批发市场的供给量，从而也保证了当地农产品市场的供应，也将会获得当地政府的支持。政府的支持会进一步提升批发市场主导的农产品供应链各节点企业间合作信心，使之彼此间建立起更加密切的关系，从而提升供应链合作绩效。

8.2.4 基于有效沟通建立批发市场和战略伙伴间善意信任合作关系

关系和信任导向下的批发市场主导的农产品供应链优化模式中，批发市场通过构建供应链信息交流平台以及建立农产品供应链共享机制，积极主动地对整个供应链的供求信息进行汇集、管理和整合，及时协调和合理分配供应链合作主体间利益关系，使批发市场主导的农产品供应链各个节点主体都能够充分共享其需求、生产、加工、销售、库存、物流等信息并能进行畅通有效的沟通和交流，让批发市场主导的农产品供应链真正以顾客需求为导向，并按顾客需求预测安排农产品的生产加工，又能在合适的时间、合适的地点、以合适的产品形式和价格及时满足顾客的个性化需求，把农产品生产加工的推动阶段和市场需求的拉动阶段有效衔接起来。即在批发市场接到客户订单以前，尽力做好推动式的生产加工成半成品阶段的任务，也就是要按对顾客需求的预测进行大规模的通用化中间产品的生产加工，并要把这些生产加工出来的半成品维持在中间状态，对加工成定制品的过程进行延迟；当批发市场接到客户订单以后，尽快做好拉动式差异化最终定制产品阶段的任务，也就是依照客户订单的准确信息和客户的特定要求，迅速地把通用化的中间产品加工成最终定制产品，并及时而有质量地配送给客户。这样不仅能在推动式的生产加工本半成品阶段形成规模经济效益，还能在拉动式的差异化定制阶段缩短订单的前置期，快速响应市场变化的需求，降低市场的不确定性，使农产品批发市场真正承担起价格形成的职责，积极引导农产品的正常生产和有序流通，有效促进农户小生产与流通大市场的对接。这会使批发市场与节点之间更在意彼此的执行能力与配合的默契，更易形成相互依赖的合作关系。当批发市场与农产品生产加工商、经营商户和零售商户的依赖关系达到一定的程度，就会更多地投入非物质资本，即通过批发市场与合作伙伴企业工作人员之间人际信任关系的培养与发展去协调其交易关系，这种人际间信任关系的发展使批发市场主导的农产品供应链节点间的交易不仅仅体现在得到物质利益得到满足，更重要的是使农产品供应链节点各企业得到更大的合作信心并在心理安全上也获得更大的满足，此时交易的每一方彼此都会更多地从对方的立场考虑自己应采取怎样的行为来稳固其交易关系，彼此间达成更多默契，形成共同恪守的基本行为规则和共同价值规范，甚至发展到口头承诺的握手合约。处于这个阶段的批发市场与农产品生产加工商、经营商户和零售商户之间已经建立起了较高水平的信任关系，基本达成了认同共识善意的信任关系。这种基于人际信任发展形成的关系治理机制，不仅让批发市场主导的农产品供应链节点间的交易节省了许多监督与管理成本，而且还会进一步促进合作伙伴进行更多的经济性和社会性投入，自觉地抑制机会主义行为，进一步强化契约治理机制的运行，最大限度地推动农产品供应链整体收益增加。

8.2.5　完善政府对批发市场主导的农产品供应链的支持机制

由于我国农产品批发市场是由政府支持、多个出资者组合建设的，具有公益功能的市场运作主体，在某种意义上说，批发市场与当地政府是相互依赖的合作关系。我国农产品批发市场在稳定农产品生产和价格、推动农民收入的增加和保证城乡农产品充足供应，以及在对农产品资源的整合和配置的力度和贡献等方面都是任何其他流通主体无法比拟的，它担负了70%左右的农产品流通，从这个地位来说，批发市场的提升和完善需要政府的政策和财力支持与投入。政府在不影响批发市场

213

运行的前提下适当介入，能起到保证当地农产品市场充足供应的作用，有助于当地批发市场自主品牌的塑造，能有效提升区域农产品供应链的整体竞争力。

政府对农产品批发市场主导的农产品供应链给予的大力支持最主要体现在要让农产品批发市场成为名符其实的供应链的核心企业，帮助提升和完善批发市场各种功能，使批发市场从交易中介成功转变为供应链的组织管理者，充分体现出政府搭台、批发市场运作的模式，充分发挥政府在批发市场主导的农产品供应链发展中的护航作用。

政府在农产品批发市场主导的农产品供应链中不仅是政策法律制定者和执行者，在某种意义上来说也是农产品批发市场投资人。为此，政府有关部门要立足于全国的大局对批发市场的建设和发展进行统筹规划，尽量避免各地方从自身利益出发导致恶性不良竞争的局面出现；政府要在政策、法规、资金投入等方面给予支持，在用地、水、电、交通等基础设施完善配套上给予批发市场有力的支持；政府需要健全有关法律法规，制定农产品批发市场质量安全监督管理方法，通过补贴、税收优惠、投资等方式适当参与批发市场的运行，有力推进农产品批发市场主导的农产品有效运作，有效将生产与消费进行有机联接，依托农产品批发市场带动农产品生产与销售两端协同发展。

8.3　关系和信任导向下连锁超市主导的农产品供应链模式与对策

连锁超市主导的农产品供应链是拉动式供应链，它基于响应顾客需求，削减了农产品供应链中很多中间环节，使农户与超市可以直接对接。关系和信任下的连锁超市主导的农产品供应链优化模式是连锁超市作为核心企业，以市场需求为导向，以契约和承诺的形式直接或通过农村专业合作组织与农户连接起来，借助于新一代信息技术构建信息交流平台进行直接互动，让农户直接面向超市，把广大分散的农户和消费者有效衔接在一起，构建起合作共享机制的彼此信任一体化长期合作关系的农产品供应链结构模式，如图 8-3 所示。

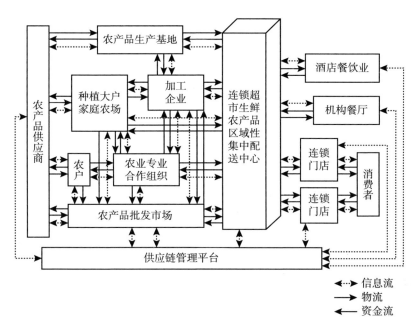

图 8 - 3　关系和信任导向下连锁超市主导的农产品供应链优化模式

8.3.1　提升连锁超市品牌实力

连锁超市承担起农产品供应链的核心企业是最有操作价值的，连锁超市主导的农产品供应链是以连锁超市获取订单合同为先决条件的，超市的权力范围扩展到上至制定农产品生产和管理标准，下至监督和规范管理农产品加工流程、储存运输、物流配送以及供应链各环节资源整合和利益的协调等，超市以核心企业的角色介入到农产品供应链中，极大提高农产品供应链的竞争能力。消费者购买生鲜农产品最在意的是新鲜度和食用安全性两个要素，而终端连锁超市直接与农户对接，直接到农产品生产基地进行集中采购，减削中间商环节，并基于冷链物流系统及时配送至各连锁门店，建立起最有效的农超对接的流通渠道，不仅降低交易双方的交易成本，赚取更多的利润，而且能确保产品的新鲜度和安全性，真正做到符合生产者、销售者以及消费者的利益。

1. 提升连锁超市品牌的知名度和名誉度

随着人们的消费水平和消费意识的提高，消费者对于农产品的需求显现出越来越个性化甚至猎奇心理。连锁超市要承担起农产品供应链的驱动者角色，必须要拥有强大的品牌力量和声誉优势，即要具备强大的挖掘开拓和把控市场的能力、较强价格设定能力、强大的备货和及时还款的能力、优良的服务品质、良好的信息捕捉与传导机制、快捷响应市场变化和准时交货能力以及良好的口碑与信誉等。这样才能吸引其节点企业集聚到连锁超市主导的农产品供应链中，为实现其共同利益目标而形成彼此信任的合作关系，并以最短的渠道和最有效率的供应链运作方式，赢得消费者更高的满意度。

2. 以互联网信息平台和物流配送系统为核心改善连锁超市品牌竞争力

连锁超市要做农产品供应链的链主，必然要成为其主导农产品供应链物流、商流、信息流和资金流的集散中心，要做到以客户订单导向来安排生产、加工和储运，把农产品供应商、生产者、加工企业及消费者连接整合起来进行资源最优配置。由此，连锁超市必须构建和完善信息平台，基于信息共享和有效沟通来增加节点企业间交易的透明度，降低信息的扭曲度，及时把握客户需求的动向变化，实现即时生产与快速反应，尽量降低库存乃至实现零库存，使生产与市场有效对接。连锁超市必须要拥有自己的冷链配送系统，对农产品进行冷链配送，不仅能降低进货价格，还可以防止供货商与门店的机会主义行为的发生，既可降低成本和提升物流利润，又能保证农产品的新鲜品质和安全度，更好更迅速地满足消费者的利益。

8.3.2 基于供需特征优化连锁超市主导的农产品供应链建设

连锁超市既可销售加工农产品，也能销售生鲜农产品，从理论上说，连锁超市主导的农产品供应链包括供应稳定功能型加工农产品供应链、供应不稳定功能型生鲜产品供应链、供应稳定创新型加工农产品供应链和供应不稳定创新型生鲜农产品供应链四种类型。本研究认为超市与加工企业和批发市场相比较，超市与消费者的距离最近，能直接接触消费者，能直接了解和把握居民消费需求，所以，超市最大的价值体现在保证产品新鲜度和食用安全性前提下可以快速进入消费环节，及时满足消费者不断变化的需求。因此，超市主导的最具有操作实施价值的农产品供应链主要是供应不稳定功能型生鲜产品供应链、供应稳定创新型加工农产品供应链和供应不稳定创新型生鲜农产品供应链三种类型。一般来说，连锁超市主导的农产品供应链都会成立农产品"直采"小组专门到相应的地点去选择合适的农民专业合作社，通过农民专业合作社与农户签署销售合约建立生产基地，而且还帮助他们寻找和选定合适的种养殖产品以及物流供应商，建立长期稳定的供销合作关系，并对其生产的农产品进行定时收购，但前提是保证农户种植的农产品品种、品质和数量基本与超市的要求保持一致，这不仅解决了农户卖难的问题，还减削了流通的环节，节约了流通成本，使终端销售价格能够有所下降，能够以成本最小达成顾客价值最大。

1. 供应不稳定功能型生鲜农产品供应链选择半紧密市场契约合作关系形式和风险规避策略

关系和信任导向下的连锁超市主导的供应不稳定功能型生鲜农产品供应链，由于生鲜农产品特别受制于自然环境和人为操纵因素的影响，生产的不确定性比较大，农产品生产者需要较高的专用资产投入，与此同时，连锁超市为保证生鲜农产品的新鲜度和安全性以及及时把握与满足消费不断变化的需求动态，必须构建信息化平台和冷链物流系统，需要进行很高的投资。所以，超市和农户双方专用投资风险都很大，特别是超市因冷链物流系统和设施的专用性可能会被套牢，风险规避是供应不稳定需求稳定功能型生鲜农产品供应链优化的关键。为此，连锁超市非常有意愿与农产品生产者签订市场契约，建立半紧密型的合作关系，采用提前锁定价格、采购额的订单合约、扩展新的供应源、优化冷链物流以及联合库存等方法，以此约束和稳定上游生鲜农产品供应。功能型生鲜农产品相对于创新型生鲜农产品定价较低，消费者个性化的需求不是很明显，连锁超市如果管理得不科学就会导致核心企业管理成本和风险的提高，因此，供应不稳定功能型生鲜农产品供应链不适合采用生产契约的紧密合作关系形式。可借鉴的市场契约合作模式是"超市＋农民专业合作社（农村经纪人）＋农户"或"超市＋批发市场＋农民专业合作社＋农户"或"超市＋直属基地＋农户"模式等。

2. 供应稳定创新型加工农产品供应链选择紧密多种契约合作关系形式和响应型策略

关系和信任导向下连锁超市主导的供应稳定创新型加工农产品是品牌加工产品。连锁超市上游要面对具有可替代性的众多品牌农产品供应商，下游面对的是对农产品品质和安全度有较高个性化要求的消费者，因此，连锁超市和提供农产品的生产者的专用资产投入都比较大。连锁超市和提供农产品的生产者都愿意以生产契约和横向一体化形式建立紧密型合作关系，保证稳定有约束条件的农产品供给以及快速响应变化的市场需求，以此实现合作共赢的目标。可借鉴的合作模式是"超市 + 加工企业 + 直属农场 + 农户"或"超市 + 加工企业 + 专业合作社（农村经纪人）+ 农户"等。对于创新型加工农产品，超市为了抢在竞争对手前及时满足不断变化的个性化需求，一方面，要基于现代的信息交易平台，制定统一的安全质量标准，对农产品生产技术与管理给予支持与监督并对加工和物流流程进行规范，实现对供应链运行中各环节进行全面管控，从供应链的源头开始控制，使农产品生产加工和仓储运输过程透明化，建立可追溯系统，保障农产品质量安全；另一方面，基于现代的信息交易平台和冷链物流系统采用物流延迟方法，提升供应链的柔性化，在保证通用半成品生产加工规模化效益的基础上，尽量将供应链的最终定制品形成在最接近消费者的位置，对市场需求变化做出快速的反应，提升供应链的竞争力。

3. 供应不稳定创新型生鲜农产品供应链选择紧密一体化契约合作关系形式和敏捷型策略

由于供应不稳定的创新型生鲜农产品供应无法保障以及消费者对此类产品的需求不确定，要保证农产品供应链有效运行，连锁超市和农产品生产者都要有非常高的专用性资产投入，且都面临着极大的经营风险，其中一方的背叛会导致合作方利益严重受损，因此，连锁超市和农产品生产者可以选择横向一体化和纵向一体化紧密合作关系形式，采用有效规避风险和快速响应相结合的敏捷型策略最适合。一方面通过选择联合库存、提前订单合约、扩展供应商范围以及采取冷链物流优化方法，保证有质量安全的特别品牌产品供给，有效规避风险；另一方面选择物流延迟方法，提高供应链柔性化，在保证通用半成品生产加工规模化效益的基础上，对市场个性化需求也做出快速反应。基于连锁超市和农产品生产者的专用资产是互补的，可以采用"纵向一体化"实行股份制合作经营，可借鉴的合作模式是"超市 + 专业合作社 + 生产基地 + 农户"或"超市 + 直属农场 + 农户"的模式；基于连锁超市和农户的专用资产是互为独立的，可以采用契约连接的"横向一体化"的方式，可借鉴"超市 + 农民专业合作社 + 农民"或"超市 + 直属农场 + 农民"模式，建立生产基地，雇佣农民进行一体化经营。对于创新型生鲜农产品，供需都不稳定，连锁超市必须要根据消费者的个性要求彰显自己的经营管理特色，突出自身的特色生鲜品牌效应，从农产品生产和采购、加工和物流运输以及销售服务整个流程完全自主规划经营，连锁超市将消费者对农产品个性要求直接以相关的生产标准和规范落实到田间地头农户的种苗和农资选择、种植技术和科学管理以及成品收获的整个过程中，直至加工和最终流通都要进行全程的监控，实施基于"从田地到餐桌"可追溯质量安全系统下的供应链一体化运营模式。

8.3.3 基于长期交往和专用资产投入建立连锁超市主导的信任合作关系

基于不同发展时期，连锁超市与农产品生产者之间的契约和承诺对接形式、专用资产投入的力度以及彼此之间关系信赖程度不同，其运作效益也是不同的。在连锁超市主导的农产品供应链其发展的初期，因为连锁超市与农产品生产者交易双方不了解，通常是双方通过签订有关交易价格以及农产品的种苗、种养植面积、种类、数量、品质和种养殖技术等标准的硬性契约来稳定其合作关系，维护交易双方的利益。面对需求不稳定或供应不稳定的农产品市场，如果超市与农户只采用固定的硬性契约合同合作而没有深度参与交融机制合作会有很大缺陷。因为当市场环境因素发生变化时，这种硬性契约模式不能灵活适应市场环境的变化，会不断产生信息搜集、谈判等成本，还会导致合作中的一方受到不公平待遇而产生冲突。在现实中，农户由于受到自身技术、自然环境和人为操作因素等条件的限制，尽管有契约的约束，也难免出现违约现象，再加上由于农户经营的小规模和所处较低的经济地位，其违约成本很低，个体承受的违约损失也比较小，而超市要面对广大的个体农户群体来一一追究其违约行为和责任时，会非常艰难的，甚至无法执行，因此，固定的硬性契约不利于连锁超市与农产品生产者合作关系的深层发展。在连锁超市主导的农产品供应链发展的成长期，随着连锁超市与农产品生产者合作的时间越长，交易双方的了解越来越深入，其把握对方的行为预期就越来越准确，双方就会签订相对比较灵活的柔性合作协议。柔性契约协议会对农产品品种、类别和品质等方面进行明确规定，但对价格和其他相关标准等不做明确而具体的规定，只是大致划定一个的浮动区间，会依据市场变化的具体情况再做决定。柔性契约协议会为各成员主体间提供一个广泛交流学习的平台，有助于共享内部知识与外部市场信息，成员主体之间可以交流经营心得、学习新的技术、掌握行业发展态势，对共同开发新的产品和新项目进行实时有效沟通。随着交易双方资产专用性投入越来越高，在合作过程中得到的利益报酬越多的情况下，连锁超市与农产品生产者更容易建立起基于能力的相互依赖信任关系。这种柔性契约形式更能灵活和有效地适应动态外在客观环境以及消费者需求的变化，农产品供应链成本会大大降低，农产品供应链效益会得到很大提高。

8.3.4 基于有效沟通建立连锁超市和战略伙伴间善意信任合作关系

关系和信任导向下的连锁超市主导的农产品供应链优化模式中，连锁超市作为核心企业通过构建供应链信息交流平台，将从最初的客户需求到产品的生产、加工、配送、销售和库存等一系列经过不断加工处理的信息与供应链上的合作农户以及专业合作组织等实现完全共享，以此提高连锁超市与农产品生产者合作的一致性和协调性，建立更稳固的合作伙伴之间信任关系，更好地适应环境的变化，使连锁超市与农产品生产者实现高效安全对接。另外，连锁超市与农产品生产者在反复深入交易中，工作人员之间也有了良好的人际交往并产生超越经济利益的友谊。他们对各方违约的界定已有了清晰的标准，对惩罚与奖励行为也形成了共同的行为规范。他们会更多依赖于关心对方的人格，不怕暴露自己的弱点，会站在对方的立场全面考虑，基于友好和善意来开展交易，更多地从农产品供应链整体利益出发，化解不同合作主体间的文化差异与观念的隔阂，为建立合作伙伴之间信任关系创造和谐的氛围和一致的文化基础。这种善意能够增加他们在合作过程中的心理安全感和继续加大投入合作的信心，极大提高其合作伙伴对机会主义行为的自我约束和共同约束的能力，从而提高农产品供应链的合作效率。

8.3.5 完善政府对连锁超市主导农产品供应链的支持机制

关系和信任导向下的连锁超市主导的农产品供应链模式中，除了连锁超市作为核心企业承载农产品供应链的组织者和协调者的作用外，农户的能力和政府的作为也是起着关键作用。政府在连锁超市主导的农产品供应链中承担指导和服务职能，间接影响农产品供应链成员主体的行为，产生传导性的推动作用。政府可以通过政策杠杆引导农户建立或参与农村专业合作组织，可以扶持有实力的种养殖大户建立规模化经营的家庭农场和农庄，可以扶持连锁超市、农村专业合作社以及家庭农场等组织建立专项基金培训教育农户，帮扶农户成长，使之能在农产品供应链上与连锁超市合作时有一定的谈判、议价和维权能力，真正履行和发挥其在契约中约定的成本分摊、共同承担风险以及利益共享机制中的职责和作用，最终实现农超对接供应链长期的博弈均衡。政府是连锁超市主导的农产品供应链模式的积极推动者，可以立足于"引导不领导，规范不限制，参与不干预"的经济工作政策原则，通过制定有关政策法律、强化监督管理、提供专项基金等对"农超对接"项目支持以及落实各项配套措施。政府可以采用税收优惠、采取信贷支持等手段积极扶持连锁超市发展区域特色，提高自身实力，打造本地连锁超市品牌，形成农产品地区集聚实力，推动连锁超市主导的农产品供应链的有效实施，有力提升区域农产品供应链的整体竞争力。

8.4 关系和信任导向下第三方物流企业主导的农产品供应链优化模式与对策

第三方物流企业通常不做产品，仅仅为客户做运输、仓储、配送等物流服务。它既不是生产者，又不是销售者，而是服务集成商，在生产者和销售者之间扮演中间人角色，履行物流服务商的职责和任务。关系信任导向的第三方物流企业主导的农产品供应链优化模式是第三方物流企业作为核心企业，借助于新一代信息技术构建信息交流平台，通过与农户、农村专业合作组织、加工企业以及销售商等签订契约和承诺，约定各方在生产加工、销售服务、资源与利益调配以及风险担当等方面的权利和责任，将自己的物流优势与整个供应链进行系统整合，使节点成员都以平等身份共享信息，使分散农产品生产与现代化大市场和大流通进行有效衔接，从而全面提升供应链运作效率和效益的农产品供应链模式，如图 8 - 4 所示。

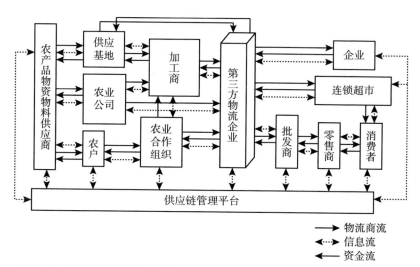

图 8 - 4　关系和信任导向下第三方物流企业主导的农产品供应链优化模式

8.4.1　提升第三方物流企业的品牌实力

第三方物流企业包括资产型和非资产型两种类型。资产型规模较大，并投入大量的资本建设网点以及设置冷链设施乃至加工设备等；非资产型一般不置备或很少置备物流设施和固定设备，而更多地体现在利用自身物流专门知识和人才、先进的物流管理系统等专长整合社会物流资源为客户规划设计量身定制科学合理的物流体系，为其提供物流服务。

经验显示第三方物流企业多从仓储和运输业、货运代理和公司内部物流等单一物流功能的传统的"类物流"业渐进发展起来。我国众多的农产品仓储、运输和加工企业等正渐进完善服务功能并迈向农产品第三方物流企业，但是总体看来，形成规模化、信息化和网络化的现代第三方物流企业还不多，其物流能力和服务水平还不够。虽然目前我国作为核心企业来主导农产品供应链运作的第三方物流企业比较少，但是这种先进的农产品供应链优化模式具有广阔的发展前景。

1. 提升第三方物流企业的品牌效应

关系和信任导向下的第三方物流企业主导的农产品供应链模式中，第三方物流企业与生产加工商和销售商一样，也需要拥有强大的品牌实力和良好的信誉来吸引上下游企业一起合作。在现实中，第三方物流企业拥有了知名品牌将意味着以第三方物流企业主导的整个农产品供应链拥有了强大的竞争力，也体现着以第三方物流企业主导的整个农产品供应链拥有了强大的凝聚力。当第三方物流企业的品牌被整合到供应链中时，将成为供应链整体品牌，这种品牌优势彰显着整个农产品供应链整合后有形产品和无形声誉的双重实力，其品牌优势和影响程度远远超过生产加工企业和销售商两种品牌优势。

2. 以资金技术实力和物流信息服务系统为核心提升第三方物流企业竞争力

第三方物流企业要作为农产品供应链的核心企业必须要拥有庞大的规模、现代的物流信系统、分布全国乃至全球的网络物流服务系统以及雄厚的资金和先进的技术条件，特别是生鲜农产品供应链中的第三方物流企业作为核心企业必须拥有或能够管控生鲜农产品冷链系统，这是一个庞大而复杂的系统工程，其在管理和具体实施中对技术和安全方面都有很高的专业性要求，需要有相当的经济基础和技术实力做保证。物流信息服务系统主要包含物流作业系统和物流信息系统两部分。作业系统是通过自动化技术对运输仓储、保管配送、装卸包装等作业进行协调，使各作业功能之间能够完美衔接形成系统。物流信息系统是在农产品供应链运行过程中把农产品生产采购、加工销售各个环节进行有机的关联，能够完全掌控从订货到发货的全部信息活动。第三方物流企业拥有完善物流信息服务系统不仅能够提高物流作业系统效率，而且为第三方物流企业成为供应链的主导增加砝码，将有助于第三方物流企业对农产品供应链进行有效整合。

8.4.2 基于供需特征优化第三方物流企业主导的农产品供应链建设

关系和信任导向下的第三方物流企业主导的农产品供应链包括供应稳定功能型加工农产品供应链、供应不稳定功能型生鲜产品供应链、供应稳定创新型加工农产品供应链和供应不稳定创新型生鲜农产品供应链四种类型。关系和信任导向下的第三方物流企业主导的不同类型的农产品供应链的共同点都是以农贸市场、零售店和连锁超市为产品的销售终端，以农户和农业专业合作社作为初级产品的提供源，中间环节与加工企业或者与批发市场和配送中心进行合作，其节点合作关系的紧密程度选择取决于产品的特点、供求关系以及消费者对农产品需求的个性化和安全质量特性的要求程度不同。

1. 供应稳定功能型加工农产品供应链选择半紧密市场契约合作关系形式和效率型策略

第三方物流企业主导的供应稳定功能型加工农产品供应链，其上游是分散生产经营的农户以及规模小、功能弱、松散联合的农村专业合作组织，其中下游有批发市场、连锁超市、临街商铺、农贸市场和小摊贩等，供应链上的交易主体组织化程度普遍较低、交易主体地位差异大、交易信息不对称、交易成本高、难以形成规模和质量安全的供给，效率策略是供应链优化的关键。因此，第三方物流企业主导的供应稳定功能型加工农产品供应链运作要体现出农业分工的深化以及专业化的发展特征。第三方物流企业要担当起核心企业的重责，不仅承担物流服务商的任务，而且要在农产品生产者、加工者和销售者市场交易中充当纽带联接和第三方仲裁人的角色，让农产品供应链各节点都能够获得平等身份，改变过去小农户在信息掌握和利益分配中常常处于弱小劣势的地位，实现实时把握农产品产供销等相关信息，使农产品供应链成员节点企业之间能够充分共享信息，有效控制供应链中的"牛鞭效应"，降低交易成本，提升供应链运作效率。功能型加工农产品相对来说保存期较长，消费者需求几乎是无差异的，因此，非资产型的第三方物流企业承担核心企业的职责较为合适，不需要购置固定资产，不需要进行冷链专用性投资，可以借助于社会物流资源，利用自身专业和行业实际操作经验，为客户制定专门的全程供应链解决方案，使自己能够为农产品供应链节点企业提供各种物流服务以及网络化和信息化的技术支持，在农产品生产者以及需求者之间实行"门对门"的服务。非资产型的第三方物流企业与节点企业可以通过签订市场契约建立半紧密的合作关系，不需要建立紧密合作关系。可借鉴的合作模式主要有"第三方物流企业＋加工企业＋农业合作社＋农户＋销售商""第三方物流企业＋加工企业＋直供基地＋销售商"等。

2. 供应不稳定功能型生鲜农产品供应链选择半紧密市场契约合作关系形式和风险规避型策略

关系和信任导向下的第三方物流企业主导的供应不稳定功能型生鲜农产品供应链运作模式中，因为生鲜农产品在生产中的自然环境和人为操控等不确定性因素很多，农户需要投入较高的专用资产，而农户不愿意承担较大的风险，但是功能型生鲜农产品是居民日常生活中必需品，购买频率很高，需求稳定且需求量很大，第三方物流企业有强烈的意愿与农户建立比较稳定的关系，愿意投入大量资金用于构建现代化物流信息平台、购置现代化保鲜运输仓储设施和设备、建立农产品加工配送中心等物流服务系统，有的甚至还建设专用公路以及铁路等基础流通设施，第三方物流企业承担的市场和投资风险极大，所以，采用风险规避策略是供应链优化的关键。对于功能型生鲜农产品，消费者的需求基本上差别不大，第三方物流企业可以通过市场契约的形式与农产品供应链节点企业建立半紧密合作的关系，稳定农产品供应源。由于生鲜农产品易腐烂和消费者的需求时效性强的特点，在运输仓储、加工配送的过程中对环境和温度的要求很严格，因此，资产型第三方物流企业来主导供应链最合适。资产型第三方物流企业具有较大的规模与物流能力，能够承担整条农产品供应链上的物流任务，可以同时为农产品供应链上游及下游多个企业提供物流服务，减少供应链上的各节点企业对专用低温仓储加工、库存和运输设施的投资，资金周转得更快，与此同时，第三方物流企业利用节点企业合作伙伴的优势资源，有效缩短了生鲜农产品从生产贮运到加工配送销售到消费者餐桌的时间，降低由技术以及消费需求变化而导致的无谓的损失和产品风险，极大规避和降低了供应链的运营风险。可借鉴的合作模式主要有："第三方物流企业＋农业合作社＋农户＋销售商""第三方物流企业＋直供基地＋销售商"等。

3. 供应稳定创新型加工农产品供应链选择紧密多种契约合作关系形式和响应型策略

关系和信任导向下的第三方物流企业主导的供应稳定创新型加工农产品供应链模式中，由于供应稳定和需求的不稳定，使得该类产品有足够多的可以互相替代的品牌供应商，市场竞争激烈，会导致大量库存，而且消费者对此类产品的需求有差异且存在不确定性，又会导致农产品市场分割，造成该类农产品价格波动较大，所以，采用快速响应策略是供应链优化的关键。对于创新型加工农产品，消费者的需求差别较大，而且交易双方都要有很高的专用资产投入，特别是很高的专用性资产投入会牢牢地锁定第三方物流投资主体，促使它有足够的动力和强烈的愿望与农产品供应链节点间以生产契约或横向一体化形式建立紧密的合作关系，来稳定其有质量安全保证的农产品供给以及及时有效地满足市场不断变化的需求。为此，一方面，第三方物流企业作为核心企业需要构建农产品供应链现代化的信息交流平台和完善的物流服务系统，承担起生产仓储、加工配送、销售服务等各环节的协调与运作，要根据消费者的个性化和多样化要求，对农产品的选种下种、施肥生产、采摘加工、储藏运输和配送等流程做严格的规定，对出售的农产品的品种、数量、质量、安全有严格的标准，并进行全程监管，要根据客户需求特征、自身产品和业务特点等设计提供个性化、专业化和系统化的物流服务。另一方面，要采用物流延迟方法以及提高供应链的柔性化来应对需求的不确定性，不仅要在通用半成品加工环节实现规模效益，还要在针对客户个性化需求订单环节及时完成最终定制品加工，快速地响应市场的变化，提高顾客的满意度，提升农产品供应链的竞争优势。可借鉴的合作模式主要有"第三方物流企业＋加工企业＋农业合作社＋农户＋销售商""第三方物流企业＋加工企业＋直供基地＋销售商"等。

4. 供应不稳定创新型生鲜农产品供应链选择紧密横向一体化契约合作关系形式和敏捷型策略

关系和信任导向下的第三方物流企业主导的供应不稳定创新型生鲜农产品供应链模式中，由于生产的约束条件和消费者对产品品质特色有很高的要求，该模式中的产品在生产、加工、配送和销售各环节的专用性投资都很大，一旦交易结束，这种投资可能会失去其全部或大部分价值，所以，选择规避风险和快速响应相结合的敏捷性策略来应对最合适，第三方物流企业与产品供应商都有强烈意愿建立最紧密合作关系。由于第三方物流企业与节点企业间的专用资产互为独立，建立横向一体化的合作关系形式最合适。因为作为核心企业的第三方物流企业是集农产品生产加工、配送和销售的整体农产品供应链形象呈现市场，第三方物流企业不仅要提供特色农产品的运输仓储、制冷加工和配送等系统化和系列化物流服务，完成从农户到消费者的流通任务，更重要的是设计、实施和运作整条农产品供应链。为此，第三方物流企业必须要通过自建的信息网络平台将特色生鲜农产品需求信息实时传递给各节点企业，并及时进行统筹以及有针对性的协调和管理，且对农产品的品质与种类以及数量和质量进行严格的全程监管，不仅使个性化、安全和高质的产品得到稳定供应，也使合作企业避免物流方面的投入并减少流通环节，规避投资风险。同时，第三方物流企业针对消费者不确定的个性化的需求，对农产品的品质种类以及数量质量进行监管，把先进的理念和技术带到农业生产中，提高生鲜农产品的新鲜度与特色品质，提升生鲜农产品的附加值，快速响应市场需求的变化，使农户、物流服务商以及消费者三方面共同获利，并进一步延伸农业产业链条。可借鉴的合作模式主要有"第三方物流企业＋农业合作社＋农民＋销售商""第三方物流企业＋直供基地＋农民＋销售商"等。

8.4.3　基于长期交往和专用资产投入建立第三方物流企业主导的信任合作关系

关系和信任导向下的第三方物流企业主导的农产品供应链建设初期，第三方物流企业以契约合同形式与节点企业建立合作关系，促进了分工与合作，第三方物流企业的物流设施和设备也得以利用，稳定了自己的业务范围和业务量。但是在这一时期，第三方物流企业可能对农产品生产者、销售商和消费者的了解不够且第三方物流企业与他们之间沟通的信息平台不完善，可能会导致生产者的盲目、物流运力不足或过剩、库存仓储结构设计的不合理以及市场需求不能得到及时响应等状况出现，会影响物流效率以及供应链合作效率。然而，关系和信任导向下的第三方物流企业主导的农产品供应链优化成功的根本是要保证农产品物流运输和加工配送的时效性与稳定性以及安全性。随着第三方物流企业与节点企业合作的时间越长相互越了解，彼此之间把握对方的行为预期越来越准确，节点企业与第三方物流企业相互依赖的信任更是基于能力维度建立起来的。第三方物流企业必须要提高自身能力，要拥有完善的物流信息服务系统，要全权代理并承担起整个农产品供应链的生产加工与销售，还要集成库存储运、包装装卸、配送与信息处理等物流以及物流辅助等多种功能业务，同时完成物流、商流、资金流和信息的传递与整合。特别是对供应不稳定或需求不确定的农产品供应链，第三方物流企业作为核心企业需要对契约合同农户和农业合作组织等上游环节的主体有很强的整合协调能力，即可以向农户以及农业生产合作社等提供信贷支持，可以向农户提供种子化肥等农资产品，可以培训教育指导农户进行标准化生产与管理，从生产源头保障食品安全，同时对供应链中下游环节的农产品加工操作以及冷链物流的运作流程也要有严格的规定和控制力，从而全过程保证农产品质量安全的可追溯性。因此，在以第三方物流企业为核心的农产品供应链中，不仅执行农产品物流的第三方物流企业要有很高的专用性投资，农产品的供给方和需求方也要进行一定的专用性投资，而且当农产品供应链合作各方专有资产投资能力和基于分工的专业化能力提高到一定程度时，农产品供应链合作框架将得以稳定和完善。当农产品供应链中的各节点企业对合作对方的表现和自己的收益更加满意以及充分认识到合作比不合作能取得更好的效果时，第三方物流企业主导的农产品供应链节点企业彼此间已形成很高程度的依赖。合作伙伴间都愿意适当降低谈判中硬性要求，用灵活柔性的信任和承诺来维持其长期交易关系，从而有效地规避多种风险，农产品供应链各节点的利益得到合理的维护，农产品供应链整体总成本会降低，从而有效地提升农产品供应链合作效益。

8.4.4 基于有效沟通建立第三方物流企业和战略伙伴间善意信任合作关系

关系和信任导向下的第三方物流企业主导的农产品供应链优化模式中，第三方物流企业不仅要组织采购与配送，更重要的是要承担起整条农产品供应链组织和协调任务，扮演着整个农产品供应链信息汇集中心的角色，成为连接农产品生产加工以及销售的中枢。第三方物流企业通过构建农产品供应链信息交流平台，将农产品生产者、加工者、配送者、销售者和消费者联结起来，建立基于实时更新的统一农产品市场供应、需求、交易、价格、储运、加工、配送和质量检测等信息管理系统，让供应链各成员企业能及时掌握农产品产供销等相关信息，实现资源共享和信息共用，并进行充分的沟通交流，使农产品供应链合作伙伴间能越来越比较理性平衡利益和解决争端，更能坦诚地表明自己以及对争端的忍耐和谅解，更愿意去了解对方的观点和思法。交易合作的注意力逐渐转变，不是仅仅注重单次交易中的自身利益，而是更多地关注其长期交易的共同利益甚至考虑到对方的利益，努力去寻找其共同的利益点，并且彼此间能及时有效地做出调整，这种行为有助于巩固合作关系。为了更好地维护和平衡这种利益相交融的农产品供应链合作伙伴关系，第三方物流企业与节点企业都有足够的动力和意愿去寻找各种有效机制来稳定和保护这种相互依赖合作关系。当作为核心企业的第三方物流企业与农产品供应链的节点企业都要去寻找合适的机制来保护他们之间的合作关系时，他们彼此间的依赖关系已经达到更高的层次，他们之间更是超越了经济关系进入到情感友谊等社会关系的交融，即供应链各节点成员间通过信息和情感的沟通来完成的人际互动使合作双方不仅得到了物质利益上的满足，更是获得了情感和价值的认同以及内心归属感和安全感。这种基于情感纽带而连结起来农产品供应链合作伙伴交易关系中，不管是农户、农村专业合作社和加工企业还是第三方物流企业以及销售商，即使市场环境或偶然因素导致自身合理利益受到损失，都不会轻易地变更合作伙伴，这能有效避免或抑制交易双方的机会主义行为，彼此调整自身行为，各尽其能，降低供应链合作的不确定性，有助于合作伙伴发掘合作潜力，实现整条供应链资源的优化配置和价值增值，从而推动农产品供应链整体收益的增加，给相关企业及整个社会带来效益。

8.4.5　完善政府对第三方物流企业主导的农产品供应链的支持机制

第三方物流是现代物流的重要模式，它对改进和完善一个国家或地区的投资环境、推进经济结构和产业结构的优化与调整、提升国际竞争能力以及综合经济实力的发展具有重要作用。目前，我国第三方物流企业主导的农产品供应链体系还不完善，参与者的组织化程度低，物流渠道不畅通，物流链不连贯，物流成本高。因此，积极培育大型的现代化第三方物流企业集团，构建基于第三方物流企业主导的专业化、网络化以及社会化的农产品供应链来优化资源配置，将成为我国现代农产品供应链优化的风向标。但是要实现这些都离不开政府的推动扶持以及政策优惠。

政府在第三方物流企业主导的农产品供应链中承担起基础性政策的引导和扶持作用。政府要放宽市场准入，给予第三方物流业愈发合理优惠的土地、资金、贷款、税收、社会保障等以及相关政策的界定和支持；政府要鼓励创新，不断出台政策加强农产品现代流通体系的建设、推进现代物流配套设施设备的技术改造、加快物流信息化系统的建设以及相关制度体制建设；要拓宽融资渠道，引导扶持第三方物流企业通过并购和融资等手段成长壮大实力；要扶持第三方物流品牌发展，鼓励第三方物流企业申请中国驰名商标和地区认定的著名商标，加强对第三方物流企业知名品牌维护和发展，打造本地第三方物流企业品牌效应，形成地区产业集聚，推动第三方物流企业主导的农产品供应链的有效实施，着力提升区域农业供应链的整体竞争力。

8.5　关系和信任导向下农民专业合作社主导的农产品供应链优化模式与对策

关系和信任导向下的农民专业合作社主导的农产品供应链优化模

式中，农民专业合作社作为核心企业，代表广大农民的利益，通过契约和承诺的形式把分散的农户、加工企业、销售商和消费者进行有效整合，借助于新一代信息技术构建农产品供应链信息交流平台，建立基于风险共担和资源利益共享机制的长期稳定信任合作关系，不仅能提高农户的经营组织化程度和交易谈判的能力，也能快速响应终端市场的变化需求，为消费者提供质量安全可靠的农产品，减少中间环节，降低交易成本，提升农产品供应链合作效益，以农民专业合作社主导的农产品供应链是一种农产品生产者直接对接大市场的农产品供应链模式，如图8－5所示。

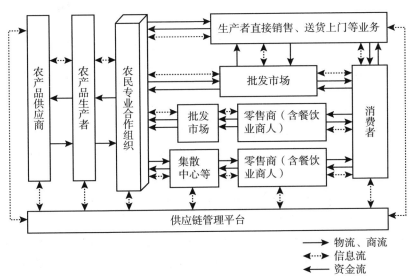

图8－5 关系和信任导向下农民专业合作组织主导的农产品供应链优化模式

231

8.5.1 提升农民专业合作社的特色品牌实力

农民专业合作社把长期处于弱势地位的分散的农户有效的组织起来，便于农民直接有效地享受国家扶持和补贴政策，能够获得较为充分的市场信息和技术服务，提升农产品品质，提高自身和农户的市场竞争力。农民专业合作社承担起连接农户与市场、政府与农户、政府和企业之间信息桥梁责任，能及时向政府传递企业和农户的相关要求，同时把政府制定的政策法规等信息及时传达给企业和农户，把政府制定的相关行业发展规划、产业政策和行政法规及时贯彻落实到农产品供应链的计划与运作中。

1. 提升农民专业合作社品牌特色和规模优势

关系和信任导向下的农民专业合作社主导农产品供应链强调了农民专业合作社在农产品供应链的核心地位。农民合作组织必须要有一定的规模优势、品牌特色和较强的组织服务能力，才能吸引供应链其他节点企业加入其主导的农产品供应链中，才能拥有对整个供应链运作的管理和控制主导权。首先，农业专业合作社规模优势主要体现在拥有足够多的社员参与和基地面积以及较高的农业机械化程度和比较先进的管理水平。其次，农民专业合作社品牌特色体现在能建设"一品一社"或借助"一村一品、一县一业"的农产品品牌优势发展合作社品牌。由于农产品都生长在不同的自然条件和地理环境中，从而使得农产品各有特色，如特质农产品或者地域性较强具有地理标志的农产品等，并且其不同的特色不仅丰富了农产品的价值内涵，也更给消费者带来不同的物质和精神体验。因此，农民专业合作社要深入挖掘农产品独到的特点来打造与众不同的特色品牌，这是引导创造和满足市场需求、增加初级产品附加值以及提升农产品市场竞争力的有效方式。再次，农业专业合作社的组织服务能力主要体现在代表社员的意愿，根据市场对农产品个性化的需求，把分散的小农户、家庭农场、专业户以及专业村组织起来，构建社区性产业一体化组织或专业性产业一体化组织，承担起特色品牌农产品产供销一体化管理的责任。农村专业合作社不仅向合作社内的社员提供最直接和最具体的产前、产中、产后有效服务，对合作社内的农户送来的农产品进行验收和定级、精选和分级、加工和包装，并贴上农民专业合作社特色商标，使合作社中的弱小农户也能有权利和机会参与农产品价格的制定；农村专业合作社还能为下游加工商、销售商和消费者提供符合质量安全标准的品质可靠的农产品，满足城乡消费者对产品的个性化和多样化的需求；农村专业合作社有效协调和合理分配因供应链合作联盟效应而产生价值增值收益，不仅能保证供应链稳定健康的发展，还能带动该供应链上节点企业以及周边地区经济的共同发展，进一步确立农业专业合作社的核心企业的地位，有效地整合和优化产业资源。

2. 基于构建互联网的信息网络系统提升农民专业合作社竞争力

关系和信任导向下的农民专业合作社要成为主导农产品供应链的核心企业，必须依托于政府农业相关部门、科研院所以及供应链节点企业网站构建农产品供应链组织信息网络系统，通过各种渠道不断收集和加工整理形成有关产品的市场信息、技术信息、物流信息和质量信息等系统信息资源，让各种信息在农产品生产、加工、仓储、销售和配送等各个环节上进行全面流动与管理，并且对供应链的各环节的活动进行全程跟踪以及实时控制和管理，让消费者可以准确和及时地对农产品质量安全追溯，从而有效协调农产品生产者、加工企业、不同层次的销售商以及消费者之间的资源和利益分配关系。农民专业合作社还要通过自建或借助于第三方物流企业建立物流服务系统，必须要拥有充足的保鲜冷藏和运输能力，保证其农产品及时安全送达直接合作客户或消费者。农民专业合作社还要充当好政府和农民桥梁纽带角色，及时向社员宣传政府的政策法规，同时把农民和企业的意见和要求反馈给政府有关部门，强化农产品供应链各节点企业的契约自律，稳定其合作关系。

8.5.2 基于供需特征优化农民专业合作社主导的农产品供应链建设

由于现在农民专业合作社的自身实力不够，只有极少数农民专业合作社能够承担起核心企业的能力与责任，我国以农民专业合作社所供应的农产品占农产品总量的比例很低，而且，农民专业合作社主导的农产品供应链运行的半径都比较短，所提供的基本上都是需求弹性比较大的地域性很强的特色创新性农产品，如章丘鲍家芹菜、阳澄湖大闸蟹和胶州里岔黑猪等。因此，目前农民专业合作社主导农产品供应链主要包括供应稳定创新型加工农产品供应链和供应创新型生鲜农产品供应链两种短链。

1. 供应稳定创新型加工农产品供应链选择紧密多种契约合作关系形式和响应型策略

关系和信任导向下的农民专业合作社主导供应稳定创新型加工农产

品供应链，由于有众多的供应商提供多种可以替代的品牌产品，竞争激烈，可能会造成库存，由于消费者非常在意此类产品的品质以及个性价值，市场始终处于不确定性，可能导致市场分割乃至供应断裂，造成此类产品价格波动性较大，交易双方专用资产的投入都很高。因此，选择快速响应型策略成为农民专业合作社主导供应稳定创新型加工农产品供应链优化的关键，农民专业合作社与节点企业间都有很强的意愿建立紧密合作契约关系，依据消费者对产品质量和个性价值要求的程度不同，选择生产契约或横向一体化形式建立紧密合作关系。为此，一方面，农民专业合作社作为核心企业与加工企业以及销售商签订订单，把分散的社员组织起来按照订单进行标准化生产，要根据消费者的个性要求，对从农资供应到田间生产管理，从加工设备技术要求及操作规程到流通环节的物流运作等整个流程中的各个环节都有相关的要求，从而约束各主体行为来稳定其有安全品质保证的农产品供给；另一方面，采用物流延迟方法，提升供应链的柔性化，在保证实现规模效益的通用化中间产品的生产加工的基础上，及时有质量地完成客户个性化需求的订单定制产品的加工，对市场需求变化做出快速的反应，实时有效衔接生产与消费，提升供应链的竞争力。可借鉴的合作模式主要有"合作社＋农户＋加工企业＋销售商"或"合作社＋基地＋加工企业＋销售商"等。

2. 供应不稳定创新型生鲜农产品供应链选择紧密一体化契约合作关系形式和敏捷型策略

关系和信任导向下的农民专业合作社主导的供应不稳定创新型生鲜农产品供应链，其产品的供应与需求都不稳定，产品生产过程中极易受地理环境、自然条件以及偶发因素影响，其产品产量和质量起伏很大，产品品质和价值不稳定，此类产品基本都是无公害农产品、绿色食品、有机食品或地理标志登记农产品，消费者的要求苛刻且处于不断的变化中，交易双方的专用资产投资非常大。所以，采用敏捷型策略来应对最合适，农民专业合作社与节点企业都有强烈意愿通过一体化契约形式建立最紧密型合作关系，农民专业合作社作为核心企业把分散的社员组织起来与销售商签订订单，根据交易双方资产专用性的互补或互为独立分别采用纵向一体化和横向一体化的合作方式。为此，一方面，农民专业合作社可以选择提前锁定价格、采购额的订单合约、扩展新的供应源、优化冷链物流以及联合库存等方法，来稳定其有保证的特色生鲜农产品供给，规避和降低供应链的运营风险；另一方面，选择物流延迟方法，保证通用半成品生产加工规模化效益的基础上，实时满足不断变化消费者个性化的需求，提高农产品供应链的运营效率。纵向一体化可借鉴的合作模式主要是"合作社 + 农户 + 销售商"或"合作社 + 农户 + 电商"。横向一体化可借鉴的合作模式主要有"合作社 + 农民 + 超市"或"合作社 + 农民 + 批发市场"或"合作社 + 农民 + 电商"。在"农户（农民）+ 合作社 + 电商"的新模式中，农民专业合作社与电商企业融合实现农户与销售商直接对接，农民专业合作社要搭上"互联网 +"快车，实现线上线下协同发展，形成农产品供应链产供销一条龙的直供模式。

8.5.3　基于长期交往和专用资产投入建立专业合作社主导的信任合作关系

关系和信任导向下的农民专业合作社主导的农产品供应链建立的初期，农民专业合作社与加工企业或不同层次的销售商基本都是以签订订单合同形式进行合作的，明确各自在供应链中的职责和权利。在这一时期，在农民专业合作社内部，合作社社员农户按签订的契约合同要求生产产品，而合作社要为社员农户提供市场信息和技术服务；在农民专业合作社外部，合作社为了吸引下游合作者，必须付给加工企业和各层次的销售商相对高的利润。因此，在现实的操作中农民专业合作社与合作伙伴仅仅依靠简单的契约合同关系进行交易，当市场环境发生变化时，可能会出现上游的合作社社员或下游环节的企业成员为了短期利益毁约行为以及因信息沟通不畅产生信息搜集、谈判和监督成本提高，使供应链运作和协调成本过高，农民专业合作社很难从供应链组织化运作中获得增值利益，也很难创造供应链整体的增值利润。随着农民专业合作社主导的农产品供应链的发展，与其节点企业间持续重复交易，彼此间逐渐有了更深入的了解，对交易对方的行为预期有了基本的把握。农民专业合作社的视野逐渐拓展，跳出狭隘的成员利益为中心的思维定式转向创造和满足市场需求，会着力通过加大专用资产的投入引导扶持农户，根据消费者对产品的特点要求积极申请无公害农产品、绿色食品、有机食品地理标志农产品的认证，进行其特色品牌设计和宣传需要花费大量的人力、物力和财力。农民专业合作社根据客户的特定需求，制定并推行标准化和规范化的生产加工和物流配送等操作规程，在生产前合作社社员联合采购能保证农产品质量安全的农资产品投入或共同购买农机服务，降低社员农户的投入成本；在生产中与农业科研院所和政府相关部门建立联系，请农业专家和技术人员培训指导社员农户以及让社员农户参观示范基地等形式来提高社员农户的生产技能和生产管理水平；在生产后进行统一采购、储藏、加工、配送和销售。在这个阶段，农产品供应链上的合作伙伴交易的注意力不再关注短期交易利益，合作社更注重与农户、加工企业以及销售商等通过不断加大专用资产的投入，彼此间结成更加紧密的互惠互利合作关系，合作社也在与其成员主体的协调整合中逐渐获得市场主导地位，增强农产品供应链的凝聚力，提高农产品供应链整体竞争力。

8.5.4 基于有效沟通建立农民专业合作社和战略伙伴间善意信任合作关系

关系和信任导向下的农民专业合作社主导的农产品供应链模式中，农民专业合作社将农户、农民专业合作社、加工企业、销售商和消费者整合成一个完整的农产品供应链。农民专业合作社通过构建的信息网络共享平台，提供其产品相关的市场、生产、采购、销售、仓储、配送、产品质量等各类信息以及经营理念、经验、技能和技巧等知识资源，与供应链节点企业间进行充分共享，改善农户的信息不对称现状，降低农户和农民专业合作社的经营风险，对农产品供应链的整个运作过程进行全程跟踪并实时控制和有效管理，使消费者能有效追溯产品质量安全，提高农户和节点企业的违约成本，约束其机会主义行为。与此同时，随着农民专业合作社主导的农产品供应链节点企业间通过正式和非正式的沟通渠道进行信息和情感的交流与沟通，提高了节点间合作的透明度，逐渐形成开放、信任、合作共享的文化氛围和关系，使合作成员间达成愿意共享、乐于共享以及善于共享的默契。特别是农民专业合作社是根扎于乡村，基于村社结构和乡土文化的"村社嵌入"，农民专业合作社社员农户之间的人际信任具有天然的土壤。所以，农民专业合作社社员之间以及农民专业合作社与加工企业或各层次的销售商工作人员之间的人际信任会极大促进节点企业间的信任。这种建立在以情感认同之上的社会联结强度会远远超过建立在互惠互利之上的经济交易联结强度，而基于经济与社会两个层面关系联结达成的认同共识的善意信任合作关系，能够提高抵制机会主义行为的自我约束和共同约束的能力，能够增强农产品供应链联盟关系的稳定性，最大化地实现农产品供应链合作效益。

8.5.5　完善政府对农民专业合作社主导的农产品供应链支持机制

我国初期农民专业合作社运作主要是依靠政府来推动，政府通过政策奖励补贴来鼓励农户联合、专业大户和龙头企业牵头建立农民专业合作社。

我国农民专业合作社和政府之间是相互作用和相互依存的关系。一方面，政府通过建立农民专业合作社来推进农业产业结构调整，实现农业社会化、规模化和集约化生产，成为实现政府的经济政策目标的最有效和最重要的组织载体；与此同时，农民专业合作社通过政府这一特殊组织资源优势帮助其协调内外关系，通过政府政策法律导向改善其经营环境，争取依靠自身力量难以得到的支持和政策实惠。

政府为推动农民专业合作社长期稳定发展，一方面要通过立法为农民专业合作社的持续稳定发展创造前提条件；另一方面要通过政策支持和税收优惠等引导建立和壮大农民专业合作社，给农民专业合作社发展注入强大后劲，政府相关部门要充分发挥职能优势，在项目引进、政策扶持和市场拓展等方面为农民专业合作社主导的农产品供应链创造良好的发展环境，帮助农户更好地抢占市场先机，帮助农民专业合作社打造地域性或特色产品品牌，扩大农产品销售渠道，从而有助于提升区域农产品供应链整体竞争能力。

随着政府进一步推进供给侧结构性改革，今后要特别加大对能确保农产品质量安全的有关农业项目的支持力度，要持续向农民专业合作社政策倾斜，尽力消除农产品市场信息不对称，与此同时，要加大对农产品质量安全的监管力度，健全农产品质量监管体系，确立农民专业合作社在农产品质量安全中的优势地位，要充分展现农民专业合作社真正成为我国农产品质量安全保驾护航的前沿阵地形象。

8.6 关系和信任导向下电商企业主导的 农产品供应链优化模式与对策

关系和信任导向下的电商企业主导的农产品供应链优化模式中，电商企业作为核心企业，以消费者为中心，基于契约和承诺等形式将农产品供应商、支付服务提供商、物流服务提供商和消费者连接起来，借助新一代信息技术构建农产品供应链电商交易平台，建立共享机制的长期信任的紧密协同合作关系。关系和信任导向下的电商企业主导的农产品供应链是始于消费者和终于消费者的，消费者提交订单，采用直采的形式，其产品由第三方物流或自建物流配送给消费者。电商企业主导的农产品供应链是一种短供应链，实现了农产品从生产者向消费者直接传递，突破了时间、空间的限制，拓宽和压扁了农产品的销售渠道，使农产品供应链节点企业间的交易变得更加简便，充分满足了消费者对农产品鲜美品质、便捷交易方式以及实惠价格的需求，达成了以最小成本实现消费者利益最大化的经营目标，如图 8-6 所示。

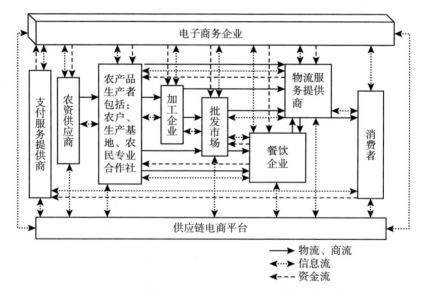

图 8-6 关系和信任导向下电商企业主导的农产品供应链优化模式

8.6.1　提升电商企业品牌实力

农产品电商企业主要包括四类：一是第三方网络平台电商，如天猫、京东、淘宝等。二是自营网络平台电商，包括垂直型电商和拓展型电商两种。垂直型电商主要指通过自己生产或者采集农产品基于线上来进行营销，如天天果园；拓展型电商，是指由零售商、批发市场、物流企业、农场农民专业合作社、农产品生产加工龙头企业等基于线下实体供应链优势构建自营网络平台，如中粮集团我买网、顺丰优选等。三是实体经营企业联合第三方电子商务平台共建农产品网络平台，如山东省供销社与京东合作打造"网上供销社"。四是地方型电商企业，是指实体农产品销售商在当地政府的支持下建立线上营销渠道，基于O2O模式实行线上与线下相结合销售方式。随着互联网经济和信息技术的发展，特别是我国逐步上升的中产阶层人群对农产品的新鲜美味以及购买方便快捷等方面有了更高的需求，改变了人们的生活方式，网购成为一种流行的消费趋势。电商企业主导的农产品供应链作为一种新型农产品供应模式呈现出蓬勃发展的势头，它满足了消费者全天候多空间个性化购物、社交、娱乐等综合体验需求，实现快速交货，减少流通环节甚至能达到零流通环节和零库存，提高交易和配送效率。

1. 提升电商企业品牌声誉

关系和信任导向下的电商企业主导的农产品供应链优化模式是一种电商驱动的面向消费者的农产品供应链协同合作运作模式。由于电商企业主导的农产品供应链运营方式的独特性，使消费者在选择产品以及供应链各节点在选择合作伙伴时主要是基于互联网信息平台来了解合作企业及其产品等情况，消费者在获取产品之前几乎是无法验证其信息的准确性。所以，电商企业的品牌实力和声誉非常重要，实质上电商企业品牌实力和声誉是一种对农产品供应链各节点企业以及消费者发出信心的信号，消费者对电商企业的信任可转化为对其销售的商品信任与购买。只有电商企业具有强大或特色品牌实力和良好的声誉，才能吸引消费者以及该产业链上下游企业汇聚在电商企业主导的农产品供应链中，电商企业作为核心企业才能掌控对整个农产品供应链的主导权，进而把电商企业品牌发展为农产品供应链整体品牌，提升其在行业内的影响力和市场竞争力，不断拓展市场。由此可知，基于农业互联网的农产品电商不仅是销售产品，更是销售生活方式、品牌故事、品牌文化体验等。农产品电商企业品牌化和良好的声誉是电商企业主导的农产品供应链运作成功的关键。

2. 完善电子商务交易的物流信息平台提升电商企业的协同能力

基于关系和信任导向下的电商企业主导的农产品供应链优化模式改变了消费者的市场地位，使农产品供应链协作结构发生了本质变化，其表现为以个性化的消费者需求为导向建构农产品供应链运作体系，这对电商作为核心企业主导的农产品供应链的协同能力提出了更高要求。这种以消费者为中心的农产品供应链协同不仅体现在农产品供应链中各节点企业间的信息共享和流程整合等协同，还体现在供应链中各节点企业与消费者间的协同，即需求、订单和库存等信息不仅在农产品供应链节点企业间进行交流互动，也在各节点企业与消费者间进行交流互动，消费者成为农产品供应链协同的核心。因此，作为农产品供应链核心企业的电商企业必须建立一个支持农产品供应链的电子商务物流信息平台，承担起整个农产品供应链的信息交换中心以及产品集散中心职责，保证其主导的农产品供应链的市场定位、产品和服务设计与创新、合作伙伴的选择及农产品的生产、采购、仓储和物流配送等均以消费者偏好和需求为导向展开，通过信息共享来保障农产品供应链核心企业与各节点企业间的传递和扩散以及供应链各节点企业与消费者之间的响应和反馈，形成电商企业主导的农产品供应链各环节的协作共识，最终快捷地满足消费者个性化和多样化的需求，从而实现面向消费者的供应链协同共赢。

8.6.2 基于供需特征优化电商企业主导的农产品供应链建设

理论上关系和信任导向下的电商企业主导的农产品供应链包括供应稳定功能型加工农产品供应链、供应不稳定功能型生鲜农产品供应链、供应稳定创新型加工农产品供应链和供应不稳定创新型生鲜农产品供应链四种类型。本研究认为虽然电商主导的农产品供应链有美好的发展前景，目前能够实现盈利者较少，电商企业主导的农产品供应链发展任重道远。目前运营比较广泛且有成效的主要有三种：一是面对服务功能比较齐全的一二线城市消费者的大型平台电商企业和垂直型电商主导的生鲜农产品供应链，如京东生鲜、天猫生鲜、优菜网、天天果园等有名品牌的电商企业的生鲜供应链。这种基于线上销售的企业，特别是第三方平台型电商进入的门槛比较低，但面临最大的困难是无法对商品实现直接监控，农产品的质量安全已成为实施中要重点解决的问题，为此，很多线上电商已开始线下试水，采用线上线下相结合的 O2O 模式。二是专门从事农产品经营的实体自营网络平台主导的品牌化农产品供应链，如中粮我买网可以通过实体企业自有的质量安全管理体系从产地源头到消费者餐桌全程掌控产品质量安全，实行全产业链管理，这类农产品电商网站主打高端生活品质农产品供应链，一般来说，主打经营生鲜产品的电商企业是自建冷链配送体系。三是地方型电商企业或借助于第三方电商平台构建农产品网络交易平台的本地化电商企业主导的当地特产或品牌化农产品供应链，其锁定的客户群很集中，经营产品品类少而专，其产品和服务的销售主要局限于本地范围的消费者，这种供应链服务半径较小，其中生鲜农产品多通过自有冷链物流配送，直接提供送货上门服务。

241

1. 供应不稳定功能型生鲜农产品供应链选择半紧密市场契约合作关系形式和风险规避型策略

　　关系和信任导向下的电商企业主导的供应不稳定功能型的生鲜农产品供应链，其上游生产环节的不确定因素较多，农户生产生鲜农产品需要较大的投入，农户的生产积极性不高；另外，要使该类型供应链正常有效运营，作为核心企业的电商企业必须构建物流信息管理系统以及采用现代化物流来保障。农产品生产者和电商企业都要投入较高的专用资产，承担比较大的风险，所以，风险规避型策略是电商企业主导供应不稳定功能型生鲜农产品供应链优化的关键。由于功能型生鲜农产品消费者的需求差异很小，市场比较稳定，电商企业与供应链节点企业可以通过市场契约形式建立半紧密的合作关系，不需要建立紧密合作关系，因此，第三方大型平台电商企业承担核心企业责任最经济合适。第三方平台型电商进入门槛低，农产品供应链的每个环节甚至个体农户都很容易入驻，其经营的生鲜农产品品类也丰富。第三方大型平台电商企业通过农产品供应链电子商务平台对整个农产品供应链各节点资源进行充分整合，依据消费者的需求，可以直接与上游生鲜农产品供应商建立市场契约订单合作关系，与生产者建立直接采购渠道，采取统一采购、包装、配送和售后等标准化运行和管理，减少库存和中间环节，降低采购成本，以此稳定农产品供应。第三方电子商务平台主导的农产品供应链，一般来说，平台只负责监管，冷链配送往往由入驻平台的商家自行负责，几乎都是由第三方物流进行配送，基本能够保证农产品的安全性和及时送达，转移和降低了电商企业与农户的投资风险，提高消费者的满意度。可借鉴的主要模式有"电商企业＋合作社＋基地（农户）＋消费者"或"电商企业＋批发市场＋基地（农户）＋消费者"或"电商企业＋直供基地（种养殖专业大户）＋消费者"等。

2. 供应稳定创新型加工农产品供应链选择紧密多种契约合作关系形式和响应型策略

242

关系和信任导向下的电商企业主导的供应稳定创新型加工农产品供应链，其上游产品供应稳定且品牌竞争异常激烈，其终端消费者有个性化需求且处于不确定中。由此，需要品牌供应商和作为核心企业的电商企业都投入较高的专用资产，特别是核心企业要付出很高的建设成本和管理成本。因此，电商企业与品牌产品供应商都有愿望基于契约与承诺形式建立紧密合作关系，快速响应策略是电商企业主导的供应稳定创新型加工农产品供应链优化的关键。为此，一方面，由于消费者对于创新型加工农产品的品质安全等有较高要求，一般还需要获取国家有关质量认证，电商企业作为核心企业可以与节点品牌产品供应商基于生产契约或者横向一体化的形式建立紧密合作关系，来保证有质量安全的初始农产品的供给。电商企业可以通过构建的农产品供应链电子商务交易平台，让节点企业间以及各节点企业与消费者之间保持充分和准确的信息沟通，以消费者的需求为导向实行统一品牌标准化运作，严格制定品牌产品的生产、采购、加工、包装、储藏、运输、配送、零售等各环节的规范标准，并进行全过程管理与监督。另一方面，可以采用物流延迟方法，提高供应链的柔性化，在保证通用半成品生产加工规模化效益的基础上，及时把握消费者个性化需求的动态变化，并依据消费者需求的不断变化对供应链进行不断的协调整合，快速响应终端订单客户定制化产品的需求。电商企业可以通过自有冷链物流或第三方物流，按照消费者要求及时安全有质量地送达到消费者手里，最大化地方便和优惠消费者，提高顾客满意度，提高供应链竞争力，最大程度实现供应链资源的优化配置。可借鉴的主要模式："电商企业＋加工企业＋合作社＋基地（农户）＋消费者"或"电商企业＋批发市场＋合作社＋基地（农户）＋消费者"或"电商企业＋直供基地（农户）＋消费者"等。

3. 供应不稳定创新型生鲜农产品供应链选择紧密横向一体化契约合作关系形式和敏捷型策略

关系和信任导向下电商企业主导的供应不稳定创新型生鲜农产品是品牌生鲜农产品，定位于具有极其鲜明地理标志或特色标志的高档水果、水产品、禽蛋以及有机蔬菜等，因此其上游生产环节的约束条件很多，其末端的消费者对产品的数量、品质以及特色都有很严格的要求，并且市场需求始终处在变化当中，品牌生鲜农产品供应商和作为核心企业的电商企业都需要很高的专用性投资，承担的风险非常大，此类农产品供应链极其脆弱，因此，风险规避与快速响应相结合的敏捷性策略是电商企业主导供需都不稳定的创新型生鲜农产品供应链优化的关键，电商企业与品牌生鲜农产品供应商都有强烈意愿建立紧密合作关系。因为电子商务企业与节点企业间的专用资产是互为独立的，作为核心企业的电商企业最好与品牌生鲜农产品供应商建立横向一体化的紧密合作关系，其中自营网络平台、地方型电商企业或联合第三方电子商务平台共建农产品网络平台更适合承担核心企业责任，因为它可以对商品实现直接监控，能够保证农产品的安全性以及物流配送的及时性。电商企业可以通过自身构建供应链电商农产品交易平台，以消费者需求为导向，让电商企业与品牌生鲜农产品供应商之间以及各节点企业与消费者之间能实时和充分共享信息，真正做到从田间地头到消费终端都能够面向消费者进行针对性的地理标志或特色品牌产品的研发设计、生产包装、库存控制、仓储运输、冷链物流配送等多面及时统筹指导，严格按照国家有关认证以及突出产品特色差异化来进行统一运作和管理。电商企业可以直接建立专属种养殖生产基地，通过自建冷链物流或第三方物流配送，减少流通环节，使供应链无缝衔接起来，根据需求变化及时对农产品供应链做出调整优化，提高供应链的柔性化，保证个性化和高质量安全的产品稳定供应，提高电商的订单履行效率，提高用户体验和满意度，优化整合供应链所有的合作资源，提升供应链合作效益。可借鉴的合作模式包括"电商企业 + 直供基地 + 消费者"或"电商企业 + 合作社 + 基地 + 消费者"等。

8.6.3 基于长期交往和专用资产投入建立电商企业主导的信任合作关系

关系和信任导向下的电子商务企业主导的农产品供应链的建立初期，电子商务企业通过供应链电商农产品交易平台，把产销供三个环节的节点企业以签订订单合同形式连接起来，由电商企业统一组织和规划，其他节点企业都按合同要求各司其职。但是由于合作初期各节点了解不够以及农产品电子商务供应链信息平台还不完善，难以及时获取准确的供需和库存信息，电商企业基本不可能根据消费者的需求来设计供应链体系，大多数时间凭主观经验判断，根据货源和库存多少来做采购决定，并由此产生不合理的库存，在这种情况下，第三方物流的冷链配送也难以完整和协调好，各环节配合也难以默契。当偶发因素出现时，随时可能会出现链上成员主体为了短期利益毁约的行为，然而由于大多数农产品的时效性比较短，如果因为链上成员主体违约耽误时间无法保持农产品的新鲜度及品质或无法如期送达，就难以让消费者满意甚至遭到投诉，这在无形中增加了供应链成本，或者导致不得已重新选择合作伙伴，从而产生的信息搜集、谈判和监督成本都会提高，使供应链运作和协调成本过高，难以实现农产品供应链合作效益的提高。随着电子商务企业主导的农产品供应链的发展，其节点企业间的持续重复交易，相互间有了更深入的了解，对交易对方未来行为的预测判断会越来越准确，彼此之间因为了解而产生的信任感越来越强。此时，作为核心企业的电子商务企业会逐渐加大资金投入，不断升级完善农产品电子商务供应链信息平台以及全程冷链系统，并以消费者为核心追求创新，在不断调整优化的过程中逐渐形成自己的特色供应链。为此电子商务企业要和供应链各节点共同投入，特别是电商企业要着力与科研院所的技术人员、种养专家、营养专家以及高级管理人员一起对基地农民开展培训和指导，并依据消费者的要求和专业化标准，实现统一品牌建设、统一生产采购、统一储藏运输、统一加工配送策略，确保其产品的高品质能够在全过程可追溯，扩大直采范围，提升原产地直接送达消费者的力度，更好地满足不同层次消费者的差异化的需求，提升用户黏性，从而使节点间结成更加紧密的互惠互利合作关系，形成各主体融合的局面，强化农产品供应链的凝聚力，提升农产品供应链的合作效益。

8.6.4　基于有效沟通建立电商企业和战略伙伴间善意信任合作关系

基于关系和信任导向下的电商企业主导的农产品供应链优化模式中，电商企业依托互联网信息技术，构建起具有在线支付、信息网络、质量安全可追溯管理、物流配送等成套配置功能的农产品供应链交易信息平台。电商企业通过构建的农产品供应链电商交易平台，不仅能够使电商企业与供应链节点企业间可以共享信息，而且电商企业以及供应链各节点企业还可以直接面向消费者进行信息互动，使电商企业和农产品供应链各节点企业都能够及时了解和把握终端市场的变化需求。电商企业根据消费者提交的订单的要求，建立直接采购渠道，制定农产品生产、加工、销售和配送等各环节的操作流程和管理规程，实现农产品通过信息查找咨询可追寻其流向、可追溯其本源以及可追查其担责者，使农产品供应链节点企业间的交易变得更加直接简便，减少了中间环节，降低了流通成本，充分满足消费者追求的对农产品新鲜美味、安全质优、价格实惠和便捷交易的需求，也保障了农户收入。并且随着电商企业与节点企业间合作深度融合，电商企业与农产品供应链上各成员主体的工作人员之间以及工作人员与其消费者之间也在网络平台上不断地进行互动交流、分享构思、想法和意见。特别是目前很多电商平台在采用基于线上与线下相结合的 O2O 模式运作以后，电商企业也很重视布局线下门店来引导和满足消费者对商品及生活品质的体验，其工作人员之间以及工作人员与其消费者之间通过面对面的信息与情感交流产生了友谊。另外，还有最后一公里的配送人员与消费者的直接友好接触，使工作人员之间以及工作人员与消费者之间建立了良好的人际互动关系。这种充满善意的人际间信任关系让电商企业与农产品供应链上各成员主体的工作人员以及他们与消费者之间在情感和心理安全上得到极大的满足，达成了很多默契，无形中形成了供应链节点间共同恪守的基本行为规则和共享价值理念，这些将有效抑制机会主义行为的发生，极大促进农产品供应链节点企业间信任的发展，推进电商企业与节点合作伙伴加大经济和关系投入，最大化地提升供应链合作的整体收益。

8.6.5 完善政府对电商企业主导的农产品供应链支持机制

电商企业主导的农产品供应链具有广阔的发展前景和空间，对推动我国农业产业化前行，实现新型工业化、信息化、城镇化和农业现代化具有重要作用。电商企业主导的农产品供应链的发展离不开政府的推动和支持，政府的政策倾斜以及资金扶持为电商主导的农产品供应链发展营造良好的外部环境。首先，政府要对农村电商的发展制定合理的战略规划。通过加大对农村宽带建设和运营的扶持力度，大力推进农村电商业和快递业的发展，筑牢电商主导的农产品供应链发展的根基。其次，政府要帮助农村电商企业搭建电商平台，为电子商务企业提供公司场所，并在技术、注册、税收和资金等方面给予实际性支持，政府要帮扶电商平台扩展农产品品类品种，拓展其营销渠道，加大扶持力度帮助农产品电商平台实现特色品牌化或打造成具有地理标志品牌，形成农产品地区集聚效应，提升电商企业主导的区域农产品供应链竞争力。再次，推进农村电商的进展要依托于政府的公信力。政府的支持表现在制定有关政策法规，为电商主导的农产品供应链有序运行铺垫法律制度的基石；还表现在为基于电商平台的农产品质量安全做初级信用背书，要建立和健全电子商务领域社会诚信体系和农产品质量安全监测体系以及农产品标准体系；也表现在为电商主导的农产品供应链发展制定市场准则，为供应链各成员主体的价值取向以及行为抉择起到重要的引导和指导作用。

8.7 本 章 小 结

本章针对加工企业主导、批发市场主导、连锁超市主导、第三方物流企业主导、农民专业合作社主导和电商企业主导六种不同核心企业主导的农产品供应链模式和业态，围绕提升核心企业竞争力、基于不同供需特征优化契约信任合作关系、基于积累交往经验和专用资产投资优化能力信任合作关系、基于有效沟通优化善意信任合作关系和完善政府支持体系等，提出了与之相匹配的关系和信任的培育机制及行之有效的发展对策。

第9章　研究总结和未来研究方向

本研究聚焦关系和信任导向下的农产品供应链成长，通过翔实文献梳理和调查研究分析了我国农产品供应链关系和信任的内涵，厘清关系和信任对提升我国农产品供应链竞争力的作用机理，探讨我国农产品供应链关系和信任的构造机制，进而结合不同农产品供应链模式对我国农产品供应链关系和信任的培育机制提出相应的对策建议。

9.1　研究总结

9.1.1　农产品供应链关系和信任具有复杂内涵且是多因素综合驱动的结果

关系和信任是聚合农产品供应链各主体和保持农产品供应链动态柔性能力的重要因素。特别是对于存在诸多原子式种植户的农产品供应链而言，关系和信任更是保证供应链有效运转的基本前提。本研究在梳理既有文献基础上，通过实地访谈和数据调查证实农产品供应链关系和信任均是包括多维度的高阶构面，其中关系可分为经济交换关系和社会交换关系，前者集中在商品和物质交换，后者则涉及情感互动等。信任则包括契约信任、能力信任和善意信任，契约信任建立在经济合同基础上，是交易各方处于违约惩罚机制而建立的信任关系；能力信任是建立在交易方内在实力基础上，是基于交易对象有能力履约的信任；善意信任是交易各方对彼此规避机会主义行为意愿的信任。

关系和信任作为农产品供应链重要内部社会资源，对于提升供应链当前绩效和成长性都具有重要意义。本研究表明，农产品供应链关系信任的建立与核心企业特征机制、核心企业与合作伙伴交互特征、合作伙伴自身特征机制和政府行为密切相关。基于核心企业特征机制的信任源包括核心企业核心能力、信誉、对核心企业人员的人际信任和农产品市场供需特点，基于核心企业与合作伙伴交互特征信任源包括契约的完备度、长期的合作经验、专用性资产投资、有效沟通等，基于合作伙伴自身特征机制的信任源包括合作伙伴自身能力以及文化和地缘差异等，基于政府特征机制的信任源与政策引导和政府支持密切相关。

9.1.2　农产品供应链多主体间的关系和信任培育机制需要采取多方式综合进行

关系和信任组成了农产品供应链价值增值的基本来源，在农产品供应链成长过程中扮演极为重要角色，农产品供应链多主体间关系和信任培育需要结合合作伙伴特征综合进行。

首先，基于防御和创新双重视角构建系统化的农产品供应链多主体间的信任培育机制。一方面从防御的角度来看，通过道德压力、名誉压力、制度压力和防护压力等群体社会压力限制寄生个体的机会主义行为，迫使供应链成员企业遵守群体规则，促成合作信任；另一方面从进取和创新的角度来讲，通过提高农产品供应链成员企业的核心竞争能力，加强成员企业间的资源、信息和知识等共享以及整合创新等，强化节点企业信任合作。道德压力意味着农产品供应链节点企业的战略合作关系需要有共同认可的伦理道德规范与行为准则，强化诚信意识，通过彼此学习扩大共识。名誉作为可信承诺能有效控制信息扭曲，使交易更透明，抑制道德风险的产生。在农产品供应链合作的过程中，合作各方需要将名誉视为长期投资，既可以赢得合作伙伴信任，又能够有效约束各方机会主义行为。契约制度作为显性的强制压力能够通过事先规范的方式减少合作各方道德风险，并确保农产品供应链内部基本的合作框架和价值创造流程。防护压力主要指农产品供应链为了促成节点企业间合作、避免背叛行为发生、建立合作关系信任、强制合作企业共同遵守契约制度而设计的防护机制。它既包含了那些用于避免背叛的规则，也包含了用于制止背叛的规则，还包含了进行事后处理的机制。防护压力的建立需要企业个体、行业协会和区域政府等共同实施，通过监管和惩戒等方式扩大机会主义行为的代价，从而确保农产品供应链的有效流畅运转。提高农产品供应链各主体的核心竞争能力并促进成员间资源共享也是培育农产品供应链多主体间的关系和信任的重要方式。供应链各主体特别是核心企业竞争能力的强化能够增强履约各方的交易信心，减少对机会主义行为的顾虑，也有利于各主体通过经济和社会交互提升农产品供应链的整体竞争力。成员间的资源共享以及整合创新等强化了合作伙伴之间的利益联结机制，从而有利于产生"1＋1＞2"的协同效应。

其次，基于确立核心企业的领导地位和科学选择与战略伙伴间的合作关系形式及策略的双重视角构建农产品供应链节点间紧密合作关系的系统化培育机制。一方面通过构建基于不同核心企业主导的农产品供应链模式，提高农产品供应链的凝聚力和竞争力；另一方面基于关系和信任视角对农产品供应链进行科学分类，明确不同类型的农产品供应链选择适合的合作关系形式及相匹配的应对策略，能最大限度地提升农产品供应链合作效益。由于农产品生产扎根于土地的现状以及我国农村独有的分田到户和土地承包的政策，再加上农产品供应链的分散性、复杂性、脆弱性、敏捷性、储运的独特性以及不稳定性，使得我国农产品供应链相对于其他产品供应链有自己的个性，即要求每一条农产品供应链必须要有一个实力较强的企业作为核心企业，迫切需要具有非常强的供应链管理能力的权威领导者，统领上下游节点企业，从产业的角度来优化整合供应链。农产品供应链合作效益的根本是要对农产品供应链错综复杂关系做更深入的厘清，对农产品供应链进行科学合理的分类，并针对不同类型的农产品供应链选择紧密度合适的合作关系形式以及相对应的行之有效的策略手段，为目前我国农产品供应链的发展明确方向。

9.1.3 产品需求特点等决定了不同关系类型下农产品供应链优化策略兼具一般特征和异质性

根据产品需求特点、经济关系和社会关系相关要素，可以将农产品供应链分为供应稳定功能型加工农产品供应链、供应不稳定功能型生鲜农产品供应链、供应稳定创新型加工农产品供应链和供应不稳定创新型生鲜农产品供应链四种类型。这四种类型的农产品供应链竞争力提升具有一般共性的同时，也需要结合各自特点有针对性地加以设计。供应稳定功能型农产品主要指粮油产品等满足人们最基本生存的必需品，供应和需求规模大、交易频率低、上下游企业间转换成本较低、交易双方的资产专用性较弱。在目前小生产仍处于主导地位的条件下，市场交易关系和市场契约交易关系是供应稳定功能型加工农产品供应链节点企业间比较合适的合作关系形式。为此，核心企业可以通过农村中介组织或者直接与农户建立农业订单的市场契约交易关系，使得供应链节点企业间能够进行有效和准确的信息交流与沟通，减少信息不对称现象，并通过借助于政府的土地流转政策，科学合理地流转到专业大户、家庭农场和农民合作社，从而提升农产品生产者的组织化程度，实现规模生产，使生产与流通有效对接，提升供应链节点间合作关系以及运行效率。供应不稳定功能型生鲜农产品主要指普通的生鲜农产品，具有交易频率高、容易腐烂、交易双方资产专用性高的特征，核心企业愿意与节点企业建立比较紧密协作关系，愿意与农产品生产者签订详备的市场契约，以提前锁定价格或采购额的订单合约等方式减少生产和交易风险。供应稳定创新型加工农产品主要包括粮油、果蔬、水产品、禽蛋和肉类等加工品牌产品，具有品牌差异大、替代性强、销售期短、交易双方资产的专用性较高等特点。采用快速响应策略来应对，即通过使用信息技术和冷链物流技术，将供应链中的农产品生产过程分为大规模通用化的半成品生产和顾客定制化产品的生产两个阶段，有效将农户等利益主体纳入核心企业主导的农产品供应链的整体管控，兼顾规模经济和顾客的满意度。供应稳定创新型生鲜农产品主要包括特殊水产品、品牌鲜活产品和有机鲜活等生鲜品牌产品，供应约束条件苛刻，交易双方资产专用性很高，适合一体化合作，例如核心企业可以采用契约连接建立生产基地或农户入股核心企业等，通过强力的利益和关系连接消弭信任风险，减少经营过程中的不确定性。

9.1.4　关系和信任导向下的农产品供应链绩效优化需进一步根据不同供应链业态和模式进行

农产品供应链具有多样化业态和模式，根据主导者不同可分为加工企业主导、批发市场主导、连锁超市主导、第三方物流企业主导、农民专业合作社主导和电商企业主导等类型。关系信任导向下优化农产品供应链绩效需要根据核心企业价值增值特点提升其品牌竞争力、基于不同供需特征优化农产品供应链建设、基于长期合作经验和专用资产投入程度建立主体间信任合作关系、通过沟通交流充实内部社会资本以及完善政府相应支撑机制等。其中加工企业主导的农产品供应链需要强化加工企业产品品质和品牌声誉，完善其驱动供应链和拉动市场的能力，增强供应链聚合度，根据农产品供需稳定程度分为两种加工农产品供应链，可采取半紧密或紧密合作关系的不同契约类型的相机治理机制，通过加工企业专用资产投资增加自身履约的可信性，减少农户等主体的合作顾虑，多渠道加强与合作伙伴的沟通和交流，政府可以通过积极扶持农户、农村专业合作社、农产品经纪人以及农产品流通中介组织来增强农户组织性和抵御市场风险能力，为核心企业奠定稳定的供给基础，进而提升供应链整体效益。批发市场主导的农产品供应链需要通过扩大规模和提升物流信息技术来优化核心主体竞争力，根据供需稳定程度分为两种加工和两种生鲜农产品供应链，供应链关系最复杂，可采取半紧密合作关系的市场契约或紧密合作关系的生产契约和一体化等差异化治理机制，完善批发市场专用资产投入和供应链内部沟通机制，政府部门则需要对批发市场进行统筹规划，在地、水、电、交通等基础设施领域强化对批发市场支持，制定农产品批发市场质量安全监督管理方法，并通过适当投资、财政补贴和税收优惠等手段支持农产品批发市场持续发展，以政府搭台与批发市场运作的形式，把市场需求拉动和生产加工推动这两个阶段有效衔接起来，以此引导和推进生产与销售两端协同发展。连锁超市主导的农产品供应链优化需要完善超市互联网信息平台和物流配送系统以及提升超市品牌实力与经营敏捷力，根据供需稳定程度分为创新型加工农产品供应链和两种生鲜农产品供应链，可以选择不同紧密程度的契约形式和应对策略来完善超市与农户之间的连接机制，借助现代信息技术和电子商务平台强化超市和合作伙伴之间的信息沟通，政府部门可以通过政策和专项基金支持、适当采用税收优惠、信贷支持等优化连锁超市的惠农经营环境，积极扶持打造本地连锁超市品牌，提升区域农产品供应链的整体竞争力。第三方物流企业主导农产品供应链优化需要增强物流企业资金技术实力和物流信息服务系统，强化物流企业对顾客需求的响应机制，根据供需稳定程度分为两种加工和两种生鲜农产品供应链，以功能型和创新型产品特点来构建主体间差异化合作体系和应对策略，通过物流企业专用资产投入和沟通增强合作凝聚力，政府部门需以政策和资金补助等改造完善现代物流配套设施，强化农产品现代流通体系的建设，加强扶持第三方物流企业知名品牌的建设、维护和发展，帮助打造本地第三方物流企业品牌效益，形成地区产业集聚，提升区域农业供应链整体竞争力以及区域综合经济实力。农民专业合作社主导的农产品供应链优化需要改善农民专业合作社的网络信息水平和提升其品牌特色，根据供需稳定程度分为创新型加工农产品供应链和创新型生鲜农产品供应链，可选择紧密合作关系的一体化或多重契约机制，通过乡土文化的约束机制等稳定合作关系，政府部门则需要通过政策扶持和资金补贴等方式完善对农民专业合作社的支持体系，帮助合作社打造地域性和特色产品品牌，提升区域农产品供应链整体竞争力，带动周边地区经济的共同发展，有效整合和优化产业资源。电商企业主导农产品供应链优化需要通过提升电子商务企业品牌声誉、完善电子商务交易的物流信息平台以及强化电商企业的供应链协同能力优化核心主体竞争力，根据供需特征分为创新型加工农产品供应链和两种生鲜农产品供应链，可以选择契约/一体化等不同治理机制，完善电商专用资产投入，通过有效沟通交流充实供应链内部社会资本，政府部门需要强化农村网络基础设施建设，健全社会诚信体系和农产品质量安全监测体系，积极培育农村电商，加大扶持力度帮助电商平台打造具有地理标志的品牌和特色品牌，形成农产品地区集聚效应。

253

9.2　未来研究方向

本研究全面分析了关系和信任导向下的我国农产品供应链成长机制，但对关系信任导向下农产品供应链动态追踪研究、农产品供应链的系统成长机制、消费新业态对农产品供应链的影响等方面仍存在不足，未来研究可从以下几方面展开。

1. 关系和信任导向下农产品供应链成长的追踪研究

本研究借助博弈模型分析了关系和信任导向下的农产品供应链成长

机理，刻画了农产品供应链各主体的动态优势策略。未来研究可选择特定农产品供应链进行追踪研究，分析不同阶段下农产品供应链关系和信任的变化趋势及其对供应链成长性的影响，更好为指导农产品供应链成长提供借鉴。

2. 基于控制关系和信任导向下农产品供应链风险以及建立相应的激励机制方面研究

关系和信任在推动农产品供应链成长中具有重要意义，但如前所述，同时也存在如低水平关系锁定、部分问题快速传染等潜在问题，削弱了农产品供应链成长潜能，如何控制关系和信任导向下农产品供应链风险并建立相应的激励机制需要进一步深入探讨。

3. 基于不同种类农产品供应链的分类研究

农产品供应链是一个内涵丰富的概念，农产品涉及的内容和范围较多，包括肉蛋奶、水果蔬菜、粮棉油等，不同农产品供应链的构成主体、运作机制和影响因素存在一定差异，未来可结合不同农产品内容进行深入分析，为农产品供应链成长提供裨益。

4. 农产品供应链的系统成长机制的综合研究

本研究基于关系和信任分析了农产品供应链的成长机制。关系和信任作为内部社会资本的重要来源是决定农产品供应链绩效和成长性的重要因素，但农产品供应链成长是多因素共同作用的结果。未来研究需要借助商业生态系统等视角全面分析农产品供应链成长的系统动力机制，明确农产品供应链不同利益主体角色，进一步识别不同类型农产品供应链的关键利益主体和差异化成长特性，综合分析农产品供应链的系统成长机制。

5. 消费升级和消费新业态背景下农产品供应链整体提升机制研究

随着消费升级和消费新业态的不断涌现，农产品供应链面临更多的新问题，特别是随着电子商务的广泛普及，对农产品供应链的敏捷性等提出了更高的挑战，未来研究需要关注消费升级和消费新业态对传统农产品供应链的影响，探索农产品供应链对消费升级的响应机制，更好地提升我国农产品和农产品供应链的综合竞争力。

9.3 本 章 小 结

本章为研究总结和未来研究方向。总结归纳本课题的主要研究结论、研究的局限性以及对未来研究的思考。

参 考 文 献

［1］曹玉玲、李随成：《企业间信任的影响因素模型及实证研究》，载于《科研管理》2011 年第 1 期。

［2］陈长彬、陈泉、盛鑫：《供应链合作关系稳定性的博弈分析》，载于《工业技术经济》2015 年第 2 期。

［3］陈介玄、高承恕：《台湾企业运作的社会秩序：人情关系与法律》，载于《东海学报》1991 年第 32 期。

［4］陈时禄、吴宏林：《对家庭农场和农产品供应链的思考》，载于《南京工程学院学报（社会科学版）》2013 年第 2 期。

［5］戴淑芬、张群、王思博：《我国中小企业策略联盟绩效及其影响因素的实证研究》，载于《管理学报》2008 年第 4 期。

［6］［德］莱恩哈德·斯普伦格著，胡越译：《信任：欧洲首席管理大师谈优化企业管理》，当代中国出版社 2004 年版。

［7］费孝通：《乡土中国　生育制度　乡土重建》，北京大学出版社 1999 年版。

［8］付丽茹：《供应链合作关系演进路径及影响因素》，载于《中国流通经济》2012 年第 10 期。

［9］高杰英：《信任研究的经济学视角：一个文献综述》，载于《经济学家》2013 年第 3 期。

［10］高强、穆丽娟：《"合作社主导型农产品供应链"利益分配研究》，载于《城乡统筹与农村改革》2015 年第 1 期。

［11］高强、穆丽娟：《"合作社主导型农产品供应链"利益分配研究》，载于《西部论坛》2015 年第 1 期。

［12］郭光磊：《北京市农民专业合作社研究》，中国言实出版社 2016 年版。

［13］黄少安：《产权经济学导论》，经济科学出版社 2004 年版。

［14］黄孝武：《企业间信任问题理论述评》，载于《经济学动态》2002 年第 10 期。

［15］黄祖辉、吴克象、金少胜：《发达国家现代农产品流通体系变化及启示》，载于《福建论坛（经济社会版)》2003 年第 4 期。

［16］纪良纲、刘东英、郭娜：《农产品供应链整合的困境与突破》，载于《北京工商大学学报（社会科学版)》2015 年第 1 期。

［17］蒋海曦、蒋瑛：《新经济社会学的社会关系网络理论述评》，载于《河北经贸大学学报》2014 年第 6 期。

［18］金玉芳、董大海：《消费者信任影响因素实证研究——基于过程的观点》，载于《管理世界》2004 年第 7 期。

［19］靳俊喜：《"农超对接"模式的发展对策》，载于《光明日报》2012 年 12 月 1 日。

［20］雷星晖、余黎峰：《供应链信任管理体系构建研究》，载于《当代财经》2009 年第 9 期。

［21］李达、罗玮：《信任定义的重新界定》，载于《晋阳学刊》2013 年第 1 期。

［22］李洪涛、孙元欣：《基于信任维度的企业合作关系研究》，载于《现代管理科学》2014 年第 6 期。

［23］李辉、李向阳、孙洁：《供应链伙伴关系管理问题研究现状评述及分析》，载于《管理工程学报》2008 年第 2 期。

［24］李辉、李向阳、徐宣国：《基于信任的供应链伙伴关系维系管理方法研究》，载于《管理工程学报》2007 年第 4 期。

［25］李季芳：《供应链管理下的战略合作企业关系探讨》，载于《山东经济》2008 年第 3 期。

［26］李季芳：《供应链节点企业竞争合作博弈分析》，载于《理论学刊》2014 年第 4 期。

［27］李季芳：《基于核心企业的水产品供应链管理研究》，中国海洋大学出版社 2009 年版。

［28］李季芳、冷霄汉：《基于节点关系视角下的我国农产品供应链研究》，载于《吉林大学社会科学学报》2016 年第 1 期。

［29］李克强：《部署加快发展农村电商》，载于《黑龙江日报》2015 年 10 月 15 日。

[30] 李琳、文晓巍、顾丽婷：《粤港农产品供应链质量安全监管技术研究》，载于《科技管理研究》2016 年第 16 期。

[31] 李艳春、王晓亮：《回报权与强制权的关系效应——基于社会交换理论》，载于《学术交流》2016 年第 8 期。

[32] 李莹、刘兵：《影响农户"农超对接"行为实现的因素分析——基于山东省威海地区的调查》，载于《农村经济》2013 年第 6 期。

[33] 李莹、杨伟民等：《农民专业合作社参与"农超对接"的影响因素分析》，载于《农业技术经济》2011 年第 5 期。

[34] 李永锋、司春林：《合作创新战略联盟中企业间相互信任问题的实证研究》，载于《研究与发展管理》2007 年第 6 期。

[35] 李瑜：《中国农户经营组织化研究》，中国社会科学出版社2008 年版。

[36] 廖亮、陈昊：《马克·格兰诺维特对新经济社会学的贡献——潜在诺贝尔经济学奖得主学术贡献评介》，载于《经济学动态》2011 年第 9 期。

[37] 林焜、彭灿：《知识共享、供应链动态能力与供应链绩效的关系研究》，载于《科学学与科学技术管理》2010 年第 7 期。

[38] 林英晖：《供应链企业间信任建立的信号博弈》，载于《上海大学学报（自然科学版）》2007 年第 2 期。

[39] 刘璐琳：《有机农业协作式供应链契约稳定性的经济学解释》，载于《北方民族大学学报（哲学社会科学版）》2010 年第 5 期。

[40] 刘明国、张海燕：《新常态下农产品加工业发展特点分析》，载于《农业经济问题》2015 年第 10 期。

[41] 刘琦、邱妘：《生鲜农产品供应链关系稳定性与其绩效的影响关系研究》，载于《科技与管理》2013 年第 6 期。

[42] 刘彦、毕新华：《供应链节点企业组织间关系研究》，载于《中央财经大学学报》2009 年第 5 期。

[43] 刘永悦、郭翔宇：《农产品供应链中农民专业合作社垂直协调合作：主体结构、合作关系及驱动因素》，载于《农业经济与管理》2016 年第 6 期。

[44] 刘助忠、龚荷英：《"互联网 +"概念下的"O2O"型农产品供应链流程集成优化》，载于《求索》2015 年第 6 期。

［45］陆杉、瞿艳平：《论农产品供应链的质量安全保障机制》，载于《江汉论坛》2013 年第 3 期。

［46］陆杉：《农产品供应链成员信任机制的建立与完善——基于博弈理论的分析》，载于《管理世界》2012 年第 7 期。

［47］罗峦、李崇光、谭果：《治理结构视角下的我国农产品供应链组织模式与质量安全保障》，载于《农业现代化研究》2014 年第 2 期。

［48］罗峦、欧雪辉：《农产品质量安全与供应链治理研究文献综述》，载于《经济论坛》2013 年第 4 期。

［49］马胡杰、石岿然：《供应链成员的信任关系与合约弹性：一个多重中介效应模型》，载于《管理工程学报》2016 年第 3 期。

［50］马华维、杨柳、姚琦：《组织间信任研究述评》，载于《心理学探新》2011 年第 2 期。

［51］马士华、林勇、陈志祥：《供应链管理》，机械工业出版社 2000 年版。

［52］迈克尔·J. 卡宁汉姆著，常玉田译：《伙伴关系：新商务环境赢利秘诀》，中信出版社 2002 年版。

［53］［美］奥利弗·E. 威廉姆森著，段毅才、王伟译：《资本主义经济制度》，商务印书馆 2002 年版。

［54］［美］彼得·M. 布劳著，李国武译：《社会生活中的交换与权力》，商务印书馆 2008 年版。

［55］［美］布鲁斯·施奈尔著，徐小天译：《我们的信任：为什么有时信任，有时不信任》，机械工业出版社 2013 年版。

［56］［美］林楠著，张磊译：《社会资本——关于社会结构与行动的理论》，上海人民出版社 2004 年版。

［57］［美］罗素·哈丁著，张旭译：《对政府的信任》，载于《国外理论动态》2012 年第 9 期。

［58］［美］马克·格兰诺维特著，罗家德译：《镶嵌：社会网与经济行动（增订版）》，社会科学文献出版社 2015 年版。

［59］孟韬、孔令柱：《社会网络理论下"大众生产"组织的网络治理研究》，载于《经济管理》2014 年第 5 期。

［60］聂左玲、汪崇金：《专业合作社信用互助：山东试点研究》，载于《农业经济问题》2017 年第 11 期。

259

［61］潘以锋、盛小平：《社会网络理论与开放获取的关系分析》，载于《情报理论与实践》2013 年第 6 期。

［62］庞燕：《农产品供应链企业与农户共生关系的优化——以油茶为实证》，载于《求索》2016 年第 6 期。

［63］彭建仿、白志礼：《基于供应链管理的农户与企业共生路径选择》，载于《电子科技大学学报（社科版）》2007 年第 2 期。

［64］彭泗清：《关系与信任：中国人人际信任的一项本土研究》，社会科学文献出版社 2000 年版。

［65］邵明星、颜志军：《弱连接关系在 SNS 平台中影响作用的实证研究》，载于《北京理工大学学报（社会科学版）》2015 年第 2 期。

［66］施晟、卫龙宝、伍骏骞：《"农超对接"进程中农产品供应链的合作绩效与剩余分配》，载于《中国农村观察》2012 年第 4 期。

［67］石肖然、孙玉玲：《生鲜农产品供应链流通模式》，载于《中国流通经济》2017 年第 1 期。

［68］石磊：《关系式交易视角的组织间关系形成》，载于《经济理论与经济管理》2007 年第 7 期。

［69］宋远方、宋华：《协同价值创造能力对服务供应链关系绩效的影响研究》，载于《经济理论与经济管理》2012 年第 5 期。

［70］隋博：《关系稳定性对跨境农产品供应链联盟绩效的影响——基于广西—东盟的实证分析》，载于《中国流通经济》2017 年第 1 期。

［71］隋博文：《关系稳定性、联盟绩效与跨境农产品供应链优化：一个理论框架及变量解释》，载于《经济与管理评论》2017 年第 2 期。

［72］孙梅等：《以大型物流中心为主导的生鲜农产品供应链的构建——南京众彩物流"e 鲜美"项目的启示》，载于《江苏农业科学》2014 年第 2 期。

［73］覃汉松、欧阳梓祥：《供应链中信任关系的建立和发展》，载于《经济管理》2002 年第 16 期。

［74］谭涛、朱毅华：《农产品供应链组织模式研究》，载于《现代经济探讨》2004 年第 5 期。

［75］汤晓丹：《生鲜农产品电子商务企业为核心的供应链管理研究——以沱沱工社为例》，载于《物流科技》2015 年第 11 期。

［76］汪旭晖、张其林：《电子商务破解生鲜农产品流通困局的内

在机理——基于天猫生鲜与沱沱工社的双案例比较研究》，载于《中国软科学》2016 年第 2 期。

[77] 王爱群、夏英：《合同关系与农业垂直一体化应用比较研究》，载于《农业经济问题》2006 年第 7 期。

[78] 王风彬：《节点企业间界面关系与供应链绩效研究》，载于《南开管理评论》2004 年第 2 期。

[79] 王利、游益云、代杨子：《基于生命周期供应链企业间信任影响因素实证研究》，载于《工业工程与管理》2013 年第 2 期。

[80] 王蔷：《战略联盟内部的相互信任及其建立机制》，载于《南开管理评论》2000 年第 3 期。

[81] 王胜、丁忠兵：《农产品电商生态系统——一个理论分析框架》，载于《中国农村观察》2015 年第 4 期。

[82] 王艳慧：《关系契约的理论功能与实定法表现》，载于《江西社会科学》2016 年第 7 期。

[83] 吴晓波、徐松屹、苗文斌：《西方动态能力理论述评》，载于《国外社会科学》2006 年第 2 期。

[84] 夏英：《农民合作社嵌入供应链管理为农产品质量安全保驾护航》，载于《中国农民合作社》2014 年第 7 期。

[85] 夏英、宋伯生：《食品安全保障：从质量标准体系到供应链综合管理》，载于《农业经济问题》2001 年第 11 期。

[86] 肖静华、谢康、吴瑶、廖雪华：《从面向合作伙伴到面向消费者的供应链转型——电商企业供应链双案例研究》，载于《管理世界》2015 年第 4 期。

[87] 肖为群、魏国辰：《发展农产品供应链合作关系》，载于《宏观经济管理》2010 年第 5 期。

[88] 肖为群、魏国辰：《基于供应链管理的农产品流通模式研究》，中国物资出版社 2009 年版。

[89] 谢继蕴、李崇光、付青叶：《农产品省际流通成本的测度设计与分析》，载于《统计与决策》2017 年第 4 期。

[90] 新华社：《中共中央国务院关于加快发展现代农业进一步增强农村发展活力的若干意见》，载于《农村工作通讯》2013 年第 3 期。

[91] 熊峰、彭建、金鹏等：《生鲜农产品供应链关系契约稳定性

影响研究》，载于《中国管理科学》2015 年第 8 期。

[92] 熊峰、彭健等：《生鲜农产品供应链关系契约稳定性影响研究——以冷链设施补贴模式为视角》，载于《中国管理科学》2015 年第 8 期。

[93] 熊会兵、肖文韬：《农超对接"实施条件与模式分析》，载于《农业经济问题》2011 年第 2 期。

[94] 许淑君、马士华：《供应链企业间的信任机制研究》，载于《工业工程与管理》2000 年第 6 期。

[95] 薛天山：《人际信任与制度信任》，载于《青年研究》2002 年第 6 期。

[96] 杨丹、刘自敏：《农户专用性投资、农社关系与合作社增收效应》，载于《中国农村经济》2017 年第 5 期。

[97] 杨静、宝贡敏：《企业间信任维度的实证研究——以浙江、河北、北京、天津四省市制造业企业为例》，载于《浙江统计》2008 年第 3 期。

[98] 杨申燕、陈向军：《农产品供应链信息平台的构建与实施》，载于《经济社会体制比较》2009 年第 2 期。

[99] 杨学义、李新卯：《以第三方物流企业为核心的农产品供应链管理模式探析》，载于《西安财经学院学报》2011 年第 1 期。

[100] 叶初升、孙永平：《信任问题经济学研究的最新进展与实践启示》，载于《国外社会科学》2005 年第 3 期。

[101] 依绍华：《国外农产品批发市场发展经验的启示》，载于《中国商贸》2014 年第 10 期。

[102] 于海：《从社会行为到社会结构——读布劳社会生活中的交换与权力》，载于《社会》1998 年第 9 期。

[103] 于海：《斯金纳鸽：交换论视野中人的形象——读霍曼斯社会行为：它的基本形式》，载于《社会》1998 年第 4 期。

[104] 俞雅乖：《农业产业化契约类型及稳定性分析——基于资产专用性视角》，载于《贵州社会科学》2008 年第 2 期。

[105] 袁庆明：《新制度经济学》，复旦大学出版社 2012 年版。

[106] 苑鹏：《"公司＋合作社＋农户"下的四种农业产业化经营模式探析——从农户福利改善的视角》，载于《中国农村经济》2013 年

第 4 期。

[107] 张蓓、杨学儒:《农产品供应链核心企业质量安全管理的多维模式及实现路径》,载于《农业现代化研究》2015 年第 1 期。

[108] 张闯、林曦:《农产品交易关系治理机制:基于角色理论的整合分析框架》,载于《学习与实践》2012 年第 12 期。

[109] 张闯、夏春玉、梁守砚:《关系交换、治理机制与交易绩效:基于蔬菜流通渠道的比较案例研究》载于《管理世界》2009 年第 8 期。

[110] 张闯、夏春玉、刘凤芹:《农产品批发市场公益性实现方式研究——以北京新发地市场为案例》,载于《农业经济问题》2015 年第 1 期。

[111] 张春勋、黄晓勇:《基于关系契约的农产品交易稳定性研究》,经济科学出版社 2013 年版。

[112] 张春勋:《农产品交易的关系治理:对云南省通海县蔬菜种植户调查数据的实证分析》,载于《中国农村经济》2009 年第 9 期。

[113] 张钢、张东芳:《国外信任源模型评介》,载于《外国经济与管理》2004 年第 12 期。

[114] 张贵磊、刘志学、马士华:《基于信任源构建供应链信任机制的二层模式》,载于《当代经济》2008 年第 1 期。

[115] 张鹤达、云鹤:《基于进化博弈的共享经济信任研究》,载于《企业经济》2017 年第 11 期。

[116] 张康之:《在历史的坐标中看信任——论信任的三种历史类型》,载于《社会科学研究》2005 年第 1 期。

[117] 张利国:《农户农产品供应链垂直协作关系研究》,中国农业出版社 2011 年版。

[118] 张涛、庄贵军:《IT 能力、渠道关系治理行为与渠道满意:分销商投机氛围的权变影响》,载于《管理评论》2015 年第 7 期。

[119] 张向阳、熊峰、邱妘:《我国农产品供应链构建》,载于《中国流通经济》2013 年第 11 期。

[120] 张学龙、王军进:《基于博弈理论的供应链信任稳定演化策略》,载于《工业工程》2015 年第 5 期。

[121] 赵泉民、李怡:《关系网络与中国乡村社会的合作经济——

基于社会资本视角》，载于《农业经济问题》2007 年第 8 期。

[122] 赵晓飞、李崇光：《心理预期对农产品供应链稳定性影响研究》，载于《上海管理科学》2008 年第 2 期。

[123] 赵晓飞：《我国现代农产品供应链体系构建研究》，载于《农业经济问题》2012 年第 1 期。

[124] 赵阳：《论农产品供应链合作伙伴信任机制的建立》，载于《商业经济》2009 年第 6 期。

[125] 郑军南：《社会嵌入视角下的合作社发展——基于一个典型案例的分析》，载于《农业经济问题》2017 年第 10 期。

[126] 郑也夫、彭泗清等：《中国社会中的信任》，中国城市出版社 2003 年版。

[127] 郑也夫：《信任论》，中国广播电视出版社 2001 年版。

[128] 邹宝玲、罗必良、钟文晶：《农地流转的契约期限选择——威廉姆森分析范式及其实证》，载于《农业经济问题》2016 年第 2 期。

[129] Ahumada, Villalobos JR. Application of Planning Models in the Agri-food Supply Chain: A Review. *European Journal of Operational Research*, 2009, 196 (1): 1 – 20.

[130] Ali J, Kumar S.. Information and Communication Technologies (ICTs) and Farmers' Decision-making across the Agricultural Supply Chain. *International Journal of Information Management*, 2011, 31 (2): 149 – 159.

[131] Allen D. G., Shore L. M., Griffeth R. W.. The Role of Perceived Organizational Support and Supportive Human Resource Practices in the Turnover Process. *Journal of Management*, 2003, 99 (1): 99 – 118.

[132] Anderson E., Weitz B. A.. The Use of Pledges to Build and Sustain Commitment in Distribution Channels. *Journal of Marketing Research*, 1992, 29 (29): 18 – 34.

[133] Anderson J. C., Nuars J. A.. A Model of Distributor Firm and Manufacturer Firm Working Partnerships. *Journal of Marketing*, 1990, 54 (1): 42 – 59.

[134] Arino A., Torre, Ring J. D. I. P. S.. Relational Quality and Inter – Personal Trust in Strategic Alliances. *European Management Review*, 2005, 2 (1): 15 – 27.

［135］ Baker G. , Gibbons R. , Murphy K. J. . Relational Contracts And the Theory of The Firms. *The Quarterly of Economics*, 2002 (1): 39 – 83.

［136］ Barney J. B. , Hansen M. H. . Trustworthiness as A Source of Competitive Advantage. *Strategic Management Journal*, 1994 (15): 175 – 190.

［137］ Batt, P. J. . Building Trust Between Growers and Market Agents. *Supply Chain Management*, 2003, 8 (1): 65 – 78.

［138］ Blau P. M. . *Exchange and Power in Social Life*. American Journal of Sociology, 1964.

［139］ Bo Bernhand Nielsen. Trust and Learning in International Strategic Alliances. Working Paper. http: // ideas. repec. org/, 2001 (8): 4 – 28.

［140］ Brockner J, Chen Y. R. , Mannix E. A. . Culture and Procedural Fairness: When the Effects of What You Dependent How You Do It. *Administrative Science Quarterly*, 2000, 45 (1): 138 – 159.

［141］ Butler, John K. . Toward Understanding and Measuring Conditions of Trust: Evolution of a Conditions of Trust Inventory. *Journal of Management*, 1991, 17 (3): 643 – 663.

［142］ Canavari M. , Fritz M. , Hofstede G. J. . The Role of Trust in The Transition from Traditional to Electronic B2B Relationships in Agri-food Chains. *Computers and Electronics in Agriculture*, 2010, 70 (2): 321 – 327.

［143］ Candace E. Y, Thomas A. T. . The Evolution of Trust in Information Technology Alliances. *Journal of High Technology Management Research*, 2009 (20): 62 – 74.

［144］ Carbone A. . Food Supply Chains: Coordination Governance and Other Shaping Forces. *Agricultual and Food Economics*, 2017, 5 (1): 7.

［145］ Chandra C. , Kumar S. . Enterprise Architectural Framework for Supply Chain Integration. *Industrial Management & Data Systems*, 2001, 101 (101): 290 – 304.

［146］ Christopher M. , Peck H. . Building the Resilient Supply Chain. *International Journal of Logistics Management*, 2004, 15 (2): 1 – 13.

［147］ Chu S. Y. , Fang W. C. . Exploring The Relationships of Trust and Commitment in Supply Chain Management. *Journal of American Academy of Business*, 2006, 9 (1): 224 – 228.

[148] Claycomb C. , Frankwick G. . Buyers' Perspectives of Buyer-seller Relationship Developmen. *Industrial Marketing Management*, 2010 (39): 252 – 263.

[149] Coase R. H. . The Nature of the Firm. *Economica*, 1937, 4 (16): 386 – 405.

[150] Deutsch M. . Trust and Suspicion. *Journal of Conflict Resolution*, 1958 (2): 265 – 279.

[151] Dimaggio P. , Powell W. . The Iron Cage Revisited: Institutional Isomorphism and Collective Rationality in Organizational Fields. *American Sociological Review*, 1983, 48 (2): 147 – 160.

[152] Doney P. M. , Cannon J. P. , Mullen M. R. . Understanding the Influence of National Culture on the Development of Trust. *Academy of Management Review*, 1998, 23 (3): 601 – 620.

[153] Doney P. M. , Cannon J. P. . An Examination of the Nature of Trust in Buyer-seller Relationships. *The Journal of Marketing*, 1997 (1): 35 – 51.

[154] Doney P. M. , Cannon J. P. . An Examination of the Nature of Trust in Buyer – Seller Relationships. *Journal of Marketing*, 1997, 61 (2): 35 – 51.

[155] Dos T. K. , Teng B. S. . Trust, Control, and Risk in Strategic Alliances: An Intgrated Framework. *Organization Studies*, 2001, 22 (2): 251 – 283.

[156] Downey W. D. . *The Challenges of Food and Agriproduct Supply chains, Proceedings of the 2nd international Conference on Chain Management in Agribusiness and the Food industry*. Wageningen Agricultural University, The Netherlands, 1996, May: 3 – 13.

[157] Drake M. J. , Schlachter J. T. . A Virtue – Ethics Analysis of Supply Chain Collaboration. *Journal of Business Ethics*, 2008, 82 (4): 851 – 864.

[158] Fawcett S. E. , Jones S. L. , Fawcett A. M. . Supply Chain Trust: The Catalyst for Collaborative Innovation. *Business Horizons*, 2012,

55 (2): 163 – 178.

［159］ Flynn B. B. , Huo B. , Zhao X. . The Impact of Supply Chain Integration on Performance: A Contingency and Configuration Approach. *Journal of Operations Management*, 2010 (28): 58 – 71.

［160］ Frank S. D. , Henderson D. R. . Transaction Costs as Determinants of Vertical Coordination in the U. S. Food Industries. *American Journal of Agricultural Economics*, 1992, 74 (4): 941 – 950.

［161］ Ganesan S. . Determinants of Long – Term Orientation in Buyer-seller Relationships. *Journal of Marketing*, 1994 (58): 1 – 19.

［162］ Gann D. M. , Salter A. J. . Innovation in Project-based, Service-enhanced Firms: The Construction of Complex Products and Systems. *Research Policy*, 2000 (29): 955 – 972.

［163］ Goa T. , Sirg M. J. , Bdri M. M. . Reducing Buyer Decision-making Uncertainty in Organizational Purchasing: Can Supplier Trust, Commitment, and Dependence Help? . *Journal of Business Research*, 2005, 58 (4): 397 – 405.

［164］ Good D. . *Individuals, Interpersonal Relations and Trust, in D. G. Gambetta (Ed.), Trust.* New York: Balil Blackwell, 1988.

［165］ Granovetter M. . The Strength of Weak Ties. *The American Journal of Sociology*, 1973, 78 (6): 1360 – 1380.

［166］ Granovette. Economic Action and Social Structure: The Problem of Embeddedness. *American Journal of Sociology*, 1985, 91 (3): 481 – 510.

［167］ Gunasekaran A. , Ngai E. W. T. . Information Systems in Supply Chain Integration and Management. *European Journal of Operational Research*, 2004, 159 (2): 269 – 295.

［168］ Heide J. B. , John G. . The Role of Dependence Balancing Safeguarding Transaction – Specific Assets in Conventional Channels. *Journal of Marketing*, 1988, 52 (1): 20 – 35.

［169］ Henderson R. M. , Clark K. B. . Architectural Innovation: The Reconfiguration of Existing Product Technologies and the Failure of Established Firms. *Administrative Science Quarterly*, 1990, 35 (1): 9 – 30.

［170］ Homans G. C. . Social Behaviour: Its Elementary Forms. *British*

Journal of Sociology, 1961, 13 (1): 75.

[171] Hou Y. , Xiong Y. , Wang X. , Liang X. . The Effects of a Trust Mechanism on a Dynamic Supply Chain Network. *Expert Systems with Applications An International Journal*, 2014, 41 (6): 3060 – 3068.

[172] Jones S. L. . Benchmarking Trust Signals in Supply Chain Alliances: Moving Toward a Robust Measure of Trust. *Benchmarking An International Journal*, 2010, 17 (17): 705 – 727.

[173] Kibbeling M. , Bij H. V. D. , Weele A. V. . Market Orientation and Innovativeness in Supply Chains: Supplier's Impact on Customer Satisfaction. *Journal of Product Innovation Management*, 2013, 30 (3): 500 – 515.

[174] Kizilaslan N. . Agricultural Information Systems: A National Case Study. *Library Review*, 2006, 55 (8): 497 – 507.

[175] Kollock P. . The Emergence of Exchange Structure: An Experimental Study of Uncertainty, Commitment, and Trust. *America Journal of Sociology*, 1994 (2): 313 – 345.

[176] Kwon I. W. G. , Suh T. . Factors Affecting the Level of Trust and Commitment in Supply Chain Relationships. *Journal of Supply Chain Management*, 2004, 40 (2): 4 – 14.

[177] Lee H. L. , So K. C. , Tang C. S. . The Value of Information Sharing in a Two-level Supply Chain. *Management Science*, 2000, 46 (5): 626 – 643.

[178] Lee H. . Aligning Supply Chain Strategies with Product Uncertainties. *California Management Review*, 2002, 44 (31): 5 – 119.

[179] Levin D. Z. , Cross R. . The Strength of Weak Ties You Can Trust: the Mediating Role of Trust in Effective Knowledge Transfer. *Management Science*, 2004, 50 (11): 1477 – 1490.

[180] Lewciki R. J. , Bunker B. B. *Trust in Relationships: A Model of Trust Development and Decline. B. B. . Bunker & J. Z. Rubin (Eds.) Conflict, Cooperation and Justice: Essays Inspired by the Word of Marton Deutsch.* San Francisco: Jossey – Bass, 1995.

[181] Lin F. R. , Sung Y. W. , Lo Y. P. . Effects of Trust Mechanisms on Supply – Chain Performance: A Multi – Agent Simulation Study. *Interna-*

tional Journal of Electronic Commerce, 2005, 9 (4): 9 – 112.

［182］ Luhmann N. *Trust and Power* . Chichester: John Wiley & Sons Ltd, 1979.

［183］ Macniel I. R. . Contract: Adjustment of Long – Term Economic Relations under Classical, Neoclassical and Relational Contract Law. *Northwestern University Law Review*, 1978 (2): 340 – 418.

［184］ Matopoulos A. , Vlachopoulou M. , Manthou V. . A Conceptual Framework for Supply Chain Collaboration: Empirical Evidence from the Agri-food Industry. *Supply Chain Management: An International Journal*, 2007, 12 (3): 177 – 186.

［185］ Mayer R. C. , Davis J. H. , Schoolman D. F. . An Integrative Model of Organizational Trust. *Academy of Management Review*, 1995, 20 (3): 709 – 734.

［186］ McAllister D. J. . After and Cognition-based Trust as Foundation for Interpersonal Cooperation in organizations. *Academy of Management Journal*, 1995 (38): 24 – 59.

［187］ McKnight D. H. , Cummings L. L. , Chervany N. L. . Initial Trust Formation in New Organizational Relationships. *American of Management Review*, 1998, 23 (3): 473 – 490.

［188］ Menard C. . The Economics of Hybrid Organizations. *Journal of Institional and Theoretical Economics*, 2004, 160 (3): 345 – 376.

［189］ Michaela, Weinhofer. *The Role of Trust in Strategic Alliances*. Baltic Business School, University of Kalmar, Sweden, 2007, June.

［190］ Morgan R. M. , Hunt S. D. . The Commitment Trust Theory of Relationship Marketing. *Journal of Marketing*, 1994 (58): 20 – 38.

［191］ Narasimhan R. , Swink M. , Viswanathan S. . On Decisions for Integration Implementation: An Examination of Complementarities between Product-process Technology Integration and Supply Chain Integration. *Decisions Sciences*, 2010, 41 (2): 355 – 372.

［192］ Nooteboom B. , Berger. Trust, Opportunism and Governance: A Process and Control Model. *Organization Studies*, 1996 (17): 985 – 1010.

269

［193］ Perez A. M. G. , Martinez M. G.. The Agri-food Cooperative Netchain: A Theoretical Framework to Study its Configuration. *Food Economics – Act a Agriculturae Scandinavica*, 2007（4）: 31 – 39.

［194］ Prajogo D, Olhager J.. Supply Chain Integration and Performance: The Effects of Long – Term Relationships, Information Technology and Sharing, and Logistics Integration. *International Journal of Production Economics*, 2012, 135（1）: 514 – 522.

［195］ Richey R. G. , Roath A. S. , Whipple J. M. , Fawcett S. E.. Exploring a Governance Theory of Supply Chain Management: Barriers and Facilitators to Integration. *Journal of Business Logistics*, 2010, 31（1）: 237 – 256.

［196］ Ritchie B. , Brindley C.. Supply Chain Risk Management and Performance: A Guiding Framework for Future Development. *International Journal of Operations & Production Management*, 2007, 27（3）: 303 – 322.

［197］ Sako M. , Helper S.. Determinants of Trust in Suppler Relation: Evidence from the Automotive Industry in Japan and the United States. *Journal of Economic Behavior &Organization*, 1998（34）: 387 – 417.

［198］ Sako M.. *Prices, Quality and Trust: Interfirm Relations in Britain and Japan*. Cambridge, England: Cambridge University Press, 1992.

［199］ Shelanski H. A. , Klein P. G.. Empirical Research in Transaction Cost Economics: A Review and Assessment. *Journal of Law Economics & Organization*, 1995, 11（2）: 335 – 61.

［200］ Shore L. M. , Tetrick L. E. , Lynch P.. Social and Economic Exchange, Construct Development and Validation. *Journal of Applied Social Psychology*, 2006, 36（4）: 837 – 867.

［201］ Sporleder T. L. , Wu S. Y.. Social Capital and Vertical Ties in Agri-food Supply Chains. *Journal on Chain and Network Science*, 2006（1）: 1 – 7.

［202］ Stevens C.. Successful supply Chain Management. *Management Decision*, 1998（8）: 25 – 31.

［203］ Styles, Ambler. The Future of Relational Research in International Marketing: Constructs and Conduits. *International Marketing Review*,

2003, 17 (6): 492 – 508.

[204] Suh T. , Kwon I. W. G.. Matter Over Mind: When Specific Asset Investment Affects Calculative Trust in Supply Chain Partnership. *Industrial Marketing Management*, 2006, 35 (2): 191 – 201.

[205] Teece D. J. , Pasna G.. Dynamic Capabilities and Strategic Management. *Strategic Management Journal*, 1997, 18 (7): 509 – 533.

[206] Valk O. M. C. V. , Vos B. I. D.. Family Ties, Preconceived Images and Trust: How Local Community Defines Market Collaboration in the Dutch Fish Chain. *Marine Policy*, 2016 (71): 175 – 183.

[207] Williamson O. E.. Transaction – Cost Economics: The Governance of Contractual Relations. *Journal of Law and Economic*, 1979 (22): 233 – 261.

[208] Xiao Y. , Zheng X. , Pan W. , Xie X.. Trust, Relationship Commitment and Cooperative Performance: Supply Chain Management. *Chinese Management Studies*, 2007, 4 (3): 231 – 243.

[209] Yadong Luo. Building Trust in Cross – Cultural Collaborations: Toward a Contingency Perspective. *Journal of Management* 2002, 28 (5): 669 – 694.

[210] Yin Ming, Zhao Song-zheng. Research on a Dynamic Model of Trust Building within Regional Tourism Alliances. *The Chinese Economy*, 2006, 39 (6): 5 – 18.

[211] Zaheer A. , McEviyl B. , Pemrne V.. Does Trust Matter? Exploring the Effects of Inter – Organizational an Interpersonal Trust on Performance. *Organization Science*, 1998 (2): 141 – 159.

[212] Zhang X. , Aramyan L. H.. A Conceptual Framework for Supply Chain Governance: An Application to Agri-food Chains in China. *China Agricultural Economic Review*, 2009, 1 (2): 136 – 154.

[213] Zucker L. G.. *Production of Trust: Institutional Sources of Economic Structure*, 1840 – 1920. *In B. M. Straw & L. L. Cummings (EDS.), Research in Organizational Behavior*, Vol. 8: 53 – 111. Greenwich, CT: JAI Press, 1986.